MEMO

Wortschatz- und Fertigkeitstraining
zum Zertifikat Deutsch als Fremdsprache

Lernwortschatz Deutsch-Englisch
Learner's Vocabulary German-Englisch

von
Gernot Häublein
Martin Müller
Paul Rusch
Lukas Wertenschlag

Translation: Ruth Schubert

Langenscheidt
Berlin · München · Wien · Zürich · New York

MEMO

Lernwortschatz Deutsch-Englisch
Learner's Vocabulary German-English

von Gernot Häublein (Deutschland), Martin Müller (Schweiz), Paul Rusch (Österreich) und Lukas Wertenschlag (Schweiz)

Redaktion: Hedwig Miesslinger
Illustration: Theo Scherling
Umschlaggestaltung: Andrea Pfeifer und Theo Scherling

Die unten aufgeführten MEMO-Lehr- und Lernmaterialien wurden in Deutschland, Österreich, Polen, der Schweiz, Slowenien und Ungarn im Unterricht erprobt bzw. in der Lehrerfortbildung evaluiert. Autoren und Verlag danken den vielen beteiligten Kolleginnen und Kollegen für ihre konstruktive Kritik und für wichtige Verbesserungsvorschläge.

MEMO
Wortschatz- und Fertigkeitstraining zum Zertifikat Deutsch als Fremdsprache

Stellen Sie aus dem MEMO-Angebot die passenden Materialien für sich bzw. Ihre Lerngruppe zusammen:

❶ **Lehr- und Übungsbuch**
ISBN 3-468-49791-1
200 Seiten

❷ **Audiokassette**
Hörverständnistexte,
Übungen, vertiefende
„Reisen im Kopf"
Laufzeit 100 Minuten
ISBN 3-468-49792-X

❸ **Lernwortschätze**
a) Einsprachig:
Deutsch-Deutsch
ISBN 3-468-49799-7
120 Seiten

b) Zweisprachig:
Deutsch-Englisch
ISBN 3-468-49793-8
Deutsch-Französisch
ISBN 3-468-49794-6
Deutsch-Italienisch
ISBN 3-468-49795-4
Deutsch-Spanisch
ISBN 3-468-49796-2
je 128 Seiten
Deutsch-Griechisch
in Vorbereitung

Umwelthinweis: gedruckt auf chlorfrei gebleichtem Papier

Druck:	5.	4.	3.	2.	1.	Letzte Zahlen
Jahr:	99	98	97	96	95	maßgeblich

© 1995 Langenscheidt KG, Berlin und München

Das Werk und seine Teile sind urheberrechtlich geschützt.
Jede Verwertung in anderen als den gesetzlich zugelassenen Fällen
bedarf deshalb der vorherigen schriftlichen Einwilligung des Verlages.

Druck: Druckhaus Langenscheidt, Berlin
Printed in Germany · ISBN 3-468-**49793**-8

Table of Contents

This is what you will find in the
MEMO-*Lernwortschatz* 5

How to work with the
MEMO-*Lernwortschatz* 6

1   Personen und Persönliches 7
- Angaben zur Person 7
- Das Gesicht 9
- Körper und Geist 10
- Bewegung 13
- Aussehen 13
- Gefühle und Mitmenschen 14

2   Familie, private Beziehungen 16
- Familie und Verwandtschaft 16
- Bekanntschaft, Freundschaft, Liebe ... 19

3   Gesellschaft, soziale Beziehungen 22
- Soziale Gruppen 22
- Kinder und Erwachsene 23
- Ausländer und Einheimische 25

4   Ernährung, Einkaufen, Kleidung 26
- Lebensmittel, Essen und Trinken ... 26
- Einkaufen und Kochen 27
- Kleidung und Mode 30

5   Tagesablauf, Körperpflege und Gesundheit 33
- Der Tagesablauf 33
- Körperpflege 34
- Gesundheit und Krankheit 35

6   Wohnen 38
- Wohnsituation 38
- Wohnungsmarkt 38
- Mietvertrag, Umzug, Miete 39
- Renovierung 40
- Einrichtung 41
- Eine Wohnung beschreiben 42
- Tätigkeiten im Haus und ums Haus ... 42

7   Stadt, Land, Landschaften 44
- Stadt und Land 44
- Landschaften 45

8   Natur, Umwelt 49
- Kreisläufe in der Natur 49
- Pflanzen, Tiere, Landwirtschaft 52
- Energie, Materie, Stoffe 53
- Natur- und Umweltschutz 55

9   Schule und Bildung 57
- Das Schulzimmer 57
- Schule früher und heute 57
- Schulbücher, Stundenplan und Fächer 58
- Schulerfahrungen 59
- Noten und Prüfungen 60

10 Sprachen, Länder, Lernen 62
- Sprache, schriftlich und mündlich 62
- Unbekannte Wörter 63
- Fremdsprachen, Länder, Nationalitäten 63
- Wörter und Ausdrücke 64
- Gedächtnis und Lernen 65

11 Beruf und Arbeit 67
- Berufe und Arbeitsmittel 67
- Arbeitsbedingungen und Arbeitsplatz 68
- Ausbildung und Karriere 71

12 Geld, Arbeit, Wirtschaft und Verwaltung 72
- Wirtschaft und Arbeit 72
- Geld 74
- Verwaltung 76

13 Reisen und Verkehr 78
- Reisen 78
- Wegbeschreibung 79
- Verkehrsmittel 80
- Informationen an der Grenze 82
- Unterkunft und Verpflegung 83
- Sehenswürdigkeiten 84

Table of Contents

14 Kommunikation und Massenmedien 85
- Postsendungen 85
- Post und Geld 86
- Telefon 86
- Ton: Geräte und Medien 87
- Foto, Film, Fernsehen, Video 88
- Zeitungen, Zeitschriften, Bücher 89
- Bürokommunikation: Schreibmaschine, Computer, Fax, Kopierer 90

15 Staat und Gesellschaft 91
- Nation und Nationalismus 91
- Krieg und Frieden 92
- Ausländer und Ausländerinnen 92
- Politik und Parteien 93
- Recht und Gesetz 94

16 Freizeit und Unterhaltung 96
- Spiele 96
- Fitneß und Sport 97
- Hobbys 98
- Kulturelle Aktivitäten 98
- Feste und Feiertage 98

17 Kunst 99
- Bildende Kunst 99
- Musik 100
- Literatur und Theater 102

18 Allgemeine Konzepte 104
- Raum und Bewegung 104
- Zeit 105
- Quantität und Qualität 108
- Beziehungen 112

Wortregister 114
Index 121
Liste der unregelmäßigen Verben ... 128

Das bedeuten die Abkürzungen und Zeichen im MEMO-Lernwortschatz:

(A) / (CH) / (D)	Sprachgebrauch in Österreich / der Schweiz / Deutschland
etw.	„etwas"
j-d / j-m / j-n / j-s	„jemand / jemandem / jemanden / jemandes"
der Streit **(Sg.)**	Nomen, das nur im Singular verwendet wird
die Eltern **(Pl.)**	Nomen, das nur im Plural verwendet wird
der Wortschatz **(mst. Sg.)**	Nomen, das meistens im Singular verwendet wird
(sich) unterhalten	Das Reflexivpronomen „sich" steht in ( ) bei Verben, die reflexiv (mit „sich") oder transitiv (mit Objekt, ohne „sich") verwendet werden können.
sich ausruhen	Das Reflexivpronomen „sich" steht ohne Klammern bei Verben, die nur reflexiv (mit „sich") verwendet werden können.
abhängig (von)	„abhängig" wird oft mit der Präposition „von" + Objekt verwendet, manchmal aber auch ohne.
gut (besser, am besten)	in ( ) unregelmäßige Komparativ- und Superlativformen des Adjektivs
die Postleitzahl (PLZ)	in ( ) die übliche Abkürzung des Wortes
der (Telefon)hörer	Der in Klammern stehende Teil des Nomens kann weggelassen werden.
nah(e)	„nah" bzw. „nahe"
eng (befreundet)	„eng" wird hier im Ausdruck „eng befreundet" verwendet.
das Museum, die Museen	unregelmäßiger Plural nach dem Komma (regelmäßige Pluralformen → Wortregister, S. 114)
der / die Bekannte	Nomen, das maskulin oder feminin sein kann.
der Freund, die -in	„der Freund, die Freundin"
jede(r/s)	„jede / jeder / jedes" (Nominativ Sg. feminin / maskulin / neutrum)
(das) Tennis	Dieses Wort wird häufig ohne Artikel verwendet.
ebenfalls / gleichfalls	Beide Wörter haben hier (fast) dieselbe Bedeutung.
ach!	Dieses Wort ist eine Interjektion bzw. ein Ausruf.
AE	American English
BE	British English
sb.	somebody
sth.	something

This is what you will find in the MEMO-*Lernwortschatz*

In the MEMO-*Lernwortschatz* (Learner's Vocabulary) you will find about 3000 of the most important German words. It includes the wordlists of the "Zertifikat Deutsch als Fremdsprache" and the "Kontaktschwelle Deutsch als Fremdsprache" of the European Council along with some additional useful words and phrases.

The *Lernwortschatz*, like the *Lehr- und Übungsbuch* (Text and Exercise Book) and the MEMO-*Cassette*, is divided into 18 independent units with different topics. Each unit is further divided into several subtopics. Thus, for example, Unit 13 "Reisen und Verkehr" (Travel and Transport) contains six subtopics: *Reisen, Wegbeschreibung, Verkehrsmittel, Informationen an der Grenze, Unterkunft und Verpflegung,* and, *Sehenswürdigkeiten.*

This topic arrangement is shown in the Table of Contents (pp. 3–4). It will help you to locate speedily the vocabulary you need at any time.

Our memory ist better able to register and retain words and expressions if these are:
– ordered not alphabetically but according to subject matter;
– arranged in small groups of 5 – 10 words or expressions. For this reason, the MEMO-*Lernwortschatz* consists of small chunks of related words. As a result, our memory registers the words in a meaningful relationship to each other; this makes it easier for us to remember them all when speaking or writing. Thus, for example, the subtopic *Verkehrsmittel* has nine chunks containing all the important words which you will need in order to be able to talk about different means of transport.

13 Reisen und Verkehr

Verkehrsmittel

zu Fuß gehen	walk, go on foot	*Motto: Immer in Bewegung bleiben ...*
das Rad / Fahrrad	bike / bicycle	Als ich neun war, bekam ich mein erstes **Fahr**____.
das Moped	moped	Mit vierzehn wollte ich ein **Mop**____.
das Motorrad	motorbike	Mit achtzehn kaufte ich mir ein **Motorr**____.
das Auto / der Wagen / der PKW	AE auto(mobile) / BE car	Mit zwanzig hatte ich mein erstes **Au**___. Mit dreißig lernte ich, wie man einen **Lastw**_____ fährt.
der Lastwagen / der LKW	AE truck / BE lorry	Jetzt bin ich sechzig und **gehe** nur noch **zu F**___. Und Sie?

das Fahrrad / das Rad (A,D), das Velo (CH)
der Lastwagen / der LKW (A,D), der Lastwagen / der Camion (CH)

Left-hand column: Chunk of words

The words or expressions are related to each other and are arranged in a meaningful order; it is possible to imagine a situation. Where necessary, information about different usages in Austria (A), Switzerland (CH) and Germany (D) follows in *italics*.

Middle column: Translation

Here the word or phrase appears in English. The translation gives the exact meaning of the German word as it is illustrated in the text on the right. Many words can have more than one meaning; you learn here that meaning which is related to the other words in the chunk.

Right-hand column: Completion texts (pictures)

Here you will find a variety of short texts, such as a story, a newspaper report, a conversation or questions; sometimes there may be a picture instead. These are to help you learn the meaning of the words and their correct use.
All the words in the chunk will be found in the text, but with gaps in them for you to complete. Thus you have a meaningful context for practising and revising the words. If you like, you can adapt the texts to express your own experiences and situations you have been in.

How to work with the MEMO-*Lernwortschatz*

Selection	Choose a topic which interests you or which you need for your lessons.
Reading through	Read the chunk of words and the texts through, but not more than one subtopic at a time. Mark the words and expressions which you already know.
Time plan	How intensively do you want to work on this topic? How much time do you want to spend on a subtopic? Divide up the material you want to learn into small parts. Make a time plan.
Working with all parts of MEMO	Parallel to the *Lernwortschatz* you should also work with the *Lehr- und Übungsbuch* and with the MEMO-*Cassette*. The listening and reading exercises will help you to work out the meaning of many words on your own. You will also find different methods of working and various types of exercise, from which you can choose those which suit you best. Make your own way to the goal!

Initial Learning:

Guessing	First read a whole chunk of words in the left-hand column. Try to guess the meaning of the words. The text or the picture on the right will help you. Carefully remember words which you think you can work out by yourself. At this stage you should keep the translation covered with a strip of paper.
Using the translation	Now compare your ideas with the translation. Do not only look for words which you don't know; always read the whole chunk in your own language. This helps to create an association between familiar and new words in your memory.
Right-hand column	Read the texts in the right-hand column several times, silently and aloud. While you speak, say the words which fit in the gaps. Then fill in the words with a pencil. Check again whether you have understood the words correctly.
Left-hand column	Look again at the chunk of words. Imagine a situation, a story, or a picture in which all the words might occur. Say the words to yourself.
Colour	Highlight or mark chunks of words or single words which you find difficult.
Date	Do not forget to enter at the bottom the date on which you learned the page.

Revision:

First revision	Repeat every page after one to three days. First read only the chunk of words and try to remember the context in which the words were used.
Rearranging	Rearrange the chunks of words in an order which you like better, or take all the words on a page and arrange them in new chunks, your own chunks.
New context	Put the words in a new context: find another picture, another situation or a story of your own in which all the words occur. Write down your chunks of words and your own stories.
Second revision	Repeat for the second time everything you have learned within the same month. Always repeat a whole subtopic. Use your notes from the first revision.
Test	Make a photocopy and delete more and more letters in the word gaps. If you are still able to fill the gaps you have learned the words well.
How do you say that in German?	Cover everything except the middle column, the translation. Say and write down the German words.
Date	Don't forget to note the date of your first and second revisions.

A few further tips:

- Work only for as long as you enjoy it, and in a place where you feel comfortable.
- Study regularly, but not for too long at a time (15 – 20 minutes is enough). Give yourself frequent short breaks.
- Work as often as possible together with others, and discuss the methods you use and the difficulties you find.
- Write down difficult words on small pieces of paper and hang them up in places where you will see them often.
- Design a word poster for a whole subtopic and hang it up in your room.

Personen und Persönliches

Angaben zur Person

der Name	name	Die wichtigsten Angaben zur Person stehen im **P**___
der Vorname	first name	oder im **Pers**_____**ausweis**. Da steht der volle **Na**___:
der Familienname	surname	Zuerst kommt der **Fam**_____, dann stehen alle
der Mädchenname	maiden name	**Vor**____**n**. Manche Personen führen auch einen
der Doppelname	AE double-barreled/	**Dop**_____**n**, vor allem verheiratete Frauen.
	BE double-barrelled name	Denn sie wollten nach der Heirat ihren **Mäd**_____**n**
heißen	be called	behalten
der Paß / der Reisepaß	passport	Und wie **hei**____ Sie ganz genau, mit vollem Namen?
der Personalausweis	identity card	

der Personalausweis (A, D), die Identitätskarte (CH)

---

das Geburtsdatum	date of birth	Auf dem Formular las sie **Geburtsd**____ und schrieb,
der Geburtsort	place of birth	wann sie geboren wurde. Sie las **Geburtso**_____ und füllte
der Beruf	occupation	aus, wo sie geboren wurde. Dann mußte sie kurz
die Staatsangehörigkeit	nationality	überlegen, was das Wort **Staatsan**_____ bedeutet.
die Nationalität	nationality	Damit war sicher die **Natio**_____ gemeint. Auch nach
die Religion	religion	ihrem **Be**____ wurde gefragt, aber nicht nach ihrer
privat	private(ly)	**Re**_____. Wenigstens das ist **pri**___, dachte sie.

---

die Angabe	information	„Ihre **Adr**____ bitte", sagte die freundliche Stimme am
die Adresse	address	Telefon. Ich **na**____**te** meinen **Woh**____. „Und genau?"
die Straße	road, street	Ich sagte meine **St**____ und die Hausnummer. „Bitte auch
die Postleitzahl (PLZ)	AE zip code, BE post code	die **Post**_____!" forderte die Stimme. Ich nannte
der Wohnort	town	sie und gab auch gleich die Abkürzung für das **L**_____
das Land	country	dazu. „Warum wollen Sie eigentlich diese **An**____**n**?"
die Telefonnummer	phone number	fragte ich. „Mir gefiel Ihre **Tel**_____", sagte die
nennen	*(here)* give	Stimme am Telefon und lachte.

---

der Mensch	human being, person	Eine **Pe**_____, die nicht verheiratet ist, ist **le**___. Wer
die Person	person	mit einem Partner **verh**_____ war und sich wieder
ledig	single	gesetzlich getrennt hat, ist **gesch**_____. Wenn einem der
verheiratet	married	Ehepartner gestorben ist, ist der andere **verw**_____. Die
verwitwet	widowed	Wörter *ledig, verheiratet, verwitwet* und *geschieden*
geschieden	divorced	bezeichnen den **Fam**_____ von Personen. Sie geben
der Familienstand (Sg.)	marital status	aber keine Auskunft über die **Me**___**en** selbst.

---

die Frau	woman	*Fotos aus einem Familienalbum:*
der Mann	man	Links oben sind zwei **K**____**er**. Das größere Kind, ein
das Kind	child	**Mä**_____, hält das kleine. Es ist noch ein Baby. Darun-
das Mädchen	girl	ter ist das Bild eines schwarzen Mädchens. Oder ist sie
der Junge	boy	schon eine junge **Fr**___? Darunter sieht man zwei
groß (größer, am größten)	tall	ziemlich gleich **gr**___**e** Kinder; der **Ju**___ ist ein bißchen
klein	short	**kl**___**er**. Das unterste Bild zeigt einen alten **Ma**___.

---

gelernt _____   1. Wiederholung _____   2. Wiederholung _____

1

Angaben zur Person

das Leben (Sg.)	life	Eine Reihe von Fotos, und alle zeigen **dies**____ Person:
das Alter (Sg.)	age	Zuerst als Kind im **Al**____ von ca. acht Jahren, dann
jung (jünger, am jüngsten)	young	als **ju**___**e** Frau. Die nächsten Bilder zeigen die Frau
mittlere(r/s)	middle	als **Erw**_____; zuerst als Frau **mi**___**en** Alters,
der/die Erwachsene	adult, grown-up	dann als **ä**__**ere** Frau. Die Bilder erzählen aus dem
alt (älter, am ältesten)	old	**Le**___ dieser Frau. Haben Sie ähnliche Fotos einer
derselbe, dieselbe, dasselbe	the same	Bekannten in Erinnerung?

(sich) vorstellen	introduce (oneself)	Darf ich **mich** Ihnen **vorst**____: Anna Wieland ist mein
kommen aus	come from	Name. Ich **wurde** am 24. Juli 1966 in Brixen **geb**____. Ich
geboren werden/sein	be born	**ko**___**e** also aus Italien und **le**__**e** schon viele Jahre in
leben	live	Österreich. Sie fragen, wo meine Heimat ist? „Kann man
die Heimat (Sg.)	home country	nur eine **Hei**___ haben?" möchte ich zurückfragen. Ich bin
berufstätig	employed	**berufs**____, und meine übrigen persönlichen **Da**____
die Daten (Pl.)	data, details	können Sie in meinen Papieren nachlesen.

die Behörde	authority	Vor dem Urlaub bemerkte sie, daß ihr Paß nur noch zwei
das Papier	document	Wochen **gül**____ war. Sofort ging sie zu der **Beh**____,
ausstellen	issue	die ihren Paß vor fünf Jahren **ausge**____**t** hatte.
gültig	valid	Sie wollte ihn um weitere fünf Jahre **verl**____
verlängern	extend	lassen. Dafür mußte sie mehrere **Pa**____**e** mitbringen.
das Formular	form	Und sie bekam auch ein großes **For**____. Sie stand da,
ausfüllen	AE fill out, BE fill in	las das Formular und begann, es **auszuf**____.

Das Gesicht

j-m begegnen	meet sb.	„Grüß dich, Andrea! Wie lange haben wir uns nicht
das Gesicht	face	gesehen!" rief Lisa. „Wer ist das?" **da**___**te** Andrea. „Wo
(sich) j-n/etw. anschauen	have a good look at sb./sth.	bin ich dieser Frau schon einmal **beg**___**net**?" Andrea
erkennen	recognize	konnte sich nicht **eri**____. Sie **sch**___**te** sich die Frau
kennen	know	genau **an**. „Ja sag mal, **ke**___**st** du mich nicht mehr?"
denken	think	fragte Lisa. Andrea sah ihr noch einmal ins **Ge**____.
(sich) erinnern	remember	„Ah, du bist es", rief Andrea, aber sie **erka**____ Lisa nicht.

der Eindruck	impression	*Mutter:* „**Ne**__, der Oliver. Oder nicht?"
bemerken	notice	*Vater:* „Nett, sagst du? Ziemlich **la**_____."
finden	think	*Mutter:* „Sehr **ru**____ ist er, das schon, ein bißchen
nett	nice	**st**___. Ich **fi**__**e** den Oliver aber schon nett."
höflich	polite(ly), well-mannered	*Vater:* „Dieser - wie heißt er? - Oliver, hat ja starken
ruhig	quiet(ly)	**Ein**____ auf dich gemacht."
still	quiet(ly)	*Mutter:* „Und auf dich? Hast du keinen **g**___**en** Eindruck?"
langweilig	boring	*Vater:* „Er ist wenigstens **hö**____. Das ist auch schon was."
gut (besser, am besten)	good	*Mutter:* „Das hast du allerdings richtig **bem**____**t**."

gelernt _____   1. Wiederholung _____   2. Wiederholung _____

Das Gesicht

stark (stärker, am stärksten)	powerful, strong	Der eine findet einen Menschen **sym**____, ein anderer unsympathisch. Was für den einen **sch**___ ist, ist für den anderen **hä**____. Ein Gesicht, das für die einen **hü**____ oder schön ist, ist für andere höchstens **int**_____. Wer einen **zu**_____**en** Eindruck macht, muß noch lange nicht wirklich zufrieden sein. Besonders **st**____**e** Gesichter machen Eindruck auf uns.
schön	beautiful	
hübsch	pretty	
häßlich	ugly	
sympathisch	likeable, pleasant	
interessant	interesting	
zufrieden	content	

die Leute (Pl.)	people	Soll ich mich freuen, wenn jemand sagt, „Du machst aber ein **lu**___**es** Gesicht"? Oder meint er vielleicht, ich sehe **ko**____ aus? Ich wi__e doch nicht komisch! So manches, was ich höre und sehe, finde ich **fur**____ oder **schr**_____. Dazu gehören auch die **Le**___, die ich überhaupt nicht mag.
lustig	funny, amusing	
komisch	funny, strange	
schrecklich	terrible/-ly	
furchtbar	horrible/-ly, awful(ly)	
wirken	look	

der Typ	person, character	• Hast du den gesehen? Der **si**__**t** ja schrecklich **aus**. Dieser Mensch ist doch völlig **ver**____. Wer so etwas macht, muß schon ein komischer **T**__ sein! Wahrscheinlich ist er auch noch **st**__ darauf! o Na ja, er sieht schon ein bißchen **merkw**_____ aus.
aussehen	look	
merkwürdig	strange, odd	
verrückt	mad, crazy	
stolz	proud(ly)	

das Auge	eye	Das Gesicht einer Person: Was sieht man zuerst? Sind es die **Au**__**n**, deren Farbe, deren Form, deren Blick? Oder ist es die **Na**___? Selten sind es die **Oh**__**en**, auf die man zuerst schaut. Schaut man jemandem auf den **M**___ oder hört man mehr darauf, was jemand sagt? Wenn sich die **Li**___**n** öffnen, werden die **Zä**__**c** sichtbar.
das Ohr	ear	
die Nase	nose	
der Mund	mouth	
die Lippe	lip	
der Zahn	tooth	

ähnlich	alike, similar	Max hat ein sehr **r**___**es** Gesicht, Moritz hat ein **o**____**es**, ja fast ein **sp**___**es** Gesicht. Sein **Ki**__ ist auch richtig spitz. Der Mund von Moritz ist sehr **sch**___, der von Max dagegen **br**____. Auch wenn beide dicke rote **Wa**____**n** haben: Sie sehen sich überhaupt nicht **ähn**____.
rund	round	
oval	oval	
spitz	pointed, sharp	
schmal	thin, narrow	
breit	wide	
die Wange	cheek	
das Kinn	chin	

sich (j-n/etw.) vorstellen	imagine (sb./sth.)	Der Mann sah so aus, wie Eva **sich** das **vorge**____ hatte. Er hatte eine sehr hohe **St**__ und nur noch wenig **H**___**e**. Eigentlich konnte man schon von einer **Gl**__ sprechen. Aber dafür sah man keine Wangen, kein Kinn, und man sah auch keinen **Ha**__. Man sah nur einen großen dunklen **B**___. So sah also ein „intelligenter Mann mit Bart" aus. Denn genau so hatte er sich selbst **beschrie**___.
beschreiben	describe	
das Haar / die Haare	hair	
die Glatze	bald head	
die Stirn	forehead	
der Hals	neck, throat	
der Bart	beard	

gelernt _____ 1. Wiederholung _____ 2. Wiederholung _____

1

Das Gesicht

j-d/etw. gefällt j-m	sb. likes sb./sth.	„So geht es nicht weiter", sagte Rosi zu sich selbst, „es muß etwas geschehen." So viele Jahre habe ich schon diese **la**_____ Haare. Ich will sie **ku**___, jedenfalls um einiges kürzer. Und dann diese **du**____ Farbe. Langweilig! Sie müssen **h**___**er** werden. Richtig hell, **bl**___! Aber blonde Haare und **gl**___? Schade um die schöne Farbe! Ich will mein Haar auch richtig **lo**____ haben. „So **gef**____ ich mir", dachte sie, „mit einem kurzen blonden Lockenkopf."
lang (länger, am längsten)	long	
kurz (kürzer, am kürzesten)	short	
hell	fair	
dunkel (dunkler)	dark	
blond	blond(e)	
glatt	straight	
lockig	curly	

Körper und Geist

die Größe	size	Mein *MMM* - Was ist das? Ein kleiner *MMM* ist **min**_____ so groß, wie ein Finger lang ist. Ein großer *MMM* hat **et**__ die **Gr**___ eines kleinen Kindes. Ein kleiner *MMM* ist sehr **lei**___. Das **Gew**____ eines sehr großen *MMM* ist **hö**_____ ein bis zwei Kilo. *MMMs* sind nicht **sch**___. Es gibt *MMMs* in vielen **Far**___**n**. Die meisten sind braun. Und was macht *MMMs* so beliebt? Sie werden nicht schwerer, sie **wa**____ nicht, sie werden nur älter und dabei immer schöner: die Teddybären.
mindestens	at least	
etwa	about	
wachsen	grow	
das Gewicht (Sg.)	weight	
leicht	light	
schwer	heavy	
höchstens	at the most	
die Farbe	AE color, BE colour	

der Körper	body	Die **Körpert**_____**e**:
der Körperteil	part of the body	
der Kopf	head	
der Oberkörper	upper part of the body	
der Arm	arm	
das Bein	leg	

die Schulter	shoulder	Wenn sie lange vor dem Computer sitzt, bekommt sie einen steifen **Na**_____. Auch die **Schu**___**n** tun ihr dann weh und manchmal auch der ganze **Rü**____, weil sie zuwenig Bewegung hat. Bei der Arbeit am Computer bleiben **Ober**_____**e** und **Ell**_____ ziemlich ruhig, ebenso auch die **Unter**_____**e**. Nur die **Hä**___**e** und vor allem die **Fi**_____ sind immer in Bewegung.
der Nacken	neck	
der Rücken	back	
der Oberarm	upper arm	
der Ellbogen	elbow	
der Unterarm	forearm	
die Hand	hand	
der Finger	finger	

die Brust	chest	Eine Statue der Künstlerin Niki de St. Phalle zeigt ein Paar. Der Mann hat eine breite **Br**___, aber keinen besonders dicken **Bau**___. Er wirkt ziemlich groß. Die Frau hat sehr große **Brü**___, sehr breite **Hü**___**n**, und auch ihre **Tai**___ ist ziemlich stark. Die Figuren sind nackt und bunt bemalt.
die Brüste / der Busen	breasts / bosom	
der Bauch	stomach	
die Taille	waist	
die Hüfte	hips	

Körper und Geist

der Oberschenkel	thigh	
das Knie	knee	
der Unterschenkel	lower leg	
der Fuß	foot	
die Zehe	toe	

das Organ	organ	Das menschliche **Ge**___ hat die Kontrolle über
das Gehirn	brain	die Funktionen aller Körperteile und **Or**_____**e**.
das Herz	heart	Das **B**___ fließt durch das Schlagen des
das Blut (Sg.)	blood	**H**___**ens** durch den Körper. Das Atmen der
die Lunge	lung	**Lu**___ sorgt für die Luft, die der Körper braucht.
der Magen	stomach	Der **Ma**___ verarbeitet, was gegessen und getrunken
die Haut (Sg.)	skin	wird. Das größte Organ ist die **H**___.

sehen	see	Die Musik war so laut, daß man sein eigenes Wort nicht
hören	hear	**hö**___ konnte. Die Vorspeise war so scharf, daß ich danach
schmecken	taste	nichts mehr **schm**___ konnte. Dann ging das Licht aus.
riechen	smell	Man konnte nichts mehr **se**___ und mußte sich zum Aus-
tasten	feel, touch	gang **ta**___. Alle Kleider **ro**__**en** nach Rauch. Schrecklich!

behindert	disabled	Von Geburt an konnte das Kind nicht hören. Es war **t**___**b**.
die Behinderung	disablement	Es lernte auch nicht sprechen wie andere Kinder und blieb
der/die Behinderte	disabled person	**st**____. Diese doppelte **Beh**_____ nennt man im
stumm	dumb	Deutschen **tau**____**mm**.
taub	deaf	Nach einem schweren Unfall war der Mann **beh**_____:
taubstumm	deaf-mute	Er konnte seine Beine nicht mehr bewegen und blieb
blind	blind	**gel**___. Mit den Jahren sah der **Beh**_____**te** auch immer
gelähmt	lame	schlechter und wurde schließlich **bl**___.

reden	talk	„Laß mich was sagen. Du hast jetzt lange genug **gere**____!"
sprechen	speak	„Ich höre Sie kaum. **Spr**_____ Sie ein bißchen lauter, bitte!"
aussprechen	pronounce	„Ich hör' dich gut, du mußt nicht so **schr**____!"
wiederholen	repeat	„Still, ich glaube, da **ru**___ jemand um Hilfe!"
rufen	call	„Wie bitte? Könnten Sie das noch einmal **wie**_____?"
schreien	shout	„Habe ich Ihren Namen richtig **ausgespro**_____?"
schweigen	be silent	„Ich möchte dazu nichts sagen. Da **schw**__**e** ich lieber."

schauen	look	Als Rotkäppchen zur Großmutter kam und in ihr Zimmer
ansehen	look at	**sch**___**te**, da **me**___**te** es sofort, daß etwas nicht **st**____**te**.
merken	notice	Das Mädchen **wun**___**te sich**, daß die Großmutter gar
sich wundern	be surprised	nichts sagte. Es mußte **ann**_____, daß die Großmutter sehr
annehmen	assume	krank war. Das Mädchen ging näher hin, um die
fragen	ask	Großmutter genauer **anzus**____. Da wunderte es sich noch
stimmen	be right	mehr und begann zu **fr**___.

gelernt _____   1. Wiederholung _____   2. Wiederholung _____

Körper und Geist

sagen	say	"Großmutter, warum hast du so einen großen Kopf?" fragte Rotkäppchen. Die Großmutter **for____te** Rotkäppchen **auf**: "Paß auf, ich will es dir **erkl____**. Ich bin fast immer allein und habe viel Zeit **nachzud____**. Und dabei **fa____** mir viele Dinge **ein**. Und dann muß ich **mir überl____**, was daran gut oder schlecht ist. Ich brauche meinen großen Kopf aber auch zum **Tr____**." Da mußte Rotkäppchen **la____** und **s___te**: "Du bist alt geworden, Großmutter, du hast deinen Text **ver_____**!"
auffordern	urge, request	
erklären	explain	
nachdenken	think	
sich (etw.) überlegen	think about (sth.)	
einfallen	occur	
vergessen	forget	
lachen	laugh	
träumen	dream	

erfahren	hear	● Ich habe **erf___en**, daß du auswandern willst. Ist das **wa___**? Du gehst **ansch_____** nach Irland.
wahr	true	○ Na ja, ich geh' schon weg. Aber so ist das auch nicht.
die Wahrheit	truth	● Also sag' schon die **Wa___heit**! Wie ist es wirklich?
sicher	certain(ly), sure(ly)	○ Ich möchte **we___** auswandern **no___** nach Irland. Und ich mache nur eine Reise, und zwar **so____** nach Island **als au___** nach Grönland. Soviel ist **si____**.
weder ... noch	neither ... nor	
sowohl ... als auch	both ... and	
anscheinend	apparently	
eventuell	possibly	● Und bleibst du **event____** dort?

der Geist (Sg.)	mind	Dieses Foto der Großmutter hatte Markus sehr gern. Es war eine schöne **Erin_____** an ihren 90. Geburtstag. Es war ihr **Wu____** gewesen, richtig zu feiern. Alle mußten **versp_____**, daß sie kamen. Die Feier kam Markus wieder ins **Gedä_____**. Seine **Geda____n** wanderten zurück. Sie war schon ziemlich krank gewesen, aber ihr **Gei___** war klar, und ihr **Ver____** war scharf wie immer. „In ihrem Gesicht sieht man ihr **Wi____** um ihre Krankheit", dachte er jetzt.
der Verstand (Sg.)	intellect	
der Gedanke	thought	
das Gedächtnis (Sg.)	memory	
die Erinnerung	memento	
das Wissen (Sg.)	knowledge	
der Wunsch	wish	
versprechen	promise	

vernünftig	reasonable	Jeden Morgen ging der alte Mann zum Bahnhof und wartete stundenlang auf seine Tochter. „**Ho____lich** kommt sie heute", sagte er. „Das hat doch keinen **Si___**", sagte seine Frau wie jeden Morgen, „sei doch **vern_____**. Was du machst, ist völlig **s____los**." „Es ist **s___voll** für mich, wenn ich warte. Ich **ho__e**, daß sie kommt, und diese **Ho____ung** brauche ich", sagte er.
der Sinn (Sg.)	sense, meaning	
sinnvoll	meaningful	
sinnlos	meaningless, pointless	
die Hoffnung	hope	
hoffen	hope	
hoffentlich	I hope, hopefully	

die Seele	soul	Die meisten Menschen, die **an** einen **Go__ glau____**, glauben auch, daß die **See__** des Menschen ewig ist. Sie **be____** auch zu ihrem Gott.
Gott	God	
beten	pray	
glauben (an)	believe (in)	

Bewegung

die Bewegung	movement	„Haben Sie viel **Bew**_____ bei Ihrer Arbeit? Gehören Sie
(sich) bewegen	move	auch zu denen, die **sich** zuwenig **be**____? Wie weit **ge**___
hin und her	up and down	Sie durchschnittlich pro Tag? Eher einen oder fünf
gehen	walk	Kilometer?
stehen	stand	Wie arbeiten Sie? Können Sie dabei **h**__ und **h**__ gehen?
(sich) stellen	stand	Oder müssen Sie die meiste Zeit **si**___? Oder **steh**___ Sie
sitzen	sit	wenigstens öfter für längere Zeit? Wie ist es in Ihrer Frei-
(sich) setzen	sit down	zeit? **Set**____ Sie **sich**, wann immer Sie können? Haben Sie zu Hause einen Ort, an den Sie **sich** gern **stel**___?"

die Gymnastik (Sg.)	gymnastics	Welche von diesen Bewegungen **ma**____ Sie am öftesten?
der Schritt	step	1. Sie **neh**____ ein Buch in die Hand.
machen	do	2. Sie **ha**____ ein Glas in der Hand, trinken und **ste**____
nehmen	take	es wieder **hin**.
halten	hold	3. Sie halten ein Kind und **he**____ es in die Höhe.
heben	lift	4. Sie **st**____ die Treppen hinauf.
hinstellen	put down	5. Sie machen einige große, schnelle **Schr**____e.
steigen	go up	6. Sie fahren mit dem Fahrrad und müssen kräftig **tr**____.
treten	pedal	Welche dieser Bewegungen halten Sie für **Gym**_____?

laufen	run	Der Mann trug seine Mütze tief im Gesicht und lief, so
springen	jump	schnell er **lau**____ konnte. Immer wieder **dr**___te er **sich**
(sich) drehen/umdrehen	turn round	**um** und schaute, ob ihm jemand folgte. Als er wieder
zurück	back	einmal **zu**____schaute, lief er in ein Fahrrad, das am Boden
fallen	fall	lag. Der Mann **fi**__ hin. Sofort **sta**___ er wieder **auf**. Er
aufstehen	stand up	**spra**____ über das Fahrrad und lief **wei**____.
weiter	on, further	

(sich) anstrengen	strain (oneself)	Der Läufer **fü**__te sich, als ob er **sich** körperlich zu sehr
schwitzen	sweat	**angestr**____t hätte. Er fühlte, wie sein Herz laut und
atmen	breathe	schnell **kl**___te. Am ganzen Körper war er naß, so sehr
klopfen	beat	**schw**___te er. Er **at**___te doppelt so schnell wie sonst
(sich) fühlen	feel	nach dem Laufen. Und noch dazu fühlte er sich
müde	tired	schrecklich **mü**___ und **schw**____. „Was ist los mit
schwach	weak(ly)	mir?" dachte er. Denn er war noch gar nicht gelaufen!

Aussehen

das Aussehen (Sg.)	appearance	Was ist das eigentlich, **Sch**_____? Muß eine Person
gepflegt	well-groomed	**ju**_____ aussehen, damit man sie schön findet? Muß
sportlich	sporty, athletic	sie auch **spo**_____ wirken? Muß sie immer **lä**____
jugendlich	youthful	wie die erfolgreichen Models? Welche Unterschiede
blaß	pale	machen Sie zwischen Männern und Frauen? Dürfen
die Schönheit (Sg.)	beauty	Männer **bl**___ sein? Wie wichtig ist Ihnen persönlich ein
lächeln	smile	**gepf**____es **Auss**____ - bei sich und bei anderen?

gelernt _____   1. Wiederholung _____   2. Wiederholung _____

1

Aussehen

die Figur (Sg.)	figure	Du mußt **abn____**, hatten die Kolleginnen immer wieder gesagt. Ich weiß eine ganz tolle **Di___** für dich, hatte die beste Freundin gesagt. Du mußt **reg_____** Sport treiben, das ist gut für die **Fi____**, hatte die Mutter gesagt. Gitti meinte nur, sie habe keine **L___** abzunehmen, sie fühle sich wohl. Sie habe auch schon lange nicht mehr **zugeno_____**.
abnehmen	lose weight	
zunehmen	put on weight	
die Diät (Sg.)	diet	
regelmäßig	regularly	
die Lust (Sg.)	desire	

dick	fat	Als Kind war er sehr **ma___**, da waren schlechte Zeiten. Als Jugendlicher wuchs er schnell und blieb **dü___**. Als er heiratete, war er ein **schl___er** junger Mann. Als Mann mittleren Alters wurde er langsam **ru____**. Als er Rentner war und nicht mehr arbeitete, wurde er **di___**.
rundlich	plump	
schlank	slim	
dünn	thin	
mager	skinny	

Gefühle und Mitmenschen

das Verständnis (Sg.)	understanding	An eine Lehrerin kann ich mich gut erinnern. Sie hatte so viel **Verst_____** für uns wie keine andere. Man konnte deshalb zu ihr auch **of___** und **eh____** sein; sie be___te sich, uns mehr und mehr die **Verantw_____** für uns selbst zu **ge___**. Sie glaubte, daß wir Schüler schon recht vernünftig wären. Deshalb war sie auch so **to_____**. Wir Schüler waren aber nicht vernünftig.
tolerant	tolerant	
offen	open(ly)	
ehrlich	honest(ly)	
die Verantwortung (Sg.)	responsibility	
geben	lay, place	
sich bemühen	try hard	

selbstbewußt	confident(ly)	Wenn sie **unent_____** war, wußte er sofort weiter. Wenn er **Zw____** hatte, **zei___** sie **sich** verständnisvoll. Wenn sie zu etwas **entsch_____** war, unterstützte er sie. Beide waren durchaus **selbstbe____**. Sie waren ein ideales Paar. Deshalb wollte es keiner glauben, als sie sich trennten.
(sich) zeigen	prove to be	
entschlossen	determined	
unentschlossen	undecided	
der Zweifel	doubt	

der Humor (Sg.)	AE humor, BE humour	Er war mein bester Freund, der Max. Ich hatte viel **Sp___** mit ihm. Er machte mir sehr viel **Fr____**. Wenn ich ohne ihn wegging, schaute er ganz **trau___**. Und wenn ich schlechter **Lau___** war, machte er mich wieder **fr___**. Ich glaube, Max hat sogar meinen **Hu___** verstanden. Ja, ja, der Max, das war ein feiner Freund.
die Laune	mood	
der Spaß (Sg.)	fun	
die Freude (Sg.)	pleasure	
froh	happy	
traurig	sad	

sich fürchten (vor)	be afraid (of)	Franz Kafka hat **sich** als Kind sehr vor seinem Vater **gef____et**. Er war ein sehr **schü____es**, ja mehr noch, ein total **äng____es** Kind. Dem Vater gegenüber verließ ihn der **M___** völlig. Auch als Erwachsener **fe___te** ihm die **Kr____**, mit dem Vater über sein Verhältnis zu ihm zu sprechen. So groß war seine **Fu____**. Deshalb schrieb er später den „Brief an den Vater".
die Furcht (Sg.)	fear	
schüchtern	shy	
ängstlich	nervous, anxious	
fehlen	be lacking	
der Mut (Sg.)	courage	
die Kraft	strength	

Gefühle und Mitmenschen

lieb	dear	Liebe Eltern!
schlimm	bad, naughty	Bitte seid ein wenig **miß**_____ gegenüber den Nachbarn.
das Vertrauen (Sg.)	trust, confidence	Die sagen, wir seien **schl**___. Könnt Ihr das glauben? Habt
mißtrauisch	distrustful	doch **Vertr**____ zu uns! Wir sind keine **schw**_____**en**
einfach	simple/-ly	Kinder. Okay, vielleicht ist es nicht immer ganz **ei**____
schwierig	difficult	mit uns. Aber wenn alle sagen, man müsse uns **ha**___
herzlich	sincere(ly)	bestrafen, dann denkt daran, wie Ihr als Kinder wart.
hart (härter, am härtesten)	severe(ly)	**Her**_____ Eure **l**____**en** Söhne Max und Moritz

der Ärger (Sg.)	trouble	Liebe Eva, lieber Franz! Der Urlaub hier ist eine einzige
sich ärgern (über)	get annoyed (about)	**Entt**_____! Schon bei der Ankunft nur **Är**____! Das
ärgerlich	annoying	Hotel ist laut und schmutzig. Richtig **ä**____**lich**! Ich habe
wütend	furious(ly)	**mich** sofort **aufger**___**t**. Noch schlimmer sind die anderen
die Enttäuschung	disappointment	Gäste. Sie sind rücksichtslos und machen mich **wü**____.
das Heimweh (Sg.)	homesickness	Dauernd muß ich **mich** über sie **är**____. Gestern war es so
sich aufregen (über)	get upset/worked up (about)	schlimm, daß ich **mich** kaum **ber**_____ konnte. Ich habe
(sich) beruhigen	calm down	schon **Hei**_____. Liebe Grüße! Klaus

fröhlich	cheerful(ly)	Lieber Klaus!
gemütlich	AE cozy, BE cosy	Hier ist es herrlich! Die Menschen sind **frö**_____ und
sympathisch	nice, pleasant	zufrieden. Am Abend ist es sehr **gem**_____. Die Wirtin
erleben	experience, have	ist so **sym**_____! Auch bei viel **St**___ im Hotel ist sie
die Ruhe (Sg.)	calm(ness)	nie **ne**___. Sie bewahrt immer ihre **Ru**___. Wir **erl**___ so
der Streß (Sg.)	stress	schöne Tage! Du hattest ja auch Urlaub. War es schön?
nervös	nervous, irritable	Liebe Grüße, bis bald! Eva und Franz

das Gefühl	feeling	Lieber Schatz!
der Blick	look	Seit drei Tagen bin ich weg von dir, und meine **Gef**___**e**
der Kuß	kiss	lassen mir keine Ruhe. Du fehlst mir. Mir fehlt der liebe
küssen	kiss	**Bl**___ aus deinen Augen, mir fehlt deine **zär**____**e** Hand.
zärtlich	tender(ly), loving(ly)	Ich möchte dich **kü**___ und in die Arme nehmen, mein
der Liebling	darling	**Lie**_____. Tausend **Kü**___**e**, Dein Schatz

die Liebe (Sg.)	love	Reden wir über die **Lie**____!
erotisch	erotic	Wenn ihr **miteinander schl**_____ wollt, dann sprecht auch
intim (sein)	(have) sexual relations/ intercourse	miteinander darüber. Wer von euch beiden schon sexuelle **Erfa**_____ hat oder leichter über dieses **Ta**___ reden kann,
miteinander schlafen	sleep together	soll den Anfang machen, und zwar früh genug. Wenn ihr
der Sex (Sg.)	sex	**in**____ sein wollt, müßt ihr an Verhütung und den Schutz
das Tabu	taboo	vor *AIDS* denken, aber nicht erst dann, wenn die Stimmung
die Erfahrung	experience	schön **ero**_____ ist und ihr **Se**__ haben wollt. Das Kondom schützt vor *AIDS* - und nur das Kondom.
		(Aus einem Ratgeber für Jugendliche)

gelernt _____   1. Wiederholung _____   2. Wiederholung _____

Familie, private Beziehungen

Familie und Verwandtschaft

die Familie	family	Als wir Kinder waren, sagten wir zu unserer **Großm**_____
gründen	start	immer nur **O**____ und zu unserem **Gr**_____ lieber
die Großeltern (Pl.)	grandparents	__**pa**. Damals wohnten die **Große**_____ nicht mehr im
die Großmutter/Oma	grandmother/grandma	gleichen Haus wie unsere **El**___. Es wurde zu klein, als
der Großvater/Opa	grandfather/grandpa	sie eine **Fa**_____ **gr**_____**eten**; deshalb mußten sie
die Eltern (Pl.)	parents	ausziehen. Später erzählte uns die **Mu**___, wie Opa oft
die Mutter	mother	sagte: „Vater werden ist nicht schwer, **V**___ sein dagegen
der Vater	father	sehr!"

das Paar	couple	● Leben Sie allein oder mit einer **P**_____**in**?
er	he	○ Ich habe eine feste **Fr**___**in**, wir **bei**___ wohnen
sie	she	zusammen. Ich bin eigentlich sehr für die **E**___, sie
beide	both	möchte aber „nur" einen **Fr**____. **S**__ will auf keinen
der Partner, die -in	partner	Fall meine __**au** werden!
der Freund, die -in	boyfriend, girlfriend	● Warum möchten Sie denn unbedingt der **M**___ Ihrer
die Ehe	marriage	Freundin werden? Sind Sie so etwa kein glückliches
die Frau	wife	**P**___**r**?
der Mann	husband	

das Kind	child	Ich habe leider keine Geschwister. Ich war ein typisches
es	it (she, he)	Einzelkind, die **ein**____ Tochter. Meine Eltern **woll**___
das Baby	baby	immer einen **So**___. Aber sie **kr**_____**ten** eben eine
wollen	want, wish	**To**____! Ich muß ein ganz schwieriges **Ba**__ gewesen
kriegen/bekommen	get	sein: „Dreimal jede Nacht schrie das **Ki**__! Und jedesmal
die Tochter	daughter	wollte **e**__ nur trinken und im Zimmer herumgetragen
der Sohn	son	werden!" erzählte meine Mutter immer wieder.
einzig	only	

die Geschwister (Pl.)	brothers and sisters	Auf dem alten Familienfoto sind viele Kinder, acht
die Schwester	sister	**Ge**_____: fünf **Schw**_____**n** und drei **Brü**___. Vor
der Bruder	brother	dem Vater stehen ganz gerade die **Ju**___**n**. Vor der Mutter
das Mädchen	girl	sitzen die großen und kleinen **Mä**____. Ich stelle mir vor,
der Junge	boy	wie diese Familie wächst: Durch jedes Kind kommt z. B.
die Nichte	niece	eine **En**__**in** und ein **En**___ dazu – zusammen also 16
der Neffe	nephew	Enkel! Und jedes Kind auf dem Bild hätte dann sieben
der Enkel, die -in	grandson, -daughter	**Ni**____**n** und sieben **Ne**____**n**!
der Junge (D), der Bub (A, CH, Süd-D)		

der/die Angehörige	relative, relation	Die Schwester meines Vaters ist meine **Ta**___.
die Verwandtschaft (Sg.)	relatives	Der Bruder meiner Mutter ist mein **On**___.
verwandt	related	Zur **Verw**_____**ft** gehören alle, die mit mir
nah(e) (näher, am nächsten)	close	**verw**_____ sind.
entfernt	distant, remote	Ist die Schwiegermutter eigentlich eine **n**___**e** oder eine
die Tante	aunt	**ent**____**e** Verwandte? - Schwer zu sagen. Jedenfalls
der Onkel	uncle	gehört sie zu meinen **Angeh**_____**en**, und ich mag sie.

16   gelernt _____   1. Wiederholung _____   2. Wiederholung _____

Familie und Verwandtschaft

die Schwiegereltern (Pl.)	parents-in-law	Der Mann meiner Tochter ist mein **Schwie_____n**.
der Schwiegervater	father-in-law	Die Frau meines Sohnes ist meine **Schw_____r**.
die Schwiegermutter	mother-in-law	Die Eltern meiner Frau sind meine **Schw_____rn**:
der Schwiegersohn	son-in-law	die **Sch_____mu____** und der **Sch_____va___**.
die Schwiegertochter	daughter-in-law	Komisch: Wieso gibt's denn keine „Schwiegertante"?

die Beziehung	relationship	Eine sexuelle **Bez_____** außerhalb der Ehe nennt man oft
das Verhältnis	affair	ein „**Verh_____**". Das klingt **schl____er** als
schlecht	bad(ly)	„Beziehung". **Am be___**, man hat ein **g___es** Verhältnis
gut (besser, am besten)	good	zu allen Leuten! Aber es **g__t** keinen etwas **an**, mit wem
angehen	concern	ich schlechter oder **bess___** auskomme!

furchtbar	terrible	**A___**, das ganze „Fest" war eine Katastrophe! Die Leute
traurig	sad	waren zwar alle sehr **e__ befreundet**, aber die Gespräche
ach!	oh!	waren irgendwie **kom_____**. Und die Atmosphäre war
gestört	unstable	ziemlich **kü___**. Ich fühlte mich die meiste Zeit ganz
kompliziert	complicated	**fu_____** und wunderte mich, wieso scheinbar **fe___e**
kühl	cool	Beziehungen unter Freunden so **gest____t** sein können.
persönlich	personal(ly)	Aber das war vielleicht nur mein ganz **pers_____er**
fest	firm	Eindruck! Jedenfalls war ich den ganzen Abend über in
eng (befreundet)	close	**tr____er** Stimmung ...

j-d tut j-m leid	sb. is sorry for sb.	Dem Lehrer **tat** die schüchterne, aber hübsche Schülerin
verstehen	understand	**l___**: immer schlechte Noten! Deshalb **lo__te** er sie häufig -
loben	praise	das **___fiel** ihr sehr. Weil er sie einfach **m__chte**, begann er,
vorziehen	prefer	sie den anderen Schülern **vorzuz____**. Ohne viele Worte
mögen	like, be fond of	**versta___n** sie sich glänzend. Ihm wurde gar nicht
j-d/etw. gefällt j-m	sb. likes sb./sth.	bewußt, daß er sie so **g__n __tte**. Und sie **verl____te** sich
gern haben	like	total in den gutaussehenden jungen Lehrer. Die anderen
sich (in j-n) verlieben	fall in love (with sb.)	Schüler bemerkten die beginnende **L__e** sofort: „Ich
lieben	love	glaube, der A. und die B. **lie___** sich!"
die Liebe (Sg.)	love	

schimpfen (über)	complain (about)	Es war einmal eine Familie, in der gab es viel **Str____**,
streiten (mit)	argue/quarrel (with)	weil jeder den anderen **mißv_____and**.
der Streit (Sg.)	argument, quarrel	Weil sie wegen jeder Kleinigkeit **über**einander
enttäuschen	disappoint	**sch_____ten**, waren sie fast immer **belei____t**. Es
(es ist) schade	(it's) a pity	dauerte nicht lange, und der erste begann zu **lü___**. Alle
mißverstehen	misunderstand	waren wegen dieser **L___n** tief **entt_____t** von ihm und
lügen	lie	fanden sein Verhalten sehr **sch_____**. - Und wenn sie nicht
die Lüge	lie	gestorben sind, **str_____** sie heute noch **mit**einander.
beleidigen	offend, hurt	

gelernt _____   1. Wiederholung _____   2. Wiederholung _____

Familie und Verwandtschaft

gegen	against	Manchmal schlägt die Liebe in **H__** um. Dann passiert das
widersprechen	contradict	Unglaubliche: Menschen, die früher nichts **ge_____** den
ablehnen	reject	anderen hatten, **wi_____chen** sich immer öfter, und bald
hassen	hate	**le____** sie einander total **ab**. Jede Schwäche des Partners
der Haß (Sg.)	hatred	**bestr____** sie mit bösen Worten oder sie **schl____** sich gar.
bestrafen	punish	Man sollte mit einer Beziehung ganz Schluß machen, wenn
schlagen	beat, hit	man sich so **h__ßt**!

das Problem	problem	Wer zu schnell urteilt, hat **Vor_____e**. Wer keine
das Mißverständnis	misunderstanding	**Pro_____e** hat, dem geht es gut. Wer anderen Vertrauen
das Vorurteil	prejudice	entgegenbringt, erntet selten **Mißt_____**. Wer **ang___lich**
das Mißtrauen (Sg.)	distrust	nur an die eigene Sicherheit denkt, lebt meist in **A____** und
angeblich	alleged(ly)	**So____**. Wer zu sensibel ist, spürt den **Schm_____** überstark.
die Sorge	care, worry	Wer über Probleme offen spricht, vermeidet
der Schmerz	pain	**Mißv_____sse**. Wer nur bei anderen Fehler sieht,
die Angst	fear	nimmt oft selbst die eigene **Sch____** nicht wahr.
die Schuld (Sg.)	blame, fault	

der Kontakt	contact	„Weißt du, bei uns ist das so: Das **W____** von allen ist
die Rücksicht (Sg.)	consideration	wichtig; deshalb halten wir immer **Kon____** mit der ganzen
das Verständnis (Sg.)	understanding	Familie. Das schafft eine Stimmung des **Vertr_____s**.
das Vertrauen (Sg.)	confidence, trust	Und alle sind **gl_____**, weil man auf sie **Rü_____**
das Wohl (Sg.)	welfare, well-being	nimmt! Ich weiß, vielen fehlt das **Verst_____** für so
das Glück (Sg.)	happiness	eine Art von **Gl____** im engen Familienkreis. - Dir auch?"
glücklich	happy	

der Konflikt	conflict	Als Julia und Romeo zum erstenmal nach ihrer Hochzeit
die Krise	crisis	**Kra___** miteinander hatten, waren sie beide zu Tode
der Krach	row	**___schro_____**. Früher hatten sie doch nie **Kon____e**
schreien	shout	gehabt! Und jetzt hatte Romeo vor Wut **ge____ien** –
erschrecken	frighten	sie steckten tief in der **Kri___**.
weinen	cry, weep	Julia kamen die Tränen, sie **w____te** heftig ...

die Erziehung (Sg.)	upbringing	Kinder und Jugendliche sind zwar **von** Erwachsenen
erziehen	bring up	**abh_____**. Wenn man sie aber partnerschaftlich
sich kümmern (um)	pay attention (to)	**erz_____** will, muß man das **Gesp____** mit ihnen
sorgen für	look after	suchen. Heute bedeutet **Erz_____** nicht mehr nur, daß
pflegen	nurse	man **auf** Kinder **auf_____ßt**, sondern daß man **sich**
abhängig (von)	dependent (on)	wirklich **mit** ihnen **besch_____t**. Wenn sie krank sind,
aufpassen (auf)	keep an eye (on)	lassen sie sich gerne **pf____**. Sie mögen es, wenn die
(sich) beschäftigen (mit)	spend time (with)	Eltern **sich um** sie **kü_____**. Aber sie wollen auch **für**
das Gespräch	AE dialog, BE dialogue	**s___** selbst **so_____**, wann immer es geht.

Bekanntschaft, Freundschaft, Liebe

bekannt (mit)	acquainted (with)	Mein Liebling,
der/die Bekannte	acquaintance, friend	ich bin so glücklich, daß ich Deine **Bek**_____**t**
die Bekanntschaft	acquaintance	gemacht habe! Obwohl wir uns zuerst ganz **fr**____ waren,
fremd	strange	haben wir **uns** so schnell **an**einander **gew**___**t**!
(sich) gewöhnen (an)	get accustomed (to)	Seit wir **mit**einander **bek**____ sind, habe ich nur *einer*
die Freundschaft	friendship	**Bek**_____**n** von unserer **Fr**____**schaft** erzählt ...

die Dame	lady	*Anzeige*
der Herr	gentleman	Sehr gebildete, attraktive **Da**__ mittleren **Al**___**s** sucht gut
das Alter (Sg.)	age	situierten **H**__**n**, der **zw**____ 50 und 60 Jahre **a**__ ist
jung (jünger, am jüngsten)	young	und Kinder gern hat. Trotz seines Alters sollte der ideale
alt (älter, am ältesten)	old	Partner **j**_____ geblieben sein.
zwischen	between	(Partner-Vermittlung Diskret, W234567)

(sich) trennen (von)	separate (from)	Nach der Statistik **tre**_____ sich in Deutschland über die
getrennt	separated	Hälfte aller Ehepaare: Entweder ____**läßt** ein Partner den
sich scheiden lassen (von)	get a divorce (from)	anderen oder sie **la**____ sich **sch**_____. Die meisten
geschieden	divorced	**gesch**_____**en** Personen suchen sich einen neuen Partner,
verlassen	leave	leben aber häufig **getr**_____ von diesem.
verwitwet	widowed	Viele **verw**_____**e** Frauen und Männer, deren Partner
der Verlust (Sg.)	loss	gestorben sind, können diesen **Ver**____ nicht überwinden
einsam	lonely	und sind oft sehr **ein**___.

der Charakter	character	Oft wird darüber diskutiert, ob es einen typisch
die Art (Sg.)	nature	**mä**_____**en** oder typisch **wei**_____**en Cha**_____ gibt.
weiblich	feminine	Ist es wirklich die typische **A**___ der Männer, ihre
männlich	masculine	Partnerinnen so häufig wie möglich zu **betr**____?
treu	faithful	Und sind Männer etwa meist **klü**____ als Frauen? Oder
betrügen	deceive	liegt es in der Natur, daß Frauen angeblich **t**____**er** sind
fair	fair	als Männer und **f**____**er** im Verhalten ihren Partnern
klug (klüger, am klügsten)	clever, intelligent	gegenüber?

die Feier	celebration, party	● Wie war **de**___ die **Ho**_____ von Evi und Al?
feiern	celebrate	○ Das war ein tolles Fest, wie man es **sich n**___ **wü**_____
die Party	party	kann! – Was meinst du: Sollen wir nicht auch **hei**_____?
heiraten	get married	● Was, wegen solch einer **Ho**_____**sparty**? Wir könnten
die Hochzeit	wedding	doch auch etwas anderes **fei**____!
(sich) etw. wünschen	wish for sth.	○ Ich wüßte nicht, was! Die meisten **P**___**ys** sind **do**___
doch	(*here*) really	nichts gegen eine echte Hochzeits**f**____!
denn	(*here*) then	
nur	(*here*) only	

gelernt _____ 1. Wiederholung _____ 2. Wiederholung _____

Bekanntschaft, Freundschaft, Liebe

die Stimmung	mood, spirits	31. Dezember, 23.45 Uhr: Die Gäste waren bester
das Vergnügen (Sg.)	pleasure, fun	**Sti**_____ und **l**____**ten** viel, als das Jahr zu Ende ging.
(sich) amüsieren	have fun, enjoy oneself	Sie **am**_____**ten sich** und hatten ihren **Sp**___ an Musik
lachen	laugh	und Tanz. Als es 12 Uhr schlug, war die **Fr**_____ übergroß.
der Spaß (Sg.)	fun	Man wünschte sich Glück und **fr**____**te sich** miteinander
(sich) freuen	be glad, rejoice	über das neue Jahr.
die Freude (Sg.)	pleasure, joy	Und dann ging's weiter mit dem **Verg**_____ bis um 5!

einander	each other	Leute, die **ein**_____ schon länger **ke**___, können **sich** oft
kennenlernen	get to know	gut **un**_____, ohne viel zu reden. Wenn sie sich nach
wiedersehen	see/meet again	längerer Zeit **wie**_____, ist Ihre **Un**_____**ung**
kennen	know	manchmal ganz merkwürdig: Man hat den Eindruck, sie
(sich) unterhalten	talk, converse	**le**____ sich gerade dadurch noch besser **kennen**, daß sie
die Unterhaltung	conversation	sich lange ansehen und nichts sagen …

die Bitte	request	Liebe Linda,
bitten	ask, request	vielen Dank für die **Ein**_____, Euch an Silvester zu
bitte	please	**be**_____. Leider können wir nicht kommen, weil uns
einladen	invite	Patzkes schon **eingel**____**n** haben - **bi**___ seid uns nicht
die Einladung	invitation	böse! - Nun noch eine **Bi**___: Könntest Du Klaus **bi**___,
besuchen	visit	daß er für uns wieder Tee besorgt? ...

der Gruß	greeting, regards	… Wann paßt Euch unser späterer Besuch? Aber Ihr seid
grüßen	greet, say hello	auch bei uns herzlich **wi**_____, wir würden Euch gern
begrüßen	welcome, greet	**begr**_____.
herzlich	warm, kind	Bitte vergeßt nicht, Eure Kinder zu **gr**_____!
willkommen	welcome	Für heute **verab**_____ wir uns mit **h**____**lichen**
(sich) verabschieden	say goodbye	**Gr**___**n**. **Auf** baldiges **Wie**_____!
auf Wiedersehen!	goodbye!	Eure Anja und Heiner

der Glückwunsch	congratulations	„Herzlichen **Glü**_____ zum Geburtstag, liebe Frau
gratulieren	congratulate	Schmidt! Wir möchten Ihnen **gra**_____ und Ihnen ein
schenken	give	kleines **Gesch**____ machen. **Ho**_____**lich** können wir
das Geschenk	present, gift	Sie da**mit** ein wenig **üb**_____! Hier – diesen
hoffentlich	I hope, hopefully	Kalender für das kommende Jahr **sch**____**n** Ihnen Ihre
überraschen (mit)	surprise (with)	Kolleginnen und Kollegen."

der Dank (Sg.)	thanks	„Liebe Kolleginnen und Kollegen, ich möchte **mich** bei
danken	thank	Ihnen **bed**_____ **für** das wunderbare Geschenk!
sich bedanken (für)	thank (for)	_____**falls** herzlichen **Da**___ für die gelungene
dankbar	grateful	Überraschung, **da**___**e** für die vielen Blumen! Ich sage
danke	thank you, thanks	Ihnen **ge**___, wie **da**_____ ich bin, daß ich mit Ihnen hier
gern(e) (lieber, am liebsten)	gladly	zusammenarbeiten darf. Ich **da**____ Ihnen für alles!"
gleichfalls / ebenfalls	likewise, also	

Bekanntschaft, Freundschaft, Liebe

traurig (über)	sad (about)	Liebe Nina,
j-m böse sein	be angry with sb.	ich muß **mich für** mein blödes Verhalten gestern wirklich
sich entschuldigen (für)	apologize (for)	**entsch**_____ und hoffe, daß Du mir **verz**_____
die Entschuldigung	excuse	kannst. Ich habe **lei**____ selbst keine **Entsch**_____
leider	unfortunately	dafür! Ich **bin** sehr **tr**_____ über alles. Bitte **sei** mir nicht
verzeihen	forgive	mehr **bö**____! Ich bitte Dich nochmals um **Verz**_____.
die Verzeihung (Sg.)	forgiveness	Karl.

vielleicht	perhaps	● Du bist **wo**___ überrascht, daß ich anrufe, Agnes!
wohl	possibly, perhaps	○ Nein, **g**___ nicht. Peter sagte mir, daß du dich
wahrscheinlich	probable/-ly	**wa**_____lich bei mir melden würdest.
tatsächlich	really	● Dann weißt du **viel**_____ auch schon, daß wir
gar nicht	not at all	**unb**_____ deine Hilfe brauchen?
unbedingt	badly, urgently	○ Was, **tats**_____? Und wie soll ich helfen?

übrigens	by the way	● Also, du weißt **j**__, daß wir Probleme haben …
ja	*(here)* really	○ Das höre ich **ei**_____ jetzt zum erstenmal!
jedenfalls	in any case	● Was, wirklich? - **Je**_____**s** möchten wir gerne
eigentlich	actually, really	deinen Rat. Peter **übr**_____ auch!
sogar	even	○ Wie?! **So**____ dein Mann ist diesmal ratlos?

beginnen	begin	Wenn eine neue Liebe **beg**_____t, denkt man nicht daran,
anfangen	begin	daß sie **sich verä**_____ könnte. Sie muß einfach ewig
dauern	last	**dau**____!
(sich) entwickeln	develop	Aber jeder Mensch **än**_____t **sich**, und viele Beziehungen
(sich) ändern	change	**fa**__en bald **an, sich** zu **entw**_____. Dann beginnen
(sich) verändern	change	oft auch die Probleme ...

das Zeichen	sign	Wenn zwei Menschen ihre Sympathie füreinander
der Brief	letter	entdecken, gibt es dafür oft deutliche **Zei**_____: Klare
sich (mit j-m) verabreden	AE date (sb.),	Signale sind häufige **Br**___e oder **Bes**___e, Blumen
	BE arrange to meet (sb.)	und Geschenke. Auch **vera**_____t man **sich** laufend, man
die Verabredung	date	**tri**__t sich immer öfter. Und auf jede neue
j-n treffen	meet sb.	**Verab**_____ freut man sich mehr. Oft **zie**____
der Besuch	visit	schließlich die beiden Partner **zusammen** – man ist beinahe
(mit j-m) zusammenziehen	move in with each other	unbemerkt ein festes Paar geworden.

gelernt _____   1. Wiederholung _____   2. Wiederholung _____

 # Gesellschaft, soziale Beziehungen

Soziale Gruppen

die Bevölkerung	population	Die meisten Formen der menschlichen **Ges**_____
die Gesellschaft	society	zeigen große soziale Unterschiede zwischen einzelnen
die Klasse	class	**Gr**_____**n** der **Bev**_____. So haben in vielen
die Gruppe	group	Ländern die beiden **Geschl**_____**er** nicht die gleichen
das Geschlecht	sex	Rechte. Und in fast allen Gesellschaften gibt es soziale
		Kl_____**n**, die von Besitz und Bildung abhängen.

die Leute (Pl.)	people	„Wissen Sie, hier sind die **L**_____ ziemlich aktiv! Um
jede(r/s)	each, every	beinahe **j**__**e** gesellschaftliche Gruppe kümmern sich
sozial	social(ly)	gleich mehrere **Ver**_____**e**. Und zahllose **C**____**s**
der Club	club	bestimmen das **so**_____**e** Leben in unserer Stadt. - Wollen
der Verein	association	Sie nicht auch **Mit**_____ in unserem Seniorenclub
das Mitglied	member	werden?"

die Generation	generation	● Wie selbständig heute die **Ki**_____**er** schon sind!
die Alten (Pl.)	old people	○ Ja, das ist eine ganz andere **Gen**_____ als wir.
der Senior, die -in	senior citizen	Nicht einmal als **Jug**_____**e** waren wir so frei!
der/die Erwachsene	adult	● Du meinst, wir **Erw**_____**n** sollten lernen, als
die Jungen (Pl.)	young people	**Se**_____**en** so frech wie die Jungen zu sein?
die Jugend (Sg.)	youth, young people	○ Ja, genau wie Kinder von Erwachsenen lernen, so
der/die Jugendliche	teenager	könnten wir **Al**____ auch von den **Ju**____ lernen!
das Kind	child	● Aber was sollten wir denn von der **Ju**____**d** lernen?

der/die Berufstätige	employed person	In unserer Gesellschaft haben **Berufs**_____**e** ein
der/die Arbeitslose	unemployed person	besseres Image als **Ar**_____**lose** und **Re**_____. Und nur
der Rentner, die -in	pensioner	die **Ges**_____**n** haben die Chance auf einen Job.
der/die Gesunde	healthy person	**Kr**_____ dagegen sind meist schon nach wenigen
der/die Kranke	sick person	Monaten arbeitslos. Doch die Arbeitslosigkeit trifft meist
der Soldat, die -in	soldier	nur die **Ziv**_____**en**: Denn die **Sol**____**en** haben fast
der Zivilist	civilian	überall sichere Arbeitsplätze.

der Arbeitgeber, die -in	employer	*Definitionen:* In der eigenen Firma arbeiten nur die
der Unternehmer, die -in	entrepreneur	**Untern**_____. Gegen Geld kaufen sie die Arbeit
der Bauer, die Bäuerin	farmer	von **A**_____**nehmern** und sind dann deren
der Hausmann, die Hausfrau	house husband, housewife	**Arbeitg**_____. Nur die **Bau**____**n** können sich
der Arbeiter, die -in	worker	meist keine **Ar**_____ oder **Ang**_____**n** leisten.
der/die Angestellte	employee	Ganz sichere Jobs haben nur die **Be**_____**n**. Zu Hause
der Beamte, die Beamtin	civil servant	und ganz ohne Bezahlung arbeiten nur die **Hausf**_____**en**
der Arbeitnehmer, die -in	employee	und **H**_____**männer**.

der/die Selbständige	self-employed person	*Wortbildung:* Eine **Re**_____**in** ist Anwältin des Rechts.
der Arzt, die Ärztin	doctor	**Kü**_____ machen Kunst, sie sind künstlerisch tätig. Eine
der Rechtsanwalt, die -anwältin	lawyer	**Ä**____**in** gibt Kranken ärztliche Hilfe.
der Künstler, die -in	artist	Sie alle sind **Frei**_____**ler**, haben einen freien Beruf; sie
der Freiberufler, die -in	freelancer	sind auch selbständig - also **Se**_____**e**.

gelernt _____ 1. Wiederholung _____ 2. Wiederholung _____

3

Soziale Gruppen

die Mehrheit	majority	Trotz aller Revolutionen und Reformen hat seit 10 000 Jahren die menschliche Gesellschaft die Form einer Pyramide: Die **a____en** Leute sind die große **Mehr_____** und bilden die **Un____schicht**. Die wohlhabendere **Mit_____** ist meist kleiner, in manchen Ländern aber auch größer. Aber wirklich **r____e** Personen und Familien sind eine winzige **Mi____heit**: Diese kleine **Ob_____** verfügt über großen materiellen **Bes_____**, jeden Zugang zur **Bil_____** - und über die politische **Ma_____**.
die Unterschicht (Sg.)	lower class	
arm (ärmer, am ärmsten)	poor	
die Mittelschicht (Sg.)	middle class	
die Bildung (Sg.)	education	
der Besitz (Sg.)	property	
die Oberschicht (Sg.)	upper class	
reich	rich	
die Macht (Sg.)	power	
die Minderheit	minority	

gleich	equal	„Sie haben mich gefragt, was ich mit **demo_____er** Partnerschaft zwischen Frauen und Männern meine.
gleichberechtigt	having equal rights	1. Beide respektieren sich **ge_____ig**.
demokratisch	democratic(ally)	2. Sie **spr_____** offen und ehrlich miteinander.
gegenseitig	mutual(ly)	3. **Mit_____** leben heißt nicht: abhängig sein.
miteinander	with each other	4. Die Geschlechter sind **gl_____igt**, nicht **gl____**!
sprechen	speak	5. Partner **eh_____** sich durch gegenseitige Toleranz."
ehren	AE honor, BE honour	

die Ansicht	opinion	● Wie funktioniert denn bei euch im Betrieb die **Mitbest_____** der Arbeitnehmer?
der Standpunkt	point of view, position	○ Na ja, die Kollegen **erw_____** sich sehr viel davon, und der Arbeitgeber hat seine **Voru_____e**.
das Vorurteil	prejudice	● Das ist ja lächerlich! Beide Seiten sind doch durch **gem_____e** Arbeit immer im **Kon_____**.
erwarten	expect	○ Aber die **Ans_____en** sind so verschieden, daß die Leute einander häufig **mißv_____**.
der Kontakt	contact	● Na, auch euer Chef wird **verst_____** lernen, daß Arbeitende ihren eigenen **Sta_____** haben!
mißverstehen	misunderstand	
verstehen	understand	
gemeinsam	common	
die Mitbestimmung (Sg.)	participation	

behandeln	treat	*Presseerklärung des Seniorenclubs:*
helfen	help	„Wir Alten haben es endgültig satt, von bestimmten Politikern wie Idioten **beh_____t** zu werden! Sie sagen: Sie **ber_____** uns und **he____** uns bei Geldproblemen. Tatsache ist: Sie haben uns Alte längst **aufgeg_____** – aber wir **so_____** sie brav wählen. Jetzt werden wir selbst für unsere Rechte **kä_____**!"
beraten	counsel, advise	
sollen	be meant/supposed to	
kämpfen	fight	
(sich) aufgeben	give up	

Kinder und Erwachsene

erlauben	allow, permit	*Neue Hausordnung:*
die Erlaubnis (Sg.)	permission	1. Rauchen nur mit **Erl_____** der Kinder **gest_____t**!
gestatten	allow, permit	2. Als Haustiere sind nur Katzen und Mäuse **erl____t**.
verbieten	forbid, prohibit	3. Parken von Autos im Hof ist streng **unters_____t**!
das Verbot	order (forbidding sth.)	4. Es ist **verbo____**, Kinder beim Spielen zu stören!
untersagen	forbid, prohibit	5. Alle **Verb_____e** von Erwachsenen sind ungültig.

gelernt _____   1. Wiederholung _____   2. Wiederholung _____

3

Kinder und Erwachsene

spielen	play	• Nina, **hast** du **L**____, heute zu mir zu kommen?
beliebt (sein)	(be) popular	○ Warum, was **wi**____**st** du denn **sp**_____?
Lust haben	feel like (doing sth.)	• Wir **kö**____**ten** ja wieder mal zum Sportplatz gehen.
mögen	like to	○ Ja, dann **ma**__ ich kommen! Aber ich muß erst meine
wollen	want to	Mutter fragen, ob ich **da**___.
können	can	• Oh je, bei deinen Eltern **bin** ich ja nicht gerade
dürfen	be allowed to	**bel**_____ wegen der kaputten Fensterscheibe! ...

loben	praise	Frau Stahleder hielt sich selbst nicht für eine **str**____**e**,
freundlich	friendly, kind	sondern für eine **fai**___**e** Lehrerin. Deshalb fiel es ihr
nett	nice	schwer, **sa**_____ zu bleiben, als Anni sie fragte:
fair	fair	„Warum sind Sie denn nie **fr**_____ zu uns und
sachlich	objective	**schi**_____ so oft?" Statt diese Offenheit zu **lo**_____,
streng	strict	wurde Frau Stahleder **b**_____ und sagte: „Was bildest du dir
böse	angry	eigentlich ein: Ihr ärgert mich dauernd, und ich soll immer
schimpfen (auf/über)	complain (about), scold	**n**____ zu euch sein?!"

diskutieren (über)	discuss	Spielregeln für eine faire **Dis**_____:
die Diskussion	discussion	1. Immer **über** ein präzises Thema **di**_____**en**!
vorschlagen	propose, suggest	2. Allein sachliche Argumente **überz**_____.
der Vorschlag	proposal	3. Nur ein gut formulierter **Vorsch**_____ führt zur
der Antrag	proposal, motion	**Üb**_____**g** der Mehrheit.
überzeugen	convince, persuade	4. Am Ende des Gesprächs muß man **über** alle **Anträ**___
die Überzeugung	persuasion	oder Vorschläge **abst**_____!
abstimmen (über)	vote (on)	5. Jeder kann etwas **vorsch**_____ und **für** oder **g**_____
stimmen (für/gegen)	vote (for/against)	einen Vorschlag **sti**_____.
beschließen	adopt, accept	6. Die Mehrheit kann einen Antrag **beschl**_____.

das Verhalten (Sg.)	AE behavior, BE behaviour	Franz war wütend über das **Verh**_____ seiner Eltern!
sich verhalten	behave	Sie wollten ihn dazu **überr**_____, seinen besten Freund
beeinflussen	influence	Max nicht mehr zu treffen: „Der **verhä**___ sich
überreden	persuade	unmöglich!" Obwohl sein Vater ihn **w**_____**te**, ließ Franz
warnen	warn	sich nicht **beein**_____: „Ihr könnt doch nicht
bestimmen	decide, determine	**besti**_____, mit wem ich spiele! Ich lasse mich von
zwingen	force	euch dazu nicht **zw**_____! Auch wenn ihr mich
bestrafen	punish	**bestr**_____**t**!"

sich etw. gefallen lassen	put up with sth.	Franz' Eltern waren erstaunt und **ließen sich** seine
reagieren (auf)	react (to)	**Re**_____ erst einmal **gef**_____. Sie hatten nicht
die Reaktion	reaction	erwartet, daß er so wütend **gegen** ihren Vorschlag
ablehnen	reject	**pro**_____ würde: Er hatte noch nie **Kri**____ **an**
Kritik üben (an)	criticize (sb./sth.)	ihnen **geü**___, und jetzt **rea**_____**te** er so stark! Warum
sich beschweren (über)	complain (about)	er wohl ihren Wunsch **abl**_____**te**? Seltsam, daß er **sich**
protestieren (gegen)	protest (against)	jetzt **über** sie **besch**____**te**, obwohl sie ihn gar nicht
j-n auffordern (zu)	invite/urge sb. to	direkt **aufgef**_____**t** hatten ...

24   gelernt _____   1. Wiederholung _____   2. Wiederholung _____

3

Kinder und Erwachsene

organisieren	organize	„Weil der Bürgermeister nicht reagierte, machten wir mit
die Organisation (Sg.)	organization	unseren Eltern eine **Vers**_____. Wir beschlossen,
gründen	start	einen **Kin**_____**en** zu **gr**_____. Und wir forderten
funktionieren	work	von der Gemeinde einen **Sp**_____. Wir wählten
das Team	team	ein **T**____ aus Kindern und Erwachsenen, das eine
die Versammlung	meeting	Demonstration **org**_____ sollte. Die Demo
der Kindergarten	kindergarten	**fu**_____**te** so gut, daß der Bürgermeister uns bald
der Spielplatz	playground	die **Org**_____ des Spielplatzes anbot ..."

Ausländer und Einheimische

die Heimat (Sg.)	home country	● Sind Sie Deutscher oder **Aus**_____**er**?
der/die Einheimische	local	○ Meine **Hei**_____ ist Italien, aber ich lebe seit 30 Jahren
die Herkunft (Sg.)	origin	im **Ausl**_____, hier in Deutschland.
das Ausland (Sg.)	abroad	● Aha: Sie sind also **aus**_____**er** Mitbürger ...
der Ausländer, die -in	foreigner	○ Nein, ich fühle mich als **Ein**_____**er**! Meine
ausländisch	foreign	**Her**_____ spielt da für mich keine Rolle ...

der Bürger, die -in	citizen	„Liebe **Mitb**_____**innen** und _____**bürger**!
der Mitbürger, die -in	fellow citizen	Wegen Not und Krieg kommen viele **Fr**_____ aus dem
der Gast	guest	Ausland zu uns. Bitte nehmen Sie diese Menschen als
der Partner, die -in	partner	**Gä**____**e** und **Pa**_____ auf. Sie sind keine
der/die Fremde	foreigner	**Kon**_____**en** um unsere Arbeitsplätze und
der Konkurrent, die -in	competitor, rival	Wohnungen, sondern Opfer von Armut und Gewalt. Wir
		sollten sie wie ganz normale **Bü**_____**innen** und **Bürger**
		behandeln ..."

der Gastarbeiter, die -in	guest worker	Wer aus seinem Land flieht, ist **Fl**_____.
der Aussiedler, die -in	emigrant from eastern Europe of German descent	Wer um Asyl bittet, ist **As**_____**er(in)**.
		Wer Asyl bekommt, ist **As**_____**t(in)**.
		Viele **Auss**_____, Personen deutscher Herkunft, sind
der Flüchtling	refugee	aus Osteuropa nach Deutschland gekommen.
der Asylbewerber, die -in	asylum-seeker	Ausländische Arbeitnehmer, die in Deutschland leben und
der Asylant, die -in	person who has been granted asylum	arbeiten, werden oft „**Ga**_____**er**" genannt.

zu Hause	at home	„Alle, ob Einheimische oder Ausländer, haben das Recht, in
sicher	safe(ly)	diesem Land **si**_____ und ohne **N**____ zu leben. Kein
die Not (Sg.)	need, distress	Deutscher darf deshalb zufrieden **zu H**_____ sitzen,
die Polizei (Sg.)	police	solange hierzulande mutige Bürger und die **Po**_____
schützen	protect	Ausländer vor Gewalt und Terror **sch**_____ müssen! ..."

gelernt _____   1. Wiederholung _____   2. Wiederholung _____

Ernährung, Einkaufen, Kleidung

Lebensmittel, Essen und Trinken

das Essen (Sg.)	food	Reden Sie gern übers **Ess**___? Oder sitzen Sie lieber bei Tisch als darüber zu reden? Wie viele **Ma**_____**en** nehmen Sie täglich zu sich? Drei, zwei, nur eine? Und zwischendurch? Haben Sie jeden Morgen Zeit für ein ruhiges **Früh**_____, oder **frü**_____**en** Sie nur am Wochenende oder im Urlaub? Um welche Zeit **ess**__ Sie **zu Mit**___, wenn überhaupt? Und welches ist Ihre Hauptmahlzeit, das **Mit**_____ oder das **Abe**_____?
die Mahlzeit	meal	
das Frühstück (Sg.)	breakfast	
frühstücken	have breakfast	
das Mittagessen	lunch, midday meal	
zu Mittag essen	have lunch	
das Abendessen	dinner, evening meal	

das Frühstück (D, A), das Morgenessen (CH)

---

der Appetit (Sg.)	appetite	Ein schnelles Frühstück und dann den ganzen Tag arbeiten. Der **Hun**___ war groß, als Hedi nach Hause kam. Endlich konnte sie in Ruhe **ess**___. Es schmeckte wunderbar! Sie hatte großen **App**_____ und aß weiter, auch als sie keinen **Hu**___ mehr **hatte**. Wie üblich hatte Hedi wenig **Du**___. Aber sie **hatte Lu**___ **auf** ein Glas Wein: Zeitung lesen und ein Glas Wein **tr**_____, ein gemütlicher Abend.
Lust haben auf	fancy, feel like	
der Hunger (Sg.)	hunger	
Hunger haben	be hungry	
essen	eat	
der Durst (Sg.)	thirst	
trinken	drink	

---

die Ernährung (Sg.)	food, nutrition	Finden Sie auch die Wörter „Essen und Trinken" netter als „**Ernä**_____"? Man kann es aber auch nüchtern betrachten: Der Körper **verbr**_____ fortwährend **En**_____. Der tägliche **Be**___ an Energie hängt vom Gewicht und von der Art der Arbeit ab. Wir **ern**_____ **uns von** verschiedenen **Nah**_____**n**. Nahrungsmittel nennt man oft auch mit einem anderen Wort **Leb**_____. Sie liefern dem Körper die **nö**___**e** Energie.
das Nahrungsmittel	food	
die Lebensmittel (Pl.)	food	
sich ernähren (von)	eat, live on	
die Energie (Sg.)	energy	
verbrauchen	consume, use	
der Bedarf (Sg.)	requirement	
nötig	necessary	

Frühstück machen	make breakfast	„Mein Mann und ich genießen es, wenn wir im Urlaub nicht **Frühstück ma**___ müssen", sagt Maria. „Denn bei uns nimmt jeder etwas anderes. Mein Mann trinkt immer einen **Or**___**nsaft** und dann heiße **Mi**___, ich brauche morgens einen **Ka**___, am liebsten mit **Sah**___. Die große Tochter will **T**___ mit Zitrone, und die kleine **heiße Scho**_____. Jeder was anderes."
der Kaffee (Sg.)	coffee	
der Tee (Sg.)	tea	
die Milch (Sg.)	milk	
die heiße Schokolade (Sg.)	hot chocolate	
die Sahne (Sg.)	cream	
der Orangensaft (Sg.)	orange juice	

die (Schlag)sahne / der (Schlag)rahm (D), der Rahm / das Obers / der Schlag (A), der Rahm (CH)

---

das Brot	bread	Das war früher das klassische Frühstück in einer einfachen österreichischen Familie: Es gab **Br**__, dazu **Bu**____ und **Marm**_____. Manchmal gab es auch statt Butter nur **Marg**_____. Üblicherweise gab es einfach ein **Stü**__ **Brot**. Für Urlaubsgäste gab es allerdings Semmeln, oder, wie die meisten Gäste sagten, **Bröt**____. Und nicht nur das: Da wurden auch **Kä**___ und **Wu**___ zum Frühstück serviert. Und natürlich auch weich gekochte ___**er**.
das Brötchen	roll	
das Stück (Brot)	piece of bread	
die Butter (Sg.)	butter	
die Margarine (Sg.)	margarine	
die Marmelade	jam *or* marmalade	
der Käse (Sg.)	cheese	
die Wurst	sausage	
das Ei	egg	

das Brötchen (Nord-D), die Semmel (Süd-D), die Semmel / das Gebäck (A), das Weggli (CH)

Lebensmittel, Essen und Trinken

das Getränk	drink	
der Saft	juice	
das Wasser (Sg.)	water	
das Mineralwasser (Sg.)	mineral water	
die/das Cola	coke	
alkoholfrei	non-alcoholic	
der Alkohol (Sg.)	alcohol	
der Wein	wine	
das Bier	beer	
die Flasche	bottle	

„Wie steht es mit dem Trinken?" fragte der Arzt. „Am Abend, zum Essen, eine **Fl_____e B___**, manchmal zwei, oder ein paar Gläser **W___**, je nachdem", sagte ich. „Trinken Sie darüber hinaus **Alk___**, untertags?" Der Arzt schaute mich fragend an. Ich schüttelte den Kopf. „**Alkoholf___e Getr___e**?" fragte er weiter. „Zum Kaffee am Vormittag ein Glas **Wa___**, mittags **Mine_____** oder **Sa___**." „**Co___**?" fragte er noch. „Nein, Cola nie." Er schaute mich ernst an. „Sie sollten mehr trinken", sagte er.

Einkaufen und Kochen

der Laden	AE store, BE shop	
der Supermarkt	supermarket	
einkaufen gehen	go shopping	
brauchen	need	
bringen	bring	
holen	fetch	
das Bonbon	AE candy, BE sweet	
die Schokolade (Sg.)	chocolate	

- Ich **gehe** grad schnell **eink_____**. Fällt dir noch was ein, was wir **brau___**?
○ Wo gehst du denn hin?
- Nur schnell in den **La___** um die Ecke, ein paar Sachen **ho___**: Milch, Butter, Eier, **Scho___**.
○ Kannst du mir bitte auch **Bon___s bri___**? Und ist noch Mineralwasser da?
- Hol du das morgen mit dem Auto beim **Sup_____**.

der Markt	market	
das Gemüse (Sg.)	vegetables	
der Salat	lettuce	
die Zwiebel	onion	
frisch	fresh(ly)	
roh	raw	

Immer öfter kaufen wir auf dem **Ma___** ein. Vor allem das **Ge___** kaufen wir fast nur dort, am liebsten direkt bei den Bauern. Natürlich gibt es nicht immer alles. Besonders gern haben wir im Frühling den ersten **Sa___** vom Feld und dazu die jungen **Zwie___n**. Alles ist ganz **fr___**. Da kann man es gut **ro__** essen.

das Obst (Sg.)	fruit	
die Frucht	fruit	
der Apfel	apple	
die Birne	pear	
die Zitrone	lemon	
die Orange	orange	
reif	ripe	
faul	rotten	

Bei den Bauern auf dem Markt gibt es die verschiedenen **Frü___e** erst dann, wenn sie auch bei uns **r___** werden. Das meiste **Ob___** wird erst im Spätsommer und Herbst **rei_**. Es gibt dann viele verschiedene Sorten von **Äpf__n** und **Bir___n**. Und die Marktfrauen packen auch kein **f___es** Obst ein. Importierte Früchte wie **Zi_____n** und **Ora_____n** gibt es bei den Bauern jedoch nicht.

das Mehl (Sg.)	flour	
die Nudeln (Pl.)	pasta	
der Reis (Sg.)	rice	
die Kartoffel	potato	
der Zucker (Sg.)	sugar	
der Essig (Sg.)	vinegar	
das Öl	oil	

Ich darf das **Me__** nicht vergessen, und **Nu___** brauch' ich auch. Dann **Zu___**, und, was war das noch, **Ess___**? Ja, Essig. Also Mehl, Nudeln, Zucker und Essig und ...? Ah ja, **R___** und **Kar_____n**: Nochmals von vorn: Mehl, Nudeln, Zucker, Reis und Kartoffeln und Essig. Irgendwas fehlt noch: Essig und - **Ö_**. Also nochmal: Mehl, Nudeln, Zucker, Reis, Kartoffeln, Essig und Öl.

die Kartoffel (D, CH), die Kartoffel / der Erdapfel (A)

gelernt _____   1. Wiederholung _____   2. Wiederholung _____

Einkaufen und Kochen

das Geschäft	AE store, BE shop	Eva wohnt gern in ihrem Stadtteil: „Es ist recht ruhig, und alle wichtigen **Gesch____e** sind in der Nähe. Um die Ecke ist ein **Lebensmi_____äft**, und gleich daneben ist eine sehr gute **Bä_____**. Die hat auch schon früh **geöff__t**, wenn andere Geschäfte noch **geschlo__en** haben. Und ein großes **Kaufh___** ist auch gleich in der Nähe."
das Kaufhaus	department store	
das Lebensmittelgeschäft	AE grocery, BE grocer's	
die Bäckerei	AE bakery, BE baker's	
öffnen	open	
schließen	close	

der Kiosk	kiosk	„Ein paar Minuten entfernt von mir ist auch ein **Ki___**", beschreibt Eva ihre Umgebung, „und das ist sehr praktisch. Da kann ich immer schnell **Ziga____n** und **Str____hölzer** und auch **Zei____en** holen", sagt Eva.
die Zigarette	cigarette	
das Streichholz	match	
die Zeitung	newspaper	
der Kiosk (D, CH), die Trafik (A)		

der Haushalt	household	Kaufen Sie für einen großen **Haush___** ein? Oder für einen kleinen? Oder leben Sie allein? Wenn Herr Meir einkauft, dann in großen **Me___n**. Für seine achtköpfige Familie nimmt er von vielen **Wa___n** Großpackungen. Normale **Pa____en rei___** nicht lang **aus**. Er kommt immer mit mehreren **Scha____n** voll Lebensmitteln und einigen **Kä____** Bier nach Hause.
die Ware	article, product	
die Menge	quantity	
die Packung	pack, package	
die Schachtel	box, carton	
der Kasten	crate	
ausreichen	last	
der Kasten (nur D), die Kiste (A), der Harass (CH)		

der Vorrat	stores	„Wer so wie wir große Mengen an Lebensmitteln braucht", so Herr Meir, „hat immer etwas **Vorr___**. Ich schaue genau, wie lang die Waren **hal___**. Was man **kü___** und **tro____** lagern soll, kommt in die Speisekammer neben der Küche. Dorthin stellen wir auch alle Lebensmittel in **Do__n**, die ja sehr lange **hal____r sind**. Was man auch **vor** Licht **schü____** soll, kommt bei uns in den Keller."
die Dose	AE can, BE tin	
halten	keep	
haltbar (sein)	keep	
kühl	cool	
trocken	dry	
schützen (vor)	protect (from)	

der Preis	price	„Ich habe mich daran gewöhnt, daß wir viel verbrauchen", erzählt Herr Meir. „Und da **lo__t** es **sich**, genau auf die **Pr__e** zu schauen. Ich achte aber auf gute **Qua____**. Es ist nicht so schwer, **preisw___** einzukaufen. Was wir nicht unbedingt brauchen, kaufen wir nur, wenn es **gü____** ist."
günstig	cheap(ly)	
preiswert	cheap(ly), reasonable	
sich lohnen	be worth	
die Qualität (Sg.)	quality	

beraten	advise	Andere wollen nur **verk____**! Unser Fachpersonal hat immer Zeit, unsere geschätzten Kunden zu **ber____**. Wir führen nur Spitzenqualität! Unsere technischen **Ge__e** sind sorgfältig **gepr____**. Darum übernehmen wir auch auf alle **Art____** drei Jahre **Gar____**. Und für den Fall der Fälle: In unserer Fachwerkstätte können Sie alle elektrischen Geräte **repa_____** lassen. Müller - das **Elektroge_____** mit zufriedenen Kunden!
verkaufen	sell	
reparieren	repair	
das Gerät	appliance, machine	
der Artikel	article	
prüfen	test	
die Garantie	guarantee	
das Elektrogeschäft	electrical store	

28   gelernt _____   1. Wiederholung _____   2. Wiederholung _____

Einkaufen und Kochen

die Metzgerei	butcher's	● Du weißt ja, heute abend haben wir Gäste zum Essen.
das Fleisch (Sg.)	meat	○ Was gibt es denn?
das Steak	steak	● Ich mache **St___s**. Kannst du das **Fl____ kau___**?
das Hähnchen	chicken	Aber schau, daß es nicht zu **fe__** ist.
fett	fat	○ Ich geh gleich. Sonst noch was aus der **Metz_____**?
der Fisch	fish	● Bring für morgen noch ein halbes **Hä_____** mit.
kaufen	buy	○ Schon wieder Hähnchen? Ich hole lieber **Fi___**.

das Hähnchen (West-D), der Broiler (Ost-D), das Hendl (A), das Poulet (CH)
die Metzgerei / die Fleischerei (D), die Metzgerei / die Fleischhauerei (A), die Metzgerei (CH)

das Rezept	recipe	Feines **Rez_____** für Porterhouse-Steak mit Senfsauce:
braten	fry, roast	Das Fleisch waschen, abtrocknen und im heißen Öl von
die Hitze (Sg.)	heat	jeder Seite zuerst bei starker, dann bei mittlerer **Hi____**
die Sauce/Soße	sauce	kurz **br____**. Mit **Sa___** und **Pf_____** auf beiden Seiten
das Gewürz	spice	würzen, je nach Geschmack ein wenig frischer Thymian.
verwenden	use	Sonst keine **Gew____e verw_____**. Fleisch im ganzen
das Salz (Sg.)	salt	abdecken und warm stellen. Für die **S____e** Senf und
der Pfeffer (Sg.)	pepper	Crème fraîche ...

das Menü	set meal	○ Übrigens, gibt's auch eine **Vorsp_____**?
die Vorspeise	starter	● Klar, es gibt ein ganzes **Me__**: Zuerst eine feine **Su___**,
die Suppe	soup	dann Steaks mit Kartoffeln und Salat als **Hauptsp____**.
die Hauptspeise	main course	○ Und der **Nacht_____**? Es riecht doch nicht zufällig
der Nachtisch (Sg.)	dessert	nach **Ku____**?
der Kuchen	cake	● Den Kuchen gibt es erst als Nachtisch. Es ist aber
das Eis (Sg.)	ice-cream	auch **Ei__** da, wenn du schon jetzt etwas Süßes willst.

der Nachtisch / die Nachspeise / das Dessert (A, D), das Dessert (CH)

anbieten	offer	Er: „Was darf ich **anb_____**? Bier? Wein?" Ich: „Wein
mögen	like	bitte." Sie: „Laßt es euch schmecken. **Guten App____**!"
(sich) bedienen	help oneself	Ich: „Guten Appetit!" Er: „Mmmh, gut!" Ich: „Sehr gut."
satt sein	have had enough	Sie: „Danke." Pause. Sie: „**Möch__st** du noch etwas?"
genug haben	have (had) enough	Ich: „Nein danke, ich **bin sa__**! Er: „**Be__n** dich
Guten Appetit!	Bon appetit!	doch noch einmal! Nimm!" Ich: „Nein danke, ich **habe**
Zum Wohl!	Your health!	wirklich **ge___**!" Er: „Trinken wir auf dich! **Zum**
prost!	cheers!	**Wo__**!" Ich: „Auf euch, zum Wohl!" Sie: „**Pr___**!"

Guten Appetit! (A, D, CH), Mahlzeit! (A, Süd-D)

kochen	cook	Mein Mann ist unmöglich, unmöglich! Wenn ich beim
backen	bake	**Ko____** bin, steht er herum, schaut in alle **Tö__e** und
probieren	taste	**Pfa___n** und **pro____t** überall. Wenn ich eine schöne
kosten	taste	**Pla____** mit Wurst und Käse mache, nimmt er etwas
der Topf	saucepan	weg. Mit den Fingern greift er in die **Schü____** mit Salat.
die Pfanne	frying pan	Wenn ich einen Kuchen **ba__e**, fragt er immer, wann der
die Schüssel	bowl	fertig sei. Wenn der Herr aber einmal selbst kocht, dann
die Platte	dish, large plate	darf ich nie **kos____**. So ist er!

gelernt _____   1. Wiederholung _____   2. Wiederholung _____

Einkaufen und Kochen

das Geschirr (Sg.)	china, crockery	Im Eßzimmer war der Tisch schon festlich gedeckt. An jedem Platz standen ein großer flacher **Te____** und zwei **Glä___**, eines für Wein, eines für Wasser. Und es war **Best____** für mehrere Gänge auf dem Tisch: links vom Teller zwei **Ga___n**, eine große und eine kleinere. Rechts ein **Lö____** und zwei **Me____**. Die **Ser____n** waren schön gefaltet. In der Mitte stand ein schöner Blumenstrauß in einer Vase, die genau zum **Gesch___** paßte. Der Kaffee wurde nach dem Essen in ebenso feinen **Ta___n** serviert.
der Teller	plate	
die Tasse	cup	
das Glas	glass	
das Besteck (Sg.)	cutlery	
das Messer	knife	
die Gabel	fork	
der Löffel	spoon	
die Serviette	AE napkin, BE serviette	

den Tisch decken	lay the table	Was machen Sie am wenigsten gern? 1. Vor dem Essen **den Tisch de____**. 2. Nach dem Essen **den Tisch abr____**. 3. Das Geschirr **spü___**, vor allem das Kochgeschirr. 4. Geschirr und Besteck **abtr_____**. 5. Nach dem Abspülen die Küche **aufr_____**.
den Tisch abräumen	clear the table	
spülen	wash	
abtrocknen	dry	
aufräumen	tidy up	

riechen	smell	Ich sage dir, das war ein **he_____es** Essen. Als wir kamen, **ro___** es schon im ganzen Haus. Das Fleisch, die Beilagen und der Salat sahen toll aus. Alles **schm____te** einfach **wun_____**, phantastisch! Ich habe selten so **fei__** gegessen. Und als ich der Köchin ein großes **Kom_____** machte, lächelte sie und sagte bescheiden: „Weißt du, so gut **gel____t** es mir auch nicht immer!"
schmecken	taste	
herrlich	wonderful	
wunderbar	wonderful	
fein	good, well	
gelingen	succeed, turn out well	
das Kompliment	compliment	

der Geschmack	taste	Jeder Tag dieser Woche hatte einen anderen **Gesch____**: Der Montag war **sau___** - sauer wie Zitrone. Der Dienstag war **mi___** - mild wie junger Käse. Der Mittwoch war **krä___** - kräftig wie reifer Käse. Der Donnerstag war **bi___** - bitter wie Grapefruit. Der Freitag war **sch____** - scharf wie Pfeffer. Samstag und Sonntag waren **sü_** - süß wie Honig.
süß	sweet	
sauer	sour	
bitter	bitter	
scharf	hot	
mild	mild	
kräftig	strong	

Kleidung und Mode

der Anzug	suit	*Kofferpacken, der Mann:* Der **An___**. Der Anzug und die **Ho___**. Der Anzug, die Hose und die **Ja___**. Der Anzug, die Hose, die Jacke und die **He____en**. Der Anzug, die Hose, die Jacke, die Hemden und die **Unterhe____en**. Der Anzug, die Hose, die Jacke, die Hemden, die Unterhemden und die **Unterho__n**. Der Anzug, die Hose, die Jacke, die Hemden, die Unterhemden, die Unterhosen und die **So____**. Und die **Strü____e**?
die Hose	AE pants, BE trousers	
die Jacke	jacket	
das Hemd	shirt	
das Unterhemd	AE undershirt, BE vest	
die Unterhose / der Slip	underpants	
die Socke	(short) sock	
der Strumpf	sock, stocking	

die Jacke / das Jackett / der/das Sakko (D), das Sakko (A), der Kittel / die Jacke (CH)
das Unterhemd (D, A), das Leibchen (CH)

Kleidung und Mode

die Unterwäsche (Sg.)	underclothes	*Kofferpacken, die Frau:* **Unterwä**____. Die Unterwäsche
die Strumpfhose	AE panty hose, BE tights	und die **Str**_____**en**. Die Unterwäsche, die Strumpfhosen
die Bluse	blouse	und die **Blu**__**n**. Die Unterwäsche, die Strumpfhosen, die
der Rock	skirt	Blusen und der **Ro**__. Die Unterwäsche, die Strumpfhosen,
das Kleid	dress	die Blusen, der Rock und das **Kl**___. Die Unterwäsche, die
das Kostüm	suit	Strumpfhosen, die Blusen, der Rock, das Kleid und das
der Mantel	coat	**Ko**____. Die Unterwäsche, die Strumpfhosen, die Blusen, der Rock, das Kleid, das Kostüm und der **Ma**____.
die Jeans (Pl.)	jeans	*Mutter:* „Soll ich dir beim **Pa**____ helfen?"
das T-Shirt	T-shirt	*Sohn:* „Ich bin schon fertig."
der Pullover	sweater, pullover	*Mutter:* „Was hast du alles **eingep**____**t**? Laß mal sehen.
die Mütze	cap, hat	**Jea**__ einmal, zweimal, dreimal. Gut. Ein, zwei, drei
packen	pack	**Pull**____. Das müßte reichen. Zwei **Mü**__**n**, sehr gut.
einpacken	put in, pack	Ein, zwei, drei ... elf. Elf **T-Shi**__**s**! Elf T-Shirts?"
auspacken	unpack	*Sohn:* „Jetzt hast du wieder alles **ausgep**____**t**, Mutti!"
der Schuh	shoe	„Mein Herr, zum neuen Anzug die passende **Kra**____.
der Gürtel	belt	Sehen Sie? Sehr elegant! Zur Hose ein schmaler
die Krawatte	tie	**Gür**___! Sehen Sie? Wunderbar! Haben Sie an einen
der Hut	hat	**Hu**__ gedacht? Man trägt wieder Hut. Neue **Schu**___?
der Schirm	umbrella	Diese wären perfekt. Ein grauer **Schi**____? Sehr schön."
der Schmuck (Sg.)	AE jewelry, BE jewellery	„... und als wir nach Hause kamen, stellen Sie sich vor,
der Ring	ring	der **Schm**____, alles weg. Alles! Es ist zum Weinen. Nur
der Ohrring	earring	der **Ri**__ an der Hand ist mir geblieben und die **Ke**__,
die Kette	chain	die ich am Hals trug. Die schönen **Ohrr**___**e** von der Oma,
die Uhr	watch, clock	alles weg. Wie spät es ist, fragen Sie? Oje, die **U**__!"
die Mode	fashion	*Sommermode - topaktuell! Mode für Sie.*
die Saison	season	Bei uns finden Sie die neueste **Mo**__ für den Sommer.
der Hit	hit	Blicken Sie mit einer modischen **Bri**___ der Sonne
das Tuch	scarf	entgegen. Ein feines **Tu**__ aus reiner Seide oder Kunst-
die Tasche	bag	faser schützt die Schultern vor zuviel Sonne. Der große
das Leder (Sg.)	leather	**Hi**__ in dieser **Sai**___ ist aber das Comeback der
die Brille	glasses	großen **Ta**____**n**, natürlich aus feinstem **Le**____.
das Kleidungsstück	garment	„Immer die blöde Hose", hatte die Frau gesagt. „Als ob
eng	tight	du sonst keine hättest." Schön war die Hose nicht mehr,
weit	wide	das stimmt. Sie war nicht **e**___, sie war nicht **w**___, sie
passen	fit	war genau richtig. Sie **p**__**ßte**. Sie war so **be**____, der
weich	soft	Stoff war so **wei**___, er **fü**___**te sich** einfach **wohl** darin.
bequem	comfortable	Aber heute war es passiert: Ein großes Loch am linken
sich wohlfühlen	feel comfortable	Knie! Sein liebstes **Klei**_____ war kaputt.

gelernt _____   1. Wiederholung _____   2. Wiederholung _____

Kleidung und Mode

die Kleidung (Sg)	clothes, clothing	„Ich bin Chefin einer größeren Firma", erzählt Frau
die Garderobe (Sg.)	wardrobe, clothes	Berg. „Ich muß meine **Gar**_____ so **aussu**____, wie es
aussuchen	choose	einer Geschäftsfrau **ent**____**icht**. Ich trage gern elegante
tragen	wear	**Klei**____ und finde, daß mir dezente Farben auch sehr
gut stehen	suit	**gut ste**____ ", setzt Frau Berg fort. „Aber zu Hause
(sich) umziehen	change	muß ich **mich umz**_____, sonst fühle ich mich
j-m entsprechen	be appropriate for sb.	nicht wohl. Dann **tr**___**e** ich ganz andere Sachen."

die Kleidung / die Kleider (D, CH), die Kleidung / das Gewand (A)

die Farbe	AE color, BE colour	Alle **Fa**____**n** in einem Kleiderschrank:
schwarz	black	Bettwäsche so **w**____ wie Schnee,
rot	red	eine Krawatte so **schw**____ wie die Nacht,
grün	green	Jeans so **bl**___ wie der Himmel,
gelb	yellow	ein Kleid so **gra**___ wie ein Tag im November,
blau	blue	ein Hemd so **grü**___ wie der Baum vor dem Fenster,
grau	AE gray, BE grey	ein Pullover so **br**___ wie die Erde,
braun	brown	ein T-Shirt so **ge**___ wie eine Sonnenblume,
weiß	white	eine Jacke so **r**___ wie eine Rose,
bunt	AE colorful, BE colourful	eine Bluse so **bu**___ wie die Bäume im Herbst.

das Kleidergeschäft	AE clothing store, BE clothes shop	„Wieso mußt du so eine langweilige Jacke **anh**____", sagte Lisa zu sich, als sie am **Schau**_____ des
das Schaufenster	shop window	**Klei**_____**es** vorbeiging. „Schau da, die neuen
probieren	try on	Sachen. Warum nicht ein paar davon **pro**_____? Die
anziehen	put on	rote Jacke hier ist besonders **ch**___ ". „Ich kenne mich
anhaben	have on, wear	doch", dachte Lisa, „wenn ich etwas Schönes **anz**____**e**,
ausziehen	take off	mag ich es nicht mehr **ausz**_____."
chic/schick	smart, chic	

der Kunde, die Kundin	customer	Im Geschäft **bed**___**te** die **Verk**_____ gerade eine
der Verkäufer, die -in	AE sales clerk, BE shop assistant	andere **Ku**__**in**. „Einen Moment, bitte", sagte sie zu Lisa. Als die andere Kundin an der **Ka**___ **gez**___**t** hatte, ließ
bedienen	serve	sie sich mehrere Jacken zeigen. Die rote, die sie schon im
die Kasse	cash desk	Schaufenster gesehen hatte, stand ihr gut und saß perfekt.
zahlen	pay	„Kann ich die eventuell noch **umtau**____?" fragte Lisa
die Quittung	receipt	als sie zum Zahlen an der Kasse stand. „Innerhalb von drei,
aufheben	keep	Tagen, und bitte die **Qui**_____ gut **aufh**____."
umtauschen	change	

die Marke	brand	*Die Temperaturen steigen - die Preise fallen!*
das Angebot	range	Der **Schlußv**_____ hat begonnen! Unser riesiges
das Sonderangebot	special offer	**Ange**___ für den Sommer gibt es ab sofort zu niedrigsten
der Schlußverkauf (Sg)	sale	**Sonderp**____**en**. Gute Qualität muß nicht **teu**___ sein.
der Rest	remainders	Wir haben große **Ma**___**n** zu kleinen Preisen!
übrig	left over	Beachten Sie besonders das **Son**_____**bot** für Sport-
der Sonderpreis	special price	artikel: Der kleine **Re**__ an Modellen aus dem vorigen
billig	cheap	Jahr ist bis zu 70% **bi**___**er**. Greifen Sie schnell zu,
teuer	expensive	es sind nur noch wenige Modelle **üb**___!

gelernt _____ 1. Wiederholung _____ 2. Wiederholung _____

Tagesablauf, Körperpflege und Gesundheit

Der Tagesablauf

die Zeit	time	• **Wie sp__ ist es**, bitte?
wann?	when?	○ Fünf vor neun. **Wa____** fährt dein Bus?
früh	early	• Ich nehme den nächsten, um 9 Uhr 30.
spät	late	○ Dann hast du ja noch **Ze__**, noch eine halbe **Stu____**.
Wie spät ist es?	What's the time?	Du bist **fr__** genug dran, wenn du fünf **Mi____n**
die Stunde	hour	vorher aus dem Haus gehst.
die Minute	minute	• Ich möchte aber nicht zu **sp__** kommen. Und der Bus
die Sekunde	second	kommt nie auf die **Sek____** genau.

der Tag	day	Wenn es nach mitteleuropäischer Zeit 12.00 Uhr **Mitt__**
die Nacht	night	ist, ist es in Nome im Westen von Alaska **Mittern____**.
der Morgen	morning	Wenn in Wien am **Mor____** um 8.00 Uhr die Schule
der Abend	evening	beginnt, ist es in Nome 8.00 Uhr am **Ab___**, aber noch
der Mittag	midday	einen Tag früher als in Wien. Oder einfach gesagt, wenn
die Mitternacht (Sg.)	midnight	in Mitteleuropa **Ta__** ist, ist in Nome **Na___**. Vor Mitter-
der Vormittag	morning	nacht in Nome entspricht nach mitteleuropäischer Zeit
der Nachmittag	afternoon	dem **Vorm____**, nach Mitternacht dem **Nachm____**.

der Wecker	alarm clock	Als der **We____** zu **läu____** begann, war er schon **wa__**.
läuten/klingeln	go off, ring	Er mußte aufstehen und die Kinder **we____**.
wecken	wake	„Petra, **aufw____**! Petra, wach auf! Petra, du mußt jetzt
aufwachen	wake up	**aufst____**! Es ist höchste Zeit. Du darfst am Abend nicht
wach sein	be awake	so lange **aufs____**, Petra, du mußt früher schlafen gehen,
aufstehen	get up	sonst bist du am Morgen immer so müde."
aufsein	stay up	„Wenigstens habe ich meine Ruhe, wenn ich **schl__e**",
einschlafen	go to sleep	dachte Petra. Sie drehte sich im Bett um und **schlie_**
schlafen	sleep	wieder **ein**.

der Alltag (Sg.)	daily routine	Mehr als vierzig Jahre lang war das Josefs **All____**:
die Gewohnheit	habit	**Gewö_____** mußte er **sich** im Bad und beim Frühstück
(sich) gewöhnen (an)	get used (to)	**beei____**. Denn er mußte um sieben Uhr **aus dem Haus**
gewöhnlich	usual(ly)	**ge____**. Auch tagsüber war Josef meistens in **Ei__**.
aus dem Haus gehen	leave the house	Aber er hatte **sich** daran **gewö___t**. Wenn er am Abend
arbeiten gehen	go to work	oft spät **nach Hause ka__**, war er todmüde. Und es wurde
nach Hause kommen	come home	seine **Gewoh____**, sich sofort vor den Fernseher zu
die Eile (Sg.)	hurry	setzen. „Was mache ich bloß, wenn ich ab nächster
sich beeilen	hurry (up)	Woche nicht mehr **ar____ gehe**?" überlegte er. ...

das Wochenende	weekend	... Anders war es an **Woch____n** oder an **Fei____en**
der Feiertag	public holiday	gewesen, wenn Josef **fr__** hatte. Es hatte keinen Wecker
frei haben	be free/off	gegeben, er hatte die **Zeit** mit seiner Familie **verbr____**
die Freizeit (Sg.)	leisure time	können. Am **Feiera____** war er dafür einfach zu müde
der Feierabend	after work	gewesen. „Was soll ich jetzt mit so viel **Frei____** an-
Zeit verbringen	spend time	fangen", überlegte er, „ich habe ja keine Familie mehr."

gelernt _____   1. Wiederholung _____   2. Wiederholung _____   33

5 Der Tagesablauf

die Erholung (Sg.)	recreation	Immer weniger Deutsche wollen **sich** in der Freizeit nur
sich erholen	relax	**ausr**____. Eine neue Untersuchung zeigt, daß der Trend
sich ausruhen	rest	zur aktiven **Erh**____ anhält. Auf die Frage „Wie **erh**____
der Sport (Sg.)	sport, sports	Sie sich in der Freizeit am besten?" nannte die Hälfte der
Sport treiben	do sports	Befragten „**Spo**__ **tr**____". Als wichtigstes Ziel für die
fit	fit	Freizeit wurde am häufigsten „**fi**__ bleiben" genannt.

die Hausarbeit	housework	„Ich habe kaum Zeit für mich. Ich muß **mich** allein **um**
putzen	clean	Kinder und Haushalt **kü**____: einkaufen, kochen, auf-
erledigen	do	räumen und **pu**____. Ich **erl**____e auch alle anderen
(j-m/sich etw.) besorgen	get/buy (sth. for sb./oneself)	**Hausa**____en. Ich finde es auch wichtig, **mich** viel **mit**
sich kümmern (um)	take care (of)	den Kindern zu **besch**_____. Oft **he**_e ich ihnen
(sich) beschäftigen (mit)	spend time (with)	bei den Schulaufgaben. Wenn ich **mir** etwas **bes**____
helfen	help	muß, gehe ich, wenn die Kinder in der Schule sind."

die Wäsche (Sg.)	washing	● Früher war alles anders. Ich hatte viel Arbeit. Allein
waschen	wash	die **Wä**____! Keine Waschmaschine zum **Wa**____,
trocknen	dry	kein Trockner zum **Tr**_____, keine Nähmaschine
nähen	sew	zum **Nä**____. Und du? Wenn die Socken ein **Lo**__
das Loch	hole	haben, kaufst du neue. Wenn am Hemd ein **Kn**__
der Knopf	button	fehlt, bringst du es mir. Ich hatte es nie so bequem ...
		○ Ich weiß, Oma, ich habe alles – und dich!

die Reinigung	(dry) cleaners	Auf dem Weg in die Stadt darf ich nicht vergessen, die
reinigen	(dry) clean	Kleider in die **Rei**____ zu bringen. Die Hose muß ich
sauber	clean	unbedingt **rei**____ lassen; diese **Fl**__en gehen beim
schmutzig	dirty	Waschen nie heraus. Der Mantel ist auch sehr
der Fleck	spot, stain	**schm**____. Hoffentlich wird er wieder richtig **sau**__.
die Drogerie	AE drugstore, BE chemist's	Und aus der **Dro**____ brauche ich einige Artikel für das
das Mittel	agent, product	Bad und Putz**mi**____ für den Haushalt.

Körperpflege

das Bad	bathroom	„Peter, das **Ba**__ ist frei!" rief die kleine Schwester laut
(sich) waschen	have a wash	durch die Wohnung. Die Zeit war knapp: Schnell die
(sich) duschen	have a shower	**Zä**___e **pu**___, sich schnell **wa**____. Es war zuwenig
die Zähne putzen	clean one's teeth	Zeit, **sich** zu **du**____. „Heute abend lege ich mich
baden	have a bath	gemütlich in die **Badew**____ und werde mindestens eine
die Badewanne	bath(tub)	Stunde **ba**___", freute sich Peter. Am Abend wollte er noch
die Dusche	shower	weggehen. Als er ganz naß aus der **Du**____ kam, merkte er,
das Handtuch	towel	daß er kein **Ha**____ hatte. So ein Frust!

34   gelernt _____   1. Wiederholung _____   2. Wiederholung _____

5

Körperpflege

die Zahnbürste	toothbrush	Sind Sie schon einmal weggefahren und haben Ihre
die Zahnpasta (Sg.)	toothpaste	Toilettensachen vergessen? Sie wollten sich die Zähne
die Seife	soap	putzen und hatten weder **Zahnb**___ noch **Zahnp**____?
(sich) kämmen	comb one's hair	Sie wollten sich die Hände waschen und hatten keine
der Kamm	comb	**Sei**___? Sie wollten sich **kä**_____ und hatten keinen
die Bürste	brush	**Ka**___ und keine **Bü**____?

(sich) pflegen	take care of one's appearance	Er hatte lange von einem Abenteuerurlaub geträumt.
der Nagel	nail	Jetzt war er für zwei Wochen in der Wildnis. Er hatte
(sich) die Nägel schneiden	cut one's nails	keinen **Ras**_____, keine **Nagelsch**___ und keinen
die Nagelschere	nail scissors	**Sp**_____ bei sich. „Zu Hause werde ich als erstes ein
(sich) rasieren	shave	Bad nehmen, **mich pfl**____ und die **Nä**___ **schn**_____.
der Rasierapparat	shaver, razor	Dann werde ich **mich ras**_____. Nein, ich lasse mich
der Spiegel	mirror	beim Friseur rasieren", dachte er schon nach drei Tagen.

der Kosmetikartikel	cosmetic	„Ich hasse diese blöden Kommentare von Männern über
die Creme	cream	meine Handtasche. Ich fühle mich nun einmal wohler, wenn
(sich) schminken	put on / wear make-up	ich gepflegt und **geschm**_____**t** bin. Darum habe ich eben
die Binde	AE sanitary napkin, BE sanitary towel	ein paar **Kosme**_____ und eine **Cr**____ für die Hände bei mir. Was wissen Männer von einem **Tam**____ oder
der Tampon	tampon	einer **Bi**____ für 'die Tage'. Nicht zu vergessen die **Pi**____.
das Verhütungsmittel	contraceptive	Welcher Mann denkt schon an **Verhü**_____**smittel,**
die Pille	pill	welcher hat ein **Kon**____ bei sich? Aber dumm reden!"
das Kondom	condom	

Gesundheit und Krankheit

die Erste Hilfe	first aid	Ist es in Ihrem Land auch Gesetz, daß man in seinem
die Wunde	wound	Auto **Ver**_____**zeug** für **Erste Hi**___ haben muß? In
bluten	bleed	Österreich muß das Verbandzeug unter anderem
verbinden	dress, bandage	folgendes enthalten: verschiedene **Pfl**_____ für kleine
der Verband	dressing, bandage	**Wu**___**n**; verschiedene **Verbä**____**e** für große Wunden,
das Verband(s)zeug	dressing material	die stark **bl**____; schmale und breite **Bi**__**n**. Wer den
das Pflaster	AE bandaid, BE plaster	Führerschein machen will, muß in einem Erste-Hilfe-
die Binde	bandage	Kurs lernen, wie man Wunden richtig **verb**_____**t**.

die Gesundheit (Sg.)	health	„Unser Gesundheitssystem ist krank, unsere **Medi**___ hat
gesund	healthy	ein falsches Bild vom Menschen", sagte ein **Ar**__ bei einer
die Medizin (Sg.)	medicine	Diskussion. „Man redet viel über Krankheit und wenig von
der Arzt, die Ärztin	doctor	**Gesu**_____. Man achtet nicht darauf, **ges**___ zu leben.
der Doktor	doctor	Es gibt Ärzte und **Pat**___**en**, die reden über den Körper
der Patient, die -in	patient	wie über ein Auto: Kleinere Probleme kann der **Dok**___ mit
das Medikament	drug	**Medik**_____**en** reparieren, bei großen Problemen muß man
die Operation	operation	**ope**_____**en**. Eine **Op**_____ ist für manche Ärzte und
operieren	operate	Patienten so etwas wie eine Reparatur", sagte der Arzt.

gelernt _____   1. Wiederholung _____   2. Wiederholung _____

5

Gesundheit und Krankheit

krank	sick, ill	Einige Wörter, die man mit dem Wort „kr___" bilden kann:
der/die Kranke	sick person, patient	Leute, die krank sind, heißen Kr___e. Was Leute krank
die Krankheit	disease, illness	macht, nennt man eine Kr___heit. Schwerkranke oder
das Krankenhaus	hospital	Schwerverletzte werden mit dem Kr_____gen ins
die Krankenschwester	nurse	Kr___enhaus gebracht und von Krankenschw_____n
der Krankenwagen	ambulance	oder Krankenpflegern gepflegt. Die Kosten bei Krankheiten
der Krankenschein	health insurance certificate	bezahlt eine Versicherung, die Kr___enkasse. Von dieser
die Krankenkasse	health insurance scheme	erhält man den Kr___enschein für den Arzt.

der Krankenwagen (D), die Sanität / das Spitalauto / die Ambulanz (CH), die Rettung (A)
das Krankenhaus (D), das Krankenhaus / das Spital (A), das Spital (CH)

---

aussehen	look	● Hallo Conny. Was ist los? Wie sie__st du denn aus?
müde	tired	○ Ich fühle mich nicht gut, ich bin mü__. Ich glaube,
blaß	pale	mir wird schl____. Ich muß mich hinse____.
j-m wird schlecht	sb. is going to be sick	● Ja, du bist auch richtig bl__. Ich mach' dir einen
sich hinsetzen	sit down	Kamillentee. Das hilft bestimmt. Und dann solltest
sich ins Bett legen	go to bed	du dich am besten gleich ins Be__ le___.
die Besserung (Sg.)	recovery	○ Meinst du, daß es bis morgen besser wird?
Gute Besserung!	I wish you a speedy recovery!	● Aber sicher! Tschüs und g___e Be_____!

---

das Unglück	mishap, accident	● Was ist denn mit dir los?
passieren	happen	○ Mir ist ein kleines Ungl____ pa____t!
(sich etw.) brechen	break (one's leg/arm ...)	● Das sehe ich. Hast du dir einen Finger gebro__en?
(sich) schneiden	cut (oneself)	○ Nein, ich habe mich geschni____. Ziemlich tief.
nähen	stitch	● Mußtest du die Wunde nä____ lassen?

---

die Untersuchung	examination	„Also, ich weiß nicht, Herr Kollege, Sie empfehlen mir da
untersuchen	examine	diese neue Ärztin. Ich muß Ihnen sagen, ich war so
(j-m) fehlt etw.	there is sth. wrong (with sb.)	enttäuscht. Ich hatte mich nicht nur erk____et, nein, ich
die Grippe (Sg.)	flu	hatte Gri___. Ich hatte auch ein bißchen Fie___. Und
das Fieber (Sg.)	temperature, fever	Schn_____, wirklich schlimm. Und Hu____, ich kann
messen	*(here)* take	Ihnen sagen, ich habe die ganze Nacht nur gehu____et, und
sich erkälten	catch a cold	Schmerzen, Kopfschmerzen. Stellen Sie sich vor, diese
der Schnupfen (Sg.)	cold	Ärztin unters____t mich, lange und gründlich. Und ich
der Husten (Sg.)	cough	mußte Fieber me_____. Nach der Unters_____
husten	cough	sagt sie: 'Ihnen fe__t nichts!' Stellen Sie sich das vor!" ...

---

behandeln	treat	... „Wissen Sie; Herr Kollege, mein früherer Arzt hat mich
das Rezept	prescription	nicht so lange untersucht wie diese Ärztin, der hat mich
verschreiben	prescribe	beh____t, jawohl, der hat behandelt. Er hat mir immer ein
die Tablette	tablet, pill	Re____ gegeben! Der hat mir immer Medikamente
die Pillen (Pl.)	pills	verschr____en. Da bin ich immer mit einer Sal___, mit
die Tropfen (Pl.)	drops	Tab____n oder Pi___n und mit Tro____ nach Hause
die Salbe	ointment	gekommen. Und oft hat er mir auch eine Spr___ gegeben.
die Spritze	injection	Und diese Ärztin? Nichts. Sie hat mir nichts verschrieben."

36   gelernt _____   1. Wiederholung _____   2. Wiederholung _____

Gesundheit und Krankheit

der Zahnarzt	dentist	Zahnarzt Dr. Christ, hier spricht der automatische Anruf-
die Praxis, die Praxen	AE office, BE surgery	beantworter. Wegen Urlaubs bleibt die **Pra___** vom
die Sprechstunde	AE office hours, BE surgery hours	29.8. bis 30.9. geschlossen. Ab 3.10. gibt es wieder **Sprech_____n** von Montag bis Donnerstag von 9.00
der Termin	appointment	bis 11.00 Uhr. In **dr_____en Fä__en** wenden Sie sich
bekommen	get	bitte an meine Kollegin Dr. Reich. Unter der Nummer
der Fall	case	24 78 00 können Sie einen **Ter___ bek_____**. Danke.
dringend	urgent(ly)	

die Praxis, die Sprechstunde (CH, D), die Ordination (A)

der Schmerz	pain	• Herr Doktor, mir **t__t** oft der Magen **weh**.
wehtun	hurt	○ Seit wann **lei___** Sie **an Magenschm_____en**? Wann
leiden (an)	suffer (from)	haben Sie die? Wenn Sie **ne___** sind, bei **Str___**?
der Streß (Sg.)	stress	• Hauptsächlich nach dem Essen, fast immer.
nervös	tense, nervous	○ Essen Sie viel? Essen Sie gern fett? **Rau___** Sie?
rauchen	smoke	• Ja, schon, aber ...
die Diät	diet	○ Sie müssen in Zukunft **Di__** halten, ich **schr___e**
aufschreiben	write down	Ihnen **auf**, was Sie nicht essen dürfen.

der Unfall	accident	*Graz.* Wie erst heute bekannt wurde, **erei___te** sich am
sich ereignen	happen	Dienstag vormittag am Bahnhofsplatz ein schwerer
überfahren	run over	**Unf___** mit Fahrerflucht. Der Rentner Johann K. (67)
(sich) verletzen	injure (oneself)	wurde beim Überqueren der Straße von einem roten BMW
die Verletzung	injury	**überf_____**. Johann K. wurde dabei schwer **verl___t** und
der Zustand	condition	in kritischem **Zust___** in die **Kli___** eingeliefert. Aufgrund
die Klinik	hospital, clinic	der schweren **Verle_____en** konnten die Ärzte sein
retten	save	Leben nicht mehr **re_____**. Die Polizei bittet ...

der Tod (Sg.)	death	*Innsbruck.* Am Samstag fanden in den Tiroler Bergen drei
tot	dead	Menschen den **T___**. Im Ötztal wurde ein Bergsteiger von
töten	kill	einem Blitz getroffen und **get___et**. Auch in den Stubaier
tödlich	fatal(ly)	Alpen ereignete sich ein **tödl___er** Unfall. Eine Frau stürzte
sterben	die	bei schlechter Sicht 120 Meter tief ab und war auf der Stelle
der/die Tote	dead person	**t___**. Erst am Sonntag konnte die **Lei___** geborgen werden.
die Leiche	body, corpse	Einen **To__n** gab es auf dem Patscherkofel bei Innsbruck: Ein 83jähriger Wanderer **sta___** an einem Herzinfarkt.

die Apotheke	AE drugstore, BE chemist's	Der Arzt sagte halblaut zu sich: „Herztod." Dann sah er das
das Gift	poison	halbleere Glas auf dem Tisch. War das **Gi__**? Hatte es so
die Droge	drug	schnell **gew___t**, daß er nicht leertrinken konnte? Am
mischen	mix	Boden eine gebrauchte Spritze. Waren auch **Dr___n** im
wirken	have an effect	Spiel? Gift oder Drogen? Hatten beide zusammen die
die Wirkung	effect	tödliche **Wir___** gehabt? Der Tote war der Besitzer der
nützen	be of use	**Apo___**. Hatte er selbst einen tödlichen Cocktail **gem___t**? „Ich rufe doch besser die Polizei", dachte der Arzt und griff zum Telefon. „Keine Polizei, die **nü__t** dem Toten nichts mehr", sagte da eine Stimme ...

gelernt _____   1. Wiederholung _____   2. Wiederholung _____

Wohnen

Wohnsituation

wohnen	live	Andreas ist Schweizer. Er **wo___t** in Zürich, etwas außer-
der Stadtrand	outskirts of the town	halb der Stadt am **Stadtr_____** in einem ganz neuen,
der Stadtteil / das Viertel	district	modernen **Stadtt_____**. Er lebt in einer kleinen
der Wohnblock	AE apartment house,	Einzimmerwohnung in einem großen **Wohnb_____**.
	BE block of flats	Er möchte lieber eine größere Wohnung im **Zen_____**.
die Wohnung	AE apartment, BE flat	Darum sucht er dort schon lange eine neue **Woh_____**.
das Zentrum	AE center, BE centre	

der Stadtteil (A), der Bezirk (Wien), der Stadtteil / das Stadtviertel (D), das Viertel / das Quartier (CH)

das Land (Sg.)	country	Peter hat geheiratet. Seine Frau wollte nicht in der Stadt
das Grüne (Sg.)	countryside	**leb_____**. Sie wollte auf dem **La___** wohnen. Also haben
der Garten	AE yard, BE garden	sie ein schönes **Ha___** mit einem kleinen **Gar____** und
die Garage	garage	einer **Gara_____** für das Auto gekauft. Das Haus liegt im
das Haus	house	**Gr____n**. Seiner Frau gefällt die neue **Wohnl_____**
die Wohnlage	location, area	in der stillen Natur. Wie lange werden sie da glücklich sein?
leben	live	

auf dem Land (D, CH), am Land (A)

das Hochhaus	high-rise (building)	Frau Ritter ist Sekretärin. Sie lebt in einer **Mie_____nung**
die Eigentumswohnung	one's own AE apartment /	in einem **Hochh_____**. Alois ist Student. Er hat nur ein
	BE flat	**Zim_____** in einem **Wohnh_____**. Herr Klar ist
die Mietwohnung	AE rented apartment,	Lehrer. Er wohnt in einem **Reihenh_____**. Susanne
	BE rented flat	Winter ist Ärztin. Sie lebt in einer **Eigentums_____**.
das Zimmer	room	Frank ist Journalist. Er wohnt mit Freunden zusammen
das Wohnheim	hostel	in einer **Wohngem_____**. Und Sie? Wo wohnen Sie und
die Wohngemeinschaft	AE shared apartment,	was sind Sie von Beruf?
	BE shared flat	
das Reihenhaus	AE row house,	
	BE terraced house	

Wohnungsmarkt

besitzen	own	Was tun Architekten? Sie zeichnen **Plä___e** und **ba____**
reich	rich	Häuser. Was tun **rei__e** Leute? Sie bauen oder kaufen ein
arm (ärmer, am ärmsten)	poor	Haus. So **besi_____** sie ein eigenes **He___**, ein **Zuh___e**.
gehören	belong to	Es **ge_____t** ihnen. In der Stadt gibt es auch Häuser, die
der Plan	plan	leer stehen. Sie haben keine **Bew_____**. Sie gehören Spe-
bauen	build	kulanten. Was tun **ar__e** Leute manchmal? Sie gehen hin
der Bewohner, die -in	resident, inhabitant	und **bese_____** diese leeren Häuser. Logisch, oder?
besetzen	occupy	
das Heim	home	
das Zuhause	home	

die Anzeige	advertisement	Anna sucht eine Wohnung. In der Zeitung sieht sie eine
die Nebenkosten (Pl.)	extra costs	interessante **Anz_____**: ein großes Appartement.
die Heizung	heating	Leider ist es **möb_____**. Dafür ist der Preis niedrig.
der Parkplatz	AE parking lot, BE car park	Die **Nebenk____** sind **inklu____**, sogar die **Heiz_____**
möbliert	furnished	ist im Preis inbegriffen. Nur den **Parkpl_____** muß man
inklusive	included	**sep_____** bezahlen. Sofort geht sie ans Telefon und
separat	separate(ly)	ruft die Besitzerin an. Doch da ist leider immer besetzt.

38   gelernt _____   1. Wiederholung _____   2. Wiederholung _____

Wohnungsmarkt

draußen	outside	
der Blick	view	
die Aussicht	view	
die Terrasse	terrace	
die Dachterrassenwohnung	penthouse	
der Teppichboden	fitted carpet	
die Wohnfläche	floor space	
der Kamin	fireplace	
drinnen	inside, indoors	

Ich hatte mal einen richtigen Wohntraum: eine riesengroße **Dachterrassenw_____**. Die **Wohnfl____** war 220 Quadratmeter. Die **Ter_____** war 100 Quadratmeter groß. Die **Auss____** war phantastisch – mit **Bli___** auf den See und die Berge. Alle Zimmer hatten einen hellblauen **Teppichb_____**, und in der Mitte der Wohnung befand sich ein schöner **Ka_____**. Es war Winter und richtig gemütlich **dri_____**, auch wenn es **drau_____** kalt war und schneite. Haben Sie auch schon so was geträumt?

die Dachterrassenwohnung (D), das Penthouse / die Dachterrassenwohnung (A), die Attikawohnung (CH)
der Teppichboden (D), der Spannteppich (A, CH)
der offene Kamin (A, D), das Cheminée (CH)

---

der Keller	cellar	
der Aufzug / der Lift	AE elevator, BE lift	
die Treppe	stairs	
die Stufe	step	
das Erdgeschoß / das Parterre	AE first floor, BE ground floor	
der Gang / der Flur	corridor, passage	
der Stock	floor	
das Stockwerk	floor	
das Dach	roof	

Unser Haus hat drei **Sto_____e**: Ganz unten im **Kel____** riecht es nach Wein und Mäusen. Im **Erdge_____** wohnt Ali mit seiner Familie. Im ersten **Sto___** wohnt Familie Schmidt. Ich wohne im zweiten. Der **Auf_____** funktioniert nur selten. Dann müssen wir alle zu Fuß die **Tre_____** hochsteigen. Das wäre ja nicht so schlimm. Aber die **St_____n** knarren, und im **Ga____** hängt ein Bild von Dracula. Aber das ist noch nicht alles. Nachts hört man immer Schritte auf dem **Da____**!

Mietvertrag, Umzug, Miete

der Mieter, die -in	tenant	
die Miete	rent	
senken	lower	
erhöhen	raise, increase	
mieten	rent	
vermieten	rent out	
der Vermieter, die -in	landlord, owner	

Herr Klug hat eine Wohnung **gem____t**. Er ist der **Mie__r**. Er bezahlt im Monat 1200 DM. Das ist die **Mie___**. Seine Wohnung gehört Herrn Weiss. Herr Weiss **verm_____t** die Wohnung an Herrn Klug. Herr Weiss ist der **Verm_____**. Herr Weiss kann die Miete **erh_____**, dann ist die Wohnung teurer. Er könnte die Miete auch **sen_____**, aber das tut er leider nie. Wissen Sie, warum?

ziehen (nach)	move (to)	
billig	cheap	
teuer	expensive	
günstig	reasonable, cheap	
preiswert	good value, cheap	
kosten	cost	
bezahlen	pay	
umziehen	move	
der Umzug	removal	

Unsere Wohnung in Freiburg ist einfach viel zu **te_____**. Wir **bezah_____** sFr. 4500.- für drei Zimmer. Die Wohnung meiner Schwester in Bern ist dagegen sehr, sehr **bil___**. Sie **ko___** nur sFr. 1000.- und hat vier Zimmer. Das finde ich extrem **gün_____**. Deshalb wollen wir **umz_____**. Wenn wir in Freiburg keine **preisw____e** Wohnung finden, **zie_____** wir eben **nach** Bern. Nach dem **Umz___** muß ich allerdings früher aufstehen und mit dem Zug zur Arbeit fahren.

umziehen (D), umziehen/übersiedeln (A), zügeln (CH)

---

gelernt _____   1. Wiederholung _____   2. Wiederholung _____

6

Mietvertrag, Umzug, Miete

der Makler, die -in	AE realtor, BE estate agent	Wir haben Probleme mit unserem Vermieter. Er will uns **kündi**_____. Wir wollten den **Vert**____ eigentlich **verlän**____. Doch jetzt müssen wir **auszie**_____. Zum Glück ist mein Bruder **Mak**___. Er verkauft oder kauft alte und neue Wohnungen. Wir sind froh, daß er eine Wohnung für uns gefunden hat. Wir müssen jetzt nur noch den Vertrag **abschli**_____ und einige Formulare **untersch**_____. Dann können wir in die neue Wohnung **einz**_____. Am alten Wohnort haben wir uns schon **abgem**_____t.
der Vertrag	agreement, contract	
abschließen	conclude, sign	
unterschreiben	sign	
verlängern	extend	
kündigen	give notice	
ausziehen	move out	
einziehen	move in	
(sich) abmelden	officially register departure	

Renovierung

die Renovierung	redecoration	Peters Wohnung ist alt. Er möchte sie **reno**_____. Zuerst reißt er die alten **Ta**____n herunter. Danach muß er die Wände neu **tape**_____. Dann will er Küche und Bad frisch streichen; er weiß noch nicht, mit was für einer **Far**____. Er muß auch verschiedene kaputte Sachen **rep**____. Nach der **Reno**_____ muß er wieder Ordnung machen. Das ist das Schlimmste für ihn. Er mag nämlich nicht **aufr**_____ und **staubs**_____.
renovieren	redecorate	
reparieren	repair	
die Tapete	wallpaper	
tapezieren	paper	
die Farbe	paint; AE color, BE colour	
staubsagen	vacuum	
aufräumen	tidy up	

die Renovierung (A, D), die Renovation (CH)

der Raum	room	Wie wär's mit diesem Haus? Haben Sie Lust einzuziehen? Die **Fen**____ sind kaputt. Die **Tü**___ hat kein Schloß mehr. Die Tapeten sind von der **Wa**___ gerissen. Die **Mau**__n sind beschädigt. Schmutz und Steine liegen auf dem **Bo**___ herum, und der **Tep**____ ist voller Flecken. Unglaublich, auch die **De**___n sind kaputt. Alles voller Löcher, und es regnet in die **Rä**____e hinein. Aber die Miete, die großen **Zim**_____ und die Nachbarn sind in Ordnung.
der Boden	floor	
der Teppich	carpet	
die Wand	wall	
die Mauer	wall	
das Fenster	window	
die Tür(e)	door	
die Decke	ceiling	
das Zimmer	room	

der Staubsauger	vacuum cleaner	Heute helfen mal alle, unsere Wohnung zu reparieren und gründlich zu putzen. Ich hole die Kiste mit dem **Werk**____. Mutter braucht einen **Ha**____ und einige **Nä**___l. Anna braucht die **Sä**____. Sie will **Br**____er für ein Regal schneiden. Vater nimmt den **Staubs**_____, und Paul hat schon den **Be**___ in der Hand. Alle tun etwas, auch ich. Ich setze mich oben auf die **Lei**___ und schaue zu, wie die anderen arbeiten. Ich finde, wir arbeiten gut zusammen.
der Besen	broom	
die Leiter	ladder	
das Brett	shelf	
das Werkzeug	tool(s)	
die Säge	saw	
der Hammer	hammer	
der Nagel	nail	

40   gelernt _____   1. Wiederholung _____   2. Wiederholung _____

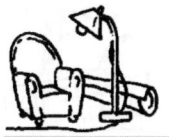 

Einrichtung

die Küche	kitchen	Die Kinder erzählen: Wir essen meistens in der **Kü**_____.
das Eßzimmer	dining room	Wenn Gäste kommen, essen wir im **Eßz**_____. Wir dürfen
das Wohnzimmer	living room	nicht im **W**___**nzimmer** spielen, sondern nur im
das Kinderzimmer	children's room	**K**_____**zi**_____. Auch im **Schl**_____ dürfen wir
das Schlafzimmer	bedroom	nicht spielen. Das gehört unseren Eltern. Im **B**_____**zi**_____
die Toilette / das WC	toilet, AE bathroom	baden wir; und wenn wir Pipi machen müssen, gehen wir
das Bad(ezimmer)	bathroom	auf die **Toi**_____. Unsere deutschen Freunde sagen: „aufs Klo".

die Dusche	shower	Unser Badezimmer ist sehr klein. Wir haben keine
der Vorhang	curtain	**Badew**_____, nur eine **Du**_____ mit einem blauen
die Badewanne	AE bathtub, BE bath	**Vorh**_____. Sonst ist nur noch ein kleines **Waschb**_____
das Waschbecken	washbasin	im Badezimmer. Die Küche ist übrigens auch sehr klein,
der Kühlschrank	fridge	zu klein, finde ich. Es ist gerade Platz genug da für einen
der Herd	cooker	**He**_____ und einen **Kühl**_____. Abwaschen
das Besteck	cutlery	können wir in dieser kleinen Küche nicht. Darum kaufen
das Geschirr (Sg.)	crockery	wir nur noch **Gesch**_____ und **Be**_____ aus Plastik.

einrichten	furnish	Petra und Klaus sind in eine neue Wohnung eingezogen.
(sich) etw. anschaffen	buy sth.	Sie haben Möbel **angesch**_____**t** und wollen ihr Wohn-
das Bild	picture	zimmer **einr**_____. Die rote **Cou**_____ kommt unters
der Spiegel	mirror	Fenster, den kleinen **Of**___ stellen sie daneben. Das **Bi**___
die Lampe	lamp, light	von Picasso **hä**_____**n** sie an die Wand neben den
(auf)hängen	hang (up)	**Sp**_____. Petra **hängt** noch die neue **La**_____ an der
der Sessel	armchair	Decke **a**___. Dann geht der Streit los. Beim bequemen
die Couch	sofa, couch	**Ses**_____ aus Leder sind sie sich überhaupt nicht einig, wo
der Ofen	stove	er stehen soll: entweder beim Fernseher oder in der Ecke bei den Büchern?

die Möbel (Pl.)	furniture	Im Gang hängt eine **Gard**_____ aus Eisen.
das Bett	bed	In der Küche stehen zwei **Ti**___**e** und vier **Stü**_____**e**.
die Decke	quilt, blanket	Im Schlafzimmer ist ein großes **Be**_____. Auf dem Bett
das Kissen	pillow	liegen zwei schwere **De**_____**n** und zwei **Ki**_____.
der Schrank	AE closet, BE wardrobe	Gegenüber dem Bett steht ein breiter **Schr**_____, und
die Garderobe	coatrack	gleich daneben sind mehrere **Re**_____**e** mit Büchern.
das Regal	shelf	Im Wohnzimmer stehen antike **Mö**___ und ein alter
der Kasten	box	**Kas**_____. Es ist kaum noch Platz zum Stehen oder Sitzen.
der Stuhl	chair	Schrecklich, wie diese Wohnung eingerichtet ist!
der Tisch	table	

gelernt _____   1. Wiederholung _____   2. Wiederholung _____

Eine Wohnung beschreiben

schmutzig	dirty	Endlich hat man das alte Haus nebenan abgerissen.
dreckig	dirty	Die Wohnungen waren **schmu**_____. Die Tapeten waren
häßlich	ugly	**häß**_____. Die Gänge waren **e**___ und die Zimmer **dun**___.
eng	narrow	Alles war **dr**_____.
dunkel	dark	Man sagt, daß hier jetzt ein neuer Wohnblock gebaut wird.
hell	light	Die Wohnungen sollen sehr **sch**___ werden, mit breiten,
großzügig	spacious	**großz**_____**en** Gängen und großen, **he**_____**en**
schön	lovely, nice(ly)	Räumen. Und alles natürlich sehr **sau**_____.
sauber	clean(ly)	Aber wie lange?

schmal	narrow	Wir sind umgezogen. Unsere alte Wohnung war sehr, sehr
niedrig	low	**ungemü**_____. Die Decke war **nie**_____, die Zimmer waren
feucht	damp	**feu**_____ und die Gänge **schm**_____. In der neuen Wohnung
ungemütlich	uncomfortable	ist es sehr **ang**_____. Wir wohnen im Erdgeschoß. Das ist
nett	nice	sehr **beq**_____. Die Küche ist **pra**_____ eingerichtet, und
bequem	convenient	alle Zimmer sind groß und hell. Sogar die Einrichtung des
praktisch	handy, convenient	Badezimmers ist ganz **ne**_____.
angenehm	pleasant(ly)	

Tätigkeiten im Haus und ums Haus

kochen	cook	Ich bin ganz gern Hausmann.
spülen	wash	In unserem **Haus**_____ gibt es immer viel zu tun. Ich
abtrocknen	dry	**ko**_____ jeden Tag. Nach dem Essen müssen die Kinder
putzen	clean	das Geschirr **spü**_____ und **abtr**_____. Einmal die
saubermachen	clean	Woche **pu**_____ ich die Wohnung und gieße die Pflanzen
waschen	wash	Dann muß ich auch die Wäsche **wasch**_____. Ich **mache**
nähen	sew	eigentlich ganz gern **sau**_____. Was ich nicht gern
der Haushalt	household	mache? Kleider **nä**_____ und bügeln.

anmachen	put on	Da ist mir vor kurzem etwas Komisches passiert!
einschalten	switch on	Ich komme nach Hause und will das **Li**___ im Gang
das Licht	light	**einschal**_____. Es funktioniert nicht. Ich wechsle die **Bi**___
die Birne	bulb	aus. Ich **ma**_____**e** das Licht noch einmal **an**, doch es geht
brennen	be on	immer noch nicht. Da muß ein Elektriker her! Das Problem
der Schalter	switch	liegt beim **Scha**_____. Der Elektriker wechselt einen **Kno**__
der Knopf	button	aus. Er schaltet das Licht ein, und es **br**_____**t**. Er will es
ausschalten	switch off	wieder **ausscha**_____, aber das geht nicht. Das Licht ist
ausmachen	put out	jetzt immer an, und man kann es nicht mehr **ausm**_____.

Tätigkeiten im Haus und ums Haus

elektrisch	electric	Ach, wie romantisch! Hier g___t es keine Elektrizität.
der Apparat	appliance, machine	Es g___t keine Steckdo_____n an den Wänden. Es sind
die Maschine	machine	keine Ma_____en da, um das Geschirr zu spülen oder die
das Gerät	device, equipment	Wäsche zu waschen. Man kann kein Ger___ anschließen,
die Steckdose	socket	um Musik zu hören. Alle elek_____en App_____e sind
der Stecker	plug	unbrauchbar. Man kann nirgends einen Ste_____
der Strom (Sg.)	electric power	einstecken. Schon nach wenigen Ferientagen hätte ich
es gibt	there is/are	lieber ein wenig Str___ , dafür etwas weniger Romantik.

es gibt (A,D), es hat (CH)

aufsein	be open	Neulich nach einer Party:
öffnen	open	Ich komme nach Hause und will meine Haustür
aufschließen	unlock	**aufschl_____**. Der **Schlü___** paßt aber nicht ins
zumachen	shut	**Schl____**. Ich überlege gerade, was ich tun soll, da
der Schlüssel	key	**öff___t** jemand die Tür von innen. Meine Nachbarin steht
stecken	put	vor mir. Sie erschrickt und **ma__t** die Tür gleich wieder
das Schloß	lock	**z__**. Also gehe ich zur nächsten Tür und **st____e** den
abschließen	lock up	Schlüssel ins Schloß. Die Tür **ist a___**. Sie war gar nicht
zusein	be shut	**z__**. Ich hatte wieder mal vergessen **abzuschl_____**.

läuten	ring	„Morgenstund hat Gold im Mund!"
klingeln	ring	Zuerst **läu___te** das Telefon. Meine Mutter wollte mich
klopfen	knock	sprechen. Dann **kli____te** es an der Tür. Ein Mann wollte
der Nachbar, die -in	AE neighbor, BE neighbour	mir etwas verkaufen. Dann **klo___te** jemand ans Fenster.
nebenan	next door	Mein **Nachb___** wollte ein Ei. Schließlich stolperte ich
der Abfall / der Müll (Sg.)	AE trash, BE rubbish	über einen Eimer mit **Abf_____**. Er gehörte dem Mieter
die Ordnung (Sg.)	order	von **neb_____**. Jetzt mußte ich auch noch saubermachen. Später beim Frühstück war dann die Welt wieder in **Ordn____**.

der Abfall / der Müll (A,D), der Abfall (CH)

gelernt _____   1. Wiederholung _____   2. Wiederholung _____

7 Stadt, Land, Landschaften

Stadt und Land

die Stadt	town, city	„Ich muß dir noch von unserer Tour nach München
der Plan	plan	erzählen - den **Pl**____ dazu hatten wir ja schon lange! Also,
der Stadtplan	town map	wir fuhren bis in einen nördlichen **Voro**_____ und dann
das Zentrum	AE center, BE centre	mit der U-Bahn ins **Ze**_____ der **St**____.
zentral	central(ly)	Am ganz **zen**_____ gelegenen Marienplatz haben wir Tee
der Vorort	suburb	getrunken und den **St**_____**n** studiert ..."

das Gebäude	building	In vielen Großstädten werden heute die großen
der Bau, die Bauten	building	**Geb**____ aus **Be**_____, Stahl und Glas gebaut. In
der Stein	stone	den Kleinstädten und Dörfern dagegen wird nicht so viel
der Beton (Sg.)	concrete	**be**_____**t**. Da sind die meisten **B**___**ten** noch aus
betonieren	concrete	**St**_____ oder Holz.

alt (älter, am ältesten)	old	Eine Stadt der Gegensätze: Von der **br**_____**en**
neu	new	Hauptstraße gehen links und rechts viele **schm**____**e**
schmal	narrow	Gassen ab. Gegenüber der **a**_____**n** romanischen Kirche
breit (am breitesten)	broad(ly), wide	steht das **n**____**e** Rathaus aus Beton. Und die **nie**_____**e**
niedrig	low	Brücke über den Fluß sieht man kaum zwischen den
hoch (höher, am höchsten)	high(ly)	**h**____**en** Wohnblocks am Flußufer.

das Rathaus	AE city hall, BE town hall	„Unsere Stadt, meine Damen und Herren, heißt mit
die Kirche	church	Recht 'Stadt der 100 **Tü**____**e**'. Vor allem ist sie eine
der Dom	cathedral	**Ki**____**nstadt**: Da ist der Turm des gotischen **D**____**s** aus
die Kapelle	chapel	dem 13. Jahrhundert. Und jede der vielen kleinen
die Burg	castle	**Ka**_____**n** hat auch ein spitzes Türmchen. Das
das Schloß	palace	**Ra**_____ hat drei Türme, die mächtige **B**____ auf
der Turm	tower	dem Hügel sieben. Und das elegante Stadt**sch**____ ..."

der Lärm (Sg.)	noise	„Ob ich auf dem Land oder in der Stadt wohnen will, hängt
laut	noisy, loud(ly)	von der Qualität der **Lu**___ und vom **Lä**____ ab.
ruhig	quiet(ly)	Wenn die Luft so **schm**_____ ist, daß man sie kaum
still	quiet(ly), peaceful(ly)	**at**____ mag, geh' ich weg und such' mir eine Gegend,
die Luft (Sg.)	air	wo sie **sau**____**rer** ist. Und wenn's mir irgendwo in der
schmutzig	dirty	Stadt zu **l**____ zum Arbeiten und Schlafen ist, dann zieh'
sauber	clean	ich eben in ein **ru**_____**eres** Stadtviertel oder in ein
atmen	breathe	**st**____**es** Dörfchen am Rand der Welt!"

der Einwohner, die -in	resident, inhabitant	Die **Einw**_____ unserer Stadt genießen es, sich in
sich erholen	rest, relax	ihrer Wohnumgebung vom Streß zu **erh**_____. Viele
der Park	park	gehen in den städtischen **P**_____**s** spazieren. Andere
der Zoo	zoo	besuchen den öffentlichen **Z**____, oder sie gehen in eines
das Schwimmbad	swimming pool	der **Schw**_____**äder**, wo sie im klaren Wasser **ba**_____
baden	bathe, have a swim	und in der Sonne liegen können.

44   gelernt _____   1. Wiederholung _____   2. Wiederholung _____

7

Stadt und Land

der Fluß	river	Was wäre ein Land ohne seine **Flü___e** und die sanften
fließen	flow	oder wilden **Tä___er**, in denen klare **Bä___e** durch
der Bach	stream	Wälder, Wiesen und Felder **fl_____**! Das weiß jeder,
der Kanal	canal	der schon einmal von einer **Br_____** ins strömende
die Brücke	bridge	Wasser geschaut hat.
der See	lake	Und das Erlebnis, am natürlichen **U____** eines kleinen
das Ufer	shore	**S____s** zu liegen, kann keiner sich vorstellen, der nur
das Tal	valley	Baggerseen und schnurgerade **K___äle** kennt.

das Meer	sea	Viele Menschen haben den starken Wunsch, nahe der
der Strand	beach	**Kü_____** oder lieber noch direkt am **M____** zu leben:
die Küste	coast	Zieht uns das große Wasser so an? Oder sind es einfach die
der Grund (Sg.)	bottom	**Strä___e** als Orte der Erholung? Für mich ist das „Land
tief	deep(ly)	im Meer" am wichtigsten: die **Hal_____n** und noch
die Halbinsel	peninsula	mehr die **I_____n**, wo das Wasser oft so **t_____** ist, daß
die Insel	island	man keinen **Gr_____** mehr sieht.

die Lage	position, situation	Ob man in der Stadt oder in ihrer **Um_____** besser
(in der Nähe) liegen	be (nearby)	wohnt, hängt von der **L____** der Wohnung ab. Wichtig ist,
günstig	convenient	daß der Arbeitsplatz **in der Nähe l____t** und daß Bus oder
ungünstig	inconvenient	Bahn **gü_____** zu erreichen sind. Mit dem Auto **q____**
gegenüber	opposite	**durch** die Stadt zu fahren, ist eben viel **ung_____er** als
quer durch	right across	mit dem Bus von der Bushaltestelle **geg_____** der
die Umgebung	surrounding area	Wohnung im Vorort.

das Land (Sg.)	country	● Zeig mir doch mal auf der **La_____e**, in
die Karte	map	welcher Gegend euer **D_____** genau liegt.
die Landkarte	map	○ Ja, auf der **K_____** kann ich dir auch die **O____e**
der Ort	AE town, BE town/village	in unserer Umgebung zeigen. – Also, schau mal her:
das Dorf	AE town, BE village	Hier ist Kulmbach, die nächste Stadt. Und auf dieser
der Hof	farm	Strecke fährt man hinaus aufs **L_____** zu uns. Hier
einzeln	separate, isolated	ist unser Dorf, Peesten, etwa 400 **Bew_____**. Und
der Bewohner, die -in	inhabitant	wir **bew_____** einen **ei_____en H____** am
bewohnen	live in	Ortsrand, etwa hier.

Landschaften

die Landschaft	landscape	Viele Künstler haben die **Geg_____en** gemalt, wo sie
der Raum	space	lebten. Dabei entstanden wunderbare Bilder von
die Gegend	place, area	**La_____en**, von **Räu___en**, in denen sich Natur
das Gebiet	area, region	und Kultur an jeder **St_____** intensiv mischen.
die Stelle	point	Geographische **Geb____e** wurden so zu Kunsträumen.

gelernt _____ 1. Wiederholung _____ 2. Wiederholung _____

Landschaften

der Charakter	character	Für viele Menschen ist ihre „H_____" die Gegend, wo
städtisch	urban	sie als Kinder gewohnt haben. Diese heimatliche
dörflich	village	Landschaft hat für sie einen bestimmten Ch_____, den
ländlich	rural	sie manchmal in stä____en oder lä____en oder
die Heimat (Sg.)	home	dö____en Gebieten wiederfinden und lieben.

die Ebene	plain	Am deutlichsten unterscheiden sich fl____e von bergigen
eben	flat	Landschaften: Es gibt kaum einen stärkeren Gegensatz als
flach	flat	die eb____en grünen Flächen Norddeutschlands und die
offen	open	st____en Felsen und B____e der Alpen. Entsprechend
der Hügel	hill	„brauchen" manche Menschen eine of____e Landschaft,
die Höhe	elevation, hill	also die Eb____, manche das geschlossene Geb_____,
der Berg	mountain	um sich wohlzufühlen. Die meisten können aber ganz gut in
das Gebirge	mountains	Gegenden mit sanften Hü____n und niedrigen
steil	steep(ly)	Hö____n leben.

der Wald	wood, forest	In der Tschechischen Republik gibt es wunderbare
dicht	dense(ly)	Landschaften: Fast jede Straße ist eine schattige A_____
dunkel	dark	mit alten Bäumen. Links und rechts siehst du Wie____n
die Allee	avenue	wie seit deiner Kindheit nicht mehr! Und die F_____er
die Wiese	meadow	der Bauern sind noch von wilden H_____n begrenzt. Ein
das Feld	field	grüner Traum sind die Wä____er: Sie wachsen di____ und
die Hecke	hedge	d____l wie im Märchen ...

der Eindruck	impression	In welchem Zu_____ eine Landschaft ist, sieht man oft
der Zustand (Sg.)	condition, state	auf den ersten Blick: in_____e Natur unterscheidet sich
intakt	intact	z. B. deutlich von ka_____er Agrarlandschaft. Und eine
kaputt	ruined	na_____e Wiese macht einen völlig anderen
natürlich	natural(ly)	Ein_____ als ein kü_____er Rasen. Wälder mit
künstlich	artificial(ly)	vielen verschiedenen Bäumen wirken le_____, doch
lebendig	alive	reine Fichtenplantagen sind ste____. Aber wirklich t____
steril	sterile	ist nur die Betonlandschaft der Industriegebiete in den
tot	dead	Vorstädten.

der Gegensatz	contrast	Eine Landschaft mit vielen Ge_____en wirkt auf
farbig	AE colorful, BE colourful	uns fa_____. Aber eine Gegend ohne Charakter ist für
farblos	AE colorless, BE colourless	uns f_____los. Das Flachland oder das Hügelland hat
weich	soft	w_____e Formen, das Bergland dagegen kann einem auch
hart (härter, am härtesten)	hard	unfreundlich und h_____ erscheinen.

Landschaften

die Linie	line	Mit der modernen Architektur gemeinsam hat die heutige
krumm	curved	technisierte Landwirtschaft vor allem die ge_____n
schief	crooked	Li_____n. Es gibt kaum noch sch_____e Feldränder,
gerade	straight	kr____e Wege oder unregelmäßige Wiesenfl____n. Weil
die Fläche	area	Felder und Gärten mit Maschinen bearbeitet werden,
rechteckig	rectangular	müssen sie re_____, am besten gleich
quadratisch	square	qua_____ sein.

schön	nice, beautiful	● Also, Salzburg finde ich he_____!
häßlich	ugly	○ Was?! Das ist eine schr_____e Stadt! Da finde
wunderbar	wonderful(ly)	ich Wien viel sch_____er, nicht so e____.
furchtbar	awful(ly), terrible/-ly	● Aber Salzburg liegt doch in einem w_____en Tal!
herrlich	great, wonderful	○ Schon, das finde ich auch nicht hä_____. Aber
schrecklich	terrible/-ly	dagegen ist der Wiener Wald einfach wu_____.
schlimm	bad	● Und diese große steinerne Stadt, und der Riesenverkehr?
eng	cramped	Das ist doch fu_____!
weit	broad	○ Durch die vielen Parks und Gärten wirkt das gar nicht
		so schl_____, finde ich ...

die Aussicht (Sg.)	view	„Vom Gipfel des Berges hatten wir einen wunderbaren
der Blick (Sg.)	view	Bl_____ in die na____n Täler. Wir sch____ten uns
(sich) anschauen	look at	lange die Flüsse, Straßen, Autos und Menschen an, die in
nah(e) (näher, am nächsten)	near, nearby	der Entf_____ winzig klein aussahen. Aber die
die Nähe (Sg.)	nearness, vicinity	Aus_____ auf die Hügel in der N_____ und auf das
fern	far off, distant	weiter ent_____e Gebirge war noch schöner. Ein
entfernt	remote, distant	herrliches Bild: Die f_____sten Berge am Horizont waren
die Entfernung	distance	weiß vom Schnee."

die Richtung	direction	*Wandertour in den Bayerischen Alpen:*
markieren	sign, mark	Ein Berg mit sehr schöner Aussicht ist der Wendelstein.
führen	lead	Vom Dorf Fischbachau f_____t der mar_____te
entlang	along	Wanderweg zuerst in Ri_____ Osten. Dann st____t
steigen	climb, go up	man entl____ der Felswand steil zum Gipfel hinauf. ...

der Weg	path	„Ich kann dir sagen, der W____, den wir letztes
die Strecke	route	Wochenende im Engadin zu F____ gegangen sind, war
zu Fuß	on foot	kein reiner Spa_____! Aber wir sind ja gut trainierte
spazierengehen	walk, stroll	Wa_____er; deshalb haben wir uns eine lange
der Spaziergang	walk, stroll	Wa_____g im Münstertal ausgesucht. Man kann dort
wandern	hike, walk	wunderbar wa_____, im Tal kann man auch gut
der Wanderer, die Wanderin	hiker, walker	spa_____en. Unsere Str_____ oben war zwar lang,
die Wanderung	hike, walk	aber auf den gut markierten Wegen kann man sich nicht
sich verirren	get lost	veri_____!"

gelernt _____   1. Wiederholung _____   2. Wiederholung _____

7 Landschaften

suchen	look for	Als die Weißen die tropischen Regenwälder **entd____ten**,
entdecken	discover	**su___ten** sie darin bald nach Gold. Die Harmonie der
stören	disturb, disrupt	Waldvölker mit der Natur wurde dadurch sehr **gest____**.
fällen	cut down	Später begann man, die großen Bäume zu **fä_____** und
anzünden	set fire to	den restlichen Wald einfach **anzuz_____**. Übrig blieben
planieren	level	nur nackte, von Baggern **pl_____te** Landflächen für die Landwirtschaft.

früher	in the past	Sehr geehrte Gäste!
heute	today	Wann ist eine Wohnung schön, wann ist eine Landschaft
gemütlich	comfortable; AE cozy, BE cosy	schön? Die Werte haben sich in Europa sehr geändert: Was **fr_____ gem_____** sein sollte, damit man sich wohl
modern	up-to-date	fühlte, muß **h_____** vor allem **mo_____** sein, damit es
die Modernisierung	modernization	gut funktioniert. Die „**Moder_____**" der
die Maschine	machine	Kulturlandschaft mit Hilfe von **Ba_____n** und anderen
der Bagger	excavator, digger	**Ma_____n** läuft wie die „Renovierung" der alten Wohnlandschaften ab! ...

das Projekt	project	Ich möchte Ihnen im Auftrag unseres Tourismusbüros ein
weitere(r/s)	further	wichtiges **Pr_____t** vorstellen, das **sich mit** der
letzte(r/s)	last	**wei_____en** Entwicklung unseres schönen Ortes und der
(sich) beschäftigen mit	concentrate (on)	unserer wunderbaren Landschaft **besch_____t**: „Gibt es
das Problem	problem	Umweltprobleme durch Touristen?"
überall	everywhere	Sie werden sagen, daß es **üb_____** solche **Pr_____e** gibt. Aber sollten wir deshalb hier alles so weiterlaufen lassen, bis die **le_____n** Bäche und Wälder verschmutzt sind? ...

Natur, Umwelt

Kreisläufe in der Natur

die Himmelsrichtung	point of the compass, direction	Wer in Mitteleuropa wohnt, verbindet die **Him**_____**en** mit dem Wetter: Aus dem
der Norden (Sg.)	north	**W**_____**n**, vom Atlantik her, kommen feuchte
Nord-	north, northern	**W**____winde. Dagegen kommt aus **O**____europa, aus
der Süden (Sg.)	south	dem **O**_____**n**, meist trockene Luft. Im Sommer bringt der
Süd-	south, southern	**S**____wind oft die Hitze aus dem **S**_____**n**, aus Afrika.
der Westen (Sg.)	west	Und der Winter kommt mit Schnee und Eis aus dem
West-	west, western	**N**_____**n**. Dazu weht häufig ein eiskalter **N**____wind.
der Osten (Sg.)	east	
Ost-	east, eastern	

die Jahreszeit	season	In einem Jahr fliegt die Erde einmal im **Kr**_____ um die
der Frühling (Sg.)	spring	Sonne. Dabei verändern sich das Klima und die
der Sommer	summer	**Jah**_____**en**, je nachdem, wie lange und stark die
der Herbst (Sg.)	AE fall, BE autumn	Sonne scheint, in einem **Kr**_____**f**: In Mitteleuropa
der Winter	winter	z. B. ist der **So**_____ heiß und hell, der **Wi**_____ kalt
der Kreis	orbit	und dunkel. Wärmer wird es im **Fr**_____, kühler
der Kreislauf	cycle	dagegen im **He**_____.

der Monat	month	Das Jahr hat zwölf **Mo**_____**e** mit 28 - 31 Tagen.
der Januar	January	1. der **Ja**_____: 31 Tage
der Februar	February	2. der **F**_____: 28 - 29 Tage
der März	March	3. der **Mä**_____: 31 Tage (Frühlingsanfang 21.3.)
der April	April	4. der **A**_____: 30 Tage
der Mai	May	5. der **M**_____: 31 Tage
der Juni	June	6. der **J**_____: 30 Tage (Sommeranfang 21.6.)

der Juli	July	Weihnachten ist am 24. **De**_____. Bei uns ist der
der August	August	heißeste Monat im Jahr der **Ju**_____. Der Herbst beginnt
der September	September	am 21. **Se**_____. Das Wetter in Europa ist im
der Oktober	October	**No**_____ oft regnerisch, kalt und grau. Die
der November	November	Getreideernte ist meistens im **Au**_____, die Weinlese
der Dezember	December	dagegen erst im **Ok**_____.

das Klima	climate	● Also, mir ist hier in den Bergen das **Kl**_____ viel
mild	mild	zu **r**_____!
rauh	harsh	○ Dann sollten Sie nach Südtirol fahren, da ist es meist
trocken	dry	**m**_____ und **tr**_____.
die Trockenheit (Sg.)	dryness	● Nein, die dauernde **Tr**_____**heit** vertrage ich
feucht	damp, humid	auch nicht. Ich brauche **feu**_____**e** Luft. ...

gelernt _____   1. Wiederholung _____   2. Wiederholung _____

Kreisläufe in der Natur

das Wetter (Sg.)	weather	„Sie hören den We_____t: Im Süden setzt sich
der Wetterbericht	weather report/forecast	heute ein H_____ aus Italien durch. Dagegen bestimmt im
das Hoch	high pressure area	Norden weiter ein T_____ das W_____r. Südlich der
das Tief	low pressure area	Donau st_____ die Tem_____en heute auf 20
die Temperatur	temperature	Grad Max_____. In der Nacht fa_____ sie dort bis auf
steigen	rise	plus 7 Grad Minimum. ..."
fallen	fall	
das Maximum, die Maxima	maximum	

heiß (am heißesten)	hot	„Am Morgen gegen 5 Uhr, als wir losgingen, war es noch
die Hitze (Sg.)	heat	sehr ka____. Aber die Bewegung machte schnell wa____
warm (wärmer, am wärmsten)	warm	und trieb die Kä_____ aus den Gliedern. Mit der Sonne wich die Kü_____; bald wurde uns vom Steigen h_____.
die Wärme (Sg.)	warmth	Ab und zu kamen wir durch einen kü____en Wald und
frisch (am frischesten)	fresh	genossen den fr_____en Geruch der Luft. Zwischen den
kühl	cool	Felsen aber hing eine trockene Wä_____. Und in der
die Kühle (Sg.)	cool, coolness	größten Mittagshi_____ erreichten wir den Gipfel."
kalt (kälter, am kältesten)	cold	
die Kälte (Sg.)	cold, coldness	

frieren	freeze	Wenn das Thermometer unter Null Grad fällt, gefr____t
gefrieren	freeze	das Wasser. Die Kinder freuen sich dann auf das E____, das
der Frost	frost	sie trägt. Die Straßen werden gl_____, wenn es fr_____t.
streng	severe	Und abends wird der Fr_____ noch str_____er als
das Eis (Sg.)	ice	tagsüber. Die Menschen fr_____en und bleiben im Haus.
glatt (am glattesten)	icy, slippery	

die Sonne	sun	• Was für ein wunderbarer Tag heute! Dieses schräge
scheinen	shine	Herbstl_____leuchtet so intensiv!
sonnig	sunny	○ Ja, ich liebe diese so_____en Tage auch sehr, wenn
hell	bright(ly)	das h____e Licht lange Schatten wirft.
das Licht	light	• Hoffentlich sch_____t die So_____ recht lange!
der Schatten	shade, shadow	Es wird noch früh genug du_____.
dunkel (dunkler)	dark	○ Das Tal unten liegt schon im Scha_____. Man spürt
die Dunkelheit (Sg.)	dark, darkness	direkt, wie die Dun_____ kommt.

der Himmel (Sg.)	sky	• Wie stark das wirkt, wenn der Himmel am Morgen schon
klar	clear	k_____ und hei_____ ist!
heiter	bright	○ Solange nur die Sonne scheint, kann's ruhig mal ein
die Wolke	cloud	bißchen bew_____ sein. Aber ewig graue Wo_____n am
bewölkt	cloudy	Hi_____ kann ich nicht leiden.

der Nebel	fog, mist	Am frühen Morgen war es so ne_____, daß Bäume und
neblig	foggy, misty	Straßen n_____ glänzten. Später wurde es heller, und der
naß (nasser, am nassesten)	wet	Ne____ lichtete sich.

50   gelernt _____   1. Wiederholung _____   2. Wiederholung _____

Kreisläufe in der Natur

die Niederschläge (Pl.)	precipitation, rainfall	Im nördlichen Regenwald gibt es das ganze Jahr über hohe
der Regen (Sg.)	rain	**Nie**____, die nur selten völlig **aufh**____. In
regnen	rain	der warmen Jahreszeit **fä**__**t** der **Re**____ in großen
der Tropfen	drop	**Tr**____ oft tagelang. Im Wechsel mit leichten
fallen	fall	**Sch**____**n** gibt es aber auch sonnige Abschnitte, in
der Schauer	shower	denen es einige Stunden nicht **re**____**t**. Im Winter
aufhören	stop, cease	**schn**____**t** es sehr viel, und der **Schn**____ schützt die
der Schnee (Sg.)	snow	Pflanzen vor Frost und Austrocknung.
schneien	snow	

der Wind	wind	Die Menschen, die an der Nordsee leben, sind es gewohnt,
wehen	blow	daß der **W**____ immerzu **w**____**t**. Ohne Ende werden
zunehmen	increase	Wolken übers Land **geb**____**en**, und es regnet häufig. Aber
der Sturm	storm	die Leute spüren sofort, wenn der Wind **zuni**____**t** und ein
blasen	blow	schwerer **St**____ kommt.
das Gewitter	thunderstorm	Im Sommer beginnt das oft mit einem **Gew**____. Eine
der Blitz	lightning	blauschwarze Wolkenwand zieht auf, die ersten **Bl**____**e**
blitzen	flash	zucken. Anfangs klingt der **Do**____ noch fern, bald aber
der Donner (Sg.)	thunder	**do**____**t** es immer lauter. Und dann **blä**____**t** und stürmt es
donnern	thunder	stundenlang.

die Welt	world	Viele Astronomen, die das **W**____**all** laufend
das Weltall (Sg.)	universe, space	**beob**____, meinen, es sei vor 10 bis 15 Milliarden
beobachten	watch, observe	Jahren mit einer gewaltigen Explosion entstanden. Später
der Stern	star	hätten sich viele Sonnen, die **St**____**e**, gebildet. Sie sagen,
der Planet	planet	zahlreiche Sterne hätten **Pl**____**en** wie unsere **Er**____.
die Erde (Sg.)	Earth	Um viele dieser Planeten kreisen auch **Mo**____**e** wie um
der Mond	moon	unsere **We**____, die Erde.

die Natur (Sg.)	nature	Die Indianer und viele andere Völker kannten nur vier
das Element	element	**El**____**e**, aus denen die ganze **Na**____ bestand: Die Erde
das Feuer (Sg.)	fire	war für sie die Mutter des Lebens, der **Bo**____ war also
die Luft (Sg.)	air	heilig. Als das „Blut der Erde" schützten sie das **Wa**____
das Wasser (Sg.)	water	vor Verschmutzung. Der Atem alles Lebens war für sie die
der Boden	ground, earth	**L**____. Und das **Feu**____ war ein Bild für die Lebenskraft
		der Natur.

der Erdteil	continent	Auf den Weltkarten haben die **Kon**____**e** meist
Amerika	America	einen festen „Platz": In der Mitte liegt **Af**____. Nördlich
Mittel-	(here) Central	davon findet man dann **Eu**____. Im Nordosten ist die
Europa	Europe	große Landmasse von **As**____ zu sehen. Im Südosten liegt
Asien	Asia	**Au**____, der kleinste **Erd**____, vom Meer
Afrika	Africa	umgeben. Am westlichen Rand der Karte „hängt" das
Australien	Australia	dreiteilige **Am**____: Nord-, **Mi**____- und Südamerika.
der Kontinent	continent	

gelernt _____   1. Wiederholung _____   2. Wiederholung _____

8 Pflanzen, Tiere, Landwirtschaft

die Landwirtschaft (Sg.)	agriculture	• Warum sind Sie eigentlich **Bäu___in** geworden?
landwirtschaftlich	agricultural	○ Weil ich die **La_____** liebe und sehr gern mit
der Bauer, die Bäuerin	farmer	**T____en** und **Pfl____n** umgehe.
das Tier	animal	• Welche zentralen Aufgaben hat denn der **B___er** heute?
die Pflanze	plant	○ Er muß mit der Natur, nicht gegen sie arbeiten:
pflanzen	plant	**pfl_____** und **wa_____** lassen. Das ist für mich die
wachsen	grow	wichtigste **la_____e** Aufgabe.

der Baum	tree	Die meisten Städter kennen nur Rasen mit sterilem **Gr___**,
das Blatt	leaf	aber keine echten **W_____n** mehr. Dort leben zahllose
die Wiese	meadow	Pflanzen zusammen, darunter wilde **Blu___n**, die vom
das Gras	grass	Frühling bis zum Herbst **bl____**. Wie viele davon
vorkommen	be found, grow	**ko_____** noch in unseren **Gä_____** vor? Und auch die
die Blume	flower	meisten Laub**bäu___** findet man eher auf dem Land: Ihre
blühen	flower, bloom	**Blä___er** „machen zuviel Arbeit". So denken jedenfalls
der Garten	garden	viele Menschen!

das Feld	field	Je nach Klima und Boden leben die Bauern der Welt von
das Getreide (Sg.)	AE grain, BE corn	unterschiedlichen Nutzpflanzen: In Italien ist es der
die Baumwolle (Sg.)	cotton	**W____**, in Indien pflanzt man vor allem **Bau_____**, in
der Wein	vine	den USA gibt es endlose **F___er** mit **Getr_____**. Aber
reif	ripe	die Freude über die Zeit der **Er_____**, wenn die Früchte
die Ernte	harvest	**r_____** sind, ist überall groß.

das Vieh (Sg.)	cattle, livestock	Das wichtigste Nutztier in der Landwirtschaft
die Kuh	cow	Mitteleuropas ist sicher das Rind: Die **Kü__e** liefern Milch,
das Schaf	sheep	Fleisch und Leder. Früher galt ein Bauer als reich, wenn er
das Schwein	pig	viel **V____** und deshalb den größten **M____**haufen vor der
das Pferd	horse	Tür hatte! Beinahe genauso wichtig für die Menschen sind
der Mist (Sg.)	manure	**Schw____e** und **Sch___e**. Aber das **Pf___** wurde fast völlig vom Traktor verdrängt.

der Hund	dog	„Als ich das Hoftor aufmachte, wurde ich nur von Tieren
fressen	eat	‚begrüßt': Die **Hü____er** rannten gackernd auseinander,
die Katze	cat	weiße **En___n** flüchteten mit lautem Schnattern. Der
klettern	climb	**H_____** an der Kette hörte auf zu **fr_____** und bellte
das Huhn	chicken	wütend. Fünf junge **Ka____n kl____ten** blitzschnell auf
die Ente	duck	einen Holzhaufen ..."

der Vogel	bird	*Fabel:* Ein hungriger **F_____** schwamm im See und sprach
fliegen	fly	zu einem **Vo____**, der auf einem Baum am Ufer saß:
das Insekt	insect	„Komm doch **schw_____**!" Der Vogel antwortete:
der Fisch	fish	„Komm doch **fl_____**!" Das hörte ein **In_____** über dem
schwimmen	swim	Wasser und sagte zum Fisch: „Ich komme!" Leider schwamm das Insekt nicht lange ...

Pflanzen, Tiere, Landwirtschaft

der Bauernhof	farm	Während der Ernte sind die **B**_____**höfe** fast
der Stall	cowshed, stable	menschenleer, die Hoft___e stehen weit offen. Der Bauer
das Tor	gate	ist mit dem Tr_____ und den Ernteger_____n auf dem
das Gerät	equipment, machine	Feld. Und um das Vieh im St____ kümmert sich die
der Traktor	tractor	Bäuerin meist ganz allein.

Energie, Materie, Stoffe

die Materie (Sg.)	matter	Alle in der Natur vorkommenden St____e, die **aus**
der Stoff	substance	Atomen und Molekülen **best**_____, sind Teil der
bestehen (aus)	consist (of)	Ma_____ im Universum. Es gibt f___e Stoffe wie
rein	pure(ly)	Stein, fl_____e wie Wasser und G__e wie die Luft. Im
(sich) mischen	mix	natürlichen Zustand kommen Metalle wie Eisen oder Gold
fest	solid	fast nie r____ vor, sondern stark gemischt. Besonders leicht
flüssig	liquid	**mi**_____ sich aber Gase und **Fl**_____**en** mit
die Flüssigkeit	liquid	anderen Stoffen.
das Gas	gas	

die Energie (Sg.)	energy	● Es wird kälter - läuft eure **Hei**_____ schon?
das Feuer (Sg.)	fire	○ Seit drei Tagen. Womit h____t ihr eigentlich?
brennen	burn	● Mit Holz. Wir haben Öf___ in drei Zimmern.
verbrennen	burn	○ Was?! Da müßt ihr ja Riesenmengen **verbr**_____!
kochen	boil	● Nein, eigentlich nicht. Wir heizen mit Hartholz, das
heizen	heat	br____t gut und hat viel **En**_____.
die Heizung	heating	○ Habt ihr auch in der Küche Holzf_____?
der Ofen	stove	● Nein, einen Gasherd. Auf Gas ko___t Wasser
		schneller!

das Holz (Sg.)	wood	Die allermeiste Energie wird in Mitteleuropa für Wärme
die Kohle (Sg.)	coal	verbraucht; dafür wird vor allem **Ö**__, aber auch **G**____
das Öl (Sg.)	oil	verbrannt. Dagegen spielen **Ko**____ und **H**____ nur noch
das Benzin (Sg.)	AE gas(oline), BE petrol	eine geringere Rolle. Zusätzlich werden im Verkehr große
das Gas (Sg.)	gas	Mengen **Ben**____ (aus Öl) verbraucht.

elektrisch	electric	Etwa zwei Drittel der Energie gehen bei der Produktion
die Elektrizität (Sg.)	electricity	von **el**_____**em St**____ in großen **Kra**_____**en**
der Strom (Sg.)	power, current	verloren. Auch muß die **El**_____**tät** danach z. B. von
das Kraftwerk	power station	einem _____**kraftwerk** aus mit Hilfe von riesigen
das Atom-/Kernkraftwerk	atomic/nuclear power station	**Stromlei**_____**en** übers ganze Land verteilt werden. Das
die Leitung	cable, line	bringt weitere hohe Energieverluste.

gelernt _____ 1. Wiederholung _____ 2. Wiederholung _____

8

Energie, Materie, Stoffe

die Atom-/Kernenergie (Sg.)	atomic / nuclear energy	Als im April 1986 erstmals ein Atomkraftwerk
die Strahlung	radiation	**expl**_____**te**, wurde vielen klar, wie **gef**_____ die
die Gefahr	danger	_____**energie** ist. Mit so großem **Dr**____ geschah die
gefährlich	dangerous	**Ex**_____**n** von Tschernobyl, daß sehr viel radioaktives
der Druck (Sg.)	pressure, blast	Material auf Europa und Asien niederging. Millionen
explodieren	explode	Menschen kennen erst seitdem wirklich die **Gef**____**en**
die Explosion	explosion	der radioaktiven **Str**_____.

das Material	material	Bestimmte **Ma**_____**ien** für bestimmte Zwecke:
der Stein	stone	Schmuck macht man aus **Go**____ und **Si**_____.
der Sand (Sg.)	sand	Häuser und Straßen baut man mit **St**_____**en**.
das Glas (Sg.)	glass	Für Fenster und Flaschen braucht man **Gl**____.
das Metall	metal	Glas wird aus einer Art von **Sa**____ hergestellt.
das Eisen (Sg.)	iron	Die meisten Werkzeuge und Maschinen werden aus
das Silber (Sg.)	silver	**Me**____**en** produziert. So ist z. B. unsere gesamte Technik
das Gold (Sg.)	gold	ohne **Ei**____ nicht vorstellbar.

der Kunststoff	plastic	Aus Pflanzen und Tierkörpern werden viele **nat**_____**e**
das Plastik (Sg.)	plastic	Materialien hergestellt: z. B. **Le**____ aus Tierhaut und
künstlich	synthetic	**Gu**____ aus dem Saft des Gummibaums.
natürlich	natural	Dagegen stellt die chemische Industrie viele Stoffe
der/das Gummi (Sg.)	rubber	**kün**_____ her: So werden etwa aus Öl und Kohle
das Leder (Sg.)	leather	**K**_____**stoffe** gemacht, häufig auch **Pl**____ genannt.
das Papier (Sg.)	paper	Auch **Pa**____ ist kein Naturprodukt mehr.

das Plastik (West-D), die Plaste (Ost-D)

der Stoff	fabric	„Also, wenn Sie diese Kleider nur **anf**_____, dann
die Qualität	quality	**fü**____ Sie sofort, was das für eine tolle **Qua**_____
fühlen	feel	ist! Dieser **St**____ hier ist aus reiner **Wo**____ - im Winter
anfassen	touch	zehnmal besser als **B**____**wolle**, nicht wahr? Und sehen
die Wolle (Sg.)	wool	Sie mal, diese **Sei**____**nbluse**: weich, warm, natürlich -
die Baumwolle (Sg.)	cotton	nicht so glatt und klebrig wie die Massenqualitäten aus
die Seide (Sg.)	silk	**Ku**_____. Und diese Baumwollsocken hier ziehe ich
die Kunstfaser	man-made AE fiber / BE fibre	jedem **Ny**____**strumpf** vor! ..."
das Nylon (Sg.)	nylon	

der Gegenstand	object	*Rätsel:*
die Form	shape	Erraten Sie, welchen **Ge**_____ ich meine? Er ist nicht
rund (am rundesten)	round	**ru**____, sondern hat eine ganz **e**____**e F**____. Er ist
eckig	square, angular	aus ziemlich festem Material, aber doch auch **w**____:
glatt (am glattesten)	smooth	Man kann ihn biegen. Der Gegenstand ist meist ganz
rauh	rough	**gl**____; es gibt ihn aber auch in etwas **r**____**erer** Qualität.
weich	soft	Die meisten Leute **kl**_____ ihn gern auf Papier. - Nein, es
kleben	stick	ist <u>kein</u> Kaugummi!

54   gelernt _____   1. Wiederholung _____   2. Wiederholung _____

Energie, Materie, Stoffe

was für ...?	what sort of ...?	• Weißt du, w____ für ein Gegenstand das ist?
ungefähr	about	○ Nein, aber ich kann's mir ung_____ denken. Aber
etwa	about	vö_____ sicher bin ich mir nicht!
circa (ca.)	approximately, about	• Ist er vielleicht ci____ 2 mal 2 cm groß?
völlig	quite, absolutely	○ Das könnte et____ stimmen, denke ich.
welche(r/s)?	which?	• Aber we____e Briefmarke ist denn rauh???

Natur- und Umweltschutz

existieren	exist	• Die Verschmutzung der Meere ist die größte
das Leben (Sg.)	life	Ka_____! Das bedroht die Grundlagen des
leben	live	Le_____s.
der Lebensraum	habitat	○ Aber wie soll man diese Schweinerei verh_____?
erhalten	preserve, conserve	Dafür reicht doch kein Nat_____!
der Naturschutz (Sg.)	nature conservation	• Ich denke, diesen wichtigsten Le____raum kann
verändern	change	man nur erh_____, wenn die Ziele von Wirtschaft
die Katastrophe	disaster, catastrophe	und Politik gründlich verä_____t werden. Heute
verhindern	prevent	wird entschieden, ob in Zukunft noch Leben
		exi_____ wird!
		○ Ob bis zu dieser Entscheidung noch ein einziger Fisch
		l____t? ...

die Umwelt (Sg.)	environment	Erst seit den 60er Jahren wurde vielen Menschen klar, daß
verschmutzen	pollute	wir selbst unsere natürliche ____welt dadurch zerst_____,
die Verschmutzung	pollution	daß wir die Natur verschm_____. Um unseren
zerstören	destroy	Lebensraum vor weiterer Versch_____ung zu
endgültig	final(ly)	schü____ und damit vor der endg_____en
die Zerstörung	destruction	Zerst_____ zu re____, haben viele Bürger, Gruppen
schützen	protect	und Parteien den „Umwelt_____" zu ihrem Programm
retten	save	gemacht.
der Umweltschutz (Sg.)	environmental protection	

die Chemie (Sg.)	chemistry, chemicals	Die für Lebewesen gi____en Stoffe produziert vor allem
das Gift	toxic agent, poison	die Ch_____industrie. Aber auch die meisten Abfä____e
giftig	toxic, poisonous	der Wirtschaft und der privaten Haushalte, die Abg____e
das Abgas	waste gas, exhaust fumes	aus Kraftwerken, Autos und Heizungen sowie der daraus
der Smog (Sg.)	smog	entstehende Sm____ sind schwere Umweltgi____e.
der Abfall	waste, refuse	

gelernt _____   1. Wiederholung _____   2. Wiederholung _____

Natur- und Umweltschutz

hoch (höher, am höchsten)	high(ly)	Die Belastung der Umwelt mit giftigen Stoffen ist so
schädlich	harmful	h____, daß in vielen Gebieten er____e Schä____
schaden	damage, be harmful to	sichtbar sind. So ist z. B. das Wald_____ ein Signal für
der Schaden	damage	die kri_____e Lage der Wälder auf der nördlichen
ernst	serious(ly)	Erdhälfte. Diese Umweltkr____ ist auch für die Menschen
kritisch	critical(ly)	schä_____ , die sie ausgelöst haben: Die Umweltgifte und
die Krise	crisis	die Naturzerstörung scha_____ auch der menschlichen
das Waldsterben (Sg.)	forest dieback	Gesundheit.

verwenden	use	Tips zu Vermeidung von M_____:
verbrauchen	use, consume	1. Papier nicht **verschw**_____, sondern Vorder- und
sparen	save	Rückseite zum Schreiben **verw**_____!
sparsam	economical(ly), sparing(ly)	2. Keine Lebensmittel in Dosen **verbr**_____!
großzügig	liberal(ly), generous(ly)	3. Plastiktüten und Folien **spars**____ verwenden!
verschwenden	waste	4. Bei fest verpackten Waren **sp**_____!
der Müll (Sg.)	waste, refuse	5. Kleider und Kosmetik nicht zu **groß**_____
		einkaufen und nichts davon wegwerfen!

alternativ	alternative	Aus **Pro**_____ gegen die Umweltzerstörung ist die
die Bewegung	movement	**gr**____**e Bew**_____ entstanden: Bürger und Gruppen,
grün	green	die sofort **Al**_____ schlagen, wenn die Natur in Gefahr ist.
der Alarm	alarm	Sie **pro**_____ zäh **gegen** jede „Umweltsünde" und
der Protest	protest	kämpfen ideenreich für den Schutz der Umwelt. Und sie
protestieren (gegen)	protest (against)	suchen **alt**_____**e** Formen des Lebens überhaupt.

Schule und Bildung

Das Schulzimmer

das Schul-/Klassenzimmer	classroom	Unser **Schulzi**_____ ist sehr groß. Ganz vorne steht eine
der Stuhl	chair	schwarze **Ta**____. Der **Schw**___ dazu ist gestern verloren-
die Bank	bench	gegangen! Auf der linken Seite hängt eine **Landk**_____
das Pult	(teacher's) desk	von Europa. Rechts auf einem Tisch steht der **Pro**_____.
der Kassettenrecorder	cassette recorder	Auf dem **Pu**__ ist ein großer Blumenstrauß.
der Projektor	pojector	Jede Stunde brauchen wir den **Kassetten**_____.
die Landkarte	map	In unserem **Kla**___**zimmer** gibt es keine **Bä**___**e**. Wir
die Tafel	board	haben nur **Stü**____**e**. Die stehen oft im Kreis.
der Schwamm	sponge	

der Bleistift	pencil	Ich habe Lust gehabt, wieder einmal eine Geschichte zu
der Füller	fountain pen	**schrei**___. Zuerst habe ich die Mine des **Ku**_____
der Kugelschreiber	ballpoint pen	gewechselt. Dann habe ich den **Blei**_____ gespitzt.
schreiben	write	Zuletzt habe ich noch den **Fü**_____ mit Tinte nachgefüllt.
das Papier (Sg.)	paper	Dann habe ich ein altes **H**____ geholt. Ich habe ein
das Blatt	sheet	leeres **Bl**_____ herausgerissen und ... nachgedacht.
das Heft	notebook	Zum Schluß habe ich das leere **Pa**___ weggeworfen.

die Schultasche	schoolbag	Ich packe mein **Federmä**_____:
das Buch	book	Ich packe ein **Li**____ ein.
der Ordner	file	Ich packe ein Lineal und eine **Sche**_____ ein.
das Federmäppchen	pencil case	Ich packe ein Lineal, eine Schere und einen **Rad**_____ ein.
das Lineal	ruler	Ich packe meine **Schulta**_____:
die Schere	scissors	Ich packe ein Federmäppchen und zwei **Bü**____**er** ein.
der Radiergummi	AE eraser, BE rubber	Ich packe ein Federmäppchen, zwei Bücher und einen **Ord**___ ein.

Schule früher und heute

früher	in the past	Unser **al**__**es** Schulhaus wurde vor kurzem abgerissen.
alt (älter, am ältesten)	old	Da bin ich **fr**_____ zur Schule gegangen.
langweilig	boring	Ich fand den Unterricht ziemlich **lan**_____.
heute	today	**He**____ steht dort ein Neubau.
neu	new, re-	Das Ganze sieht jetzt viel **bu**___**er** aus.
modern	modern	Die Schulzimmer sind **n**___ eingerichtet.
bunt	AE colorful, BE colourful	Das nennt man wohl „**mod**_____ Pädagogik".

locker	relaxed	Die Deutschstunden finde ich besonders **sp**_____.
lustig sein	be fun	Es geht ganz **lo**____ zu. Ich bin immer **neu**_____, was
komisch	funny	wir in der nächsten Stunde machen. Gruppenarbeit **ist**
aktiv	active(ly)	besonders **lu**____. Da sind alle **ak**___, und es wird viel
neugierig	curious(ly)	geredet. Die Lehrerin schaut dann nur **aufm**_____ zu,
aufmerksam	attentive(ly)	und wir arbeiten. Mir gefällt dieser Unterricht, aber der
spannend	exciting	Direktor findet es ein bißchen **ko**_____.

gelernt _____   1. Wiederholung _____   2. Wiederholung _____

Schule früher und heute

still	still, quiet(ly)	Viele Kinder haben Angst vor schlechten Noten und **Str___n**. Disziplin wird oft mit einem **er_____n** Gesicht verwechselt. Früher mußte man in der Schule lernen, **st____** zu sitzen. Die Lehrer waren **str____**. Angst macht **pa_____**. Hattest du früher auch so eine **An___** vor den Lehrern? Zum Glück ist heute die **Er_____** viel freier geworden.
passiv	passive(ly)	
die Angst	fear	
ernst	serious(ly)	
die Erziehung (Sg.)	education	
streng	strict(ly)	
die Strafe	punishment	

Schulbücher, Stundenplan und Fächer

die Schule	school	Wie viele Schüler sind in deiner **Kl_____**?
die Klasse	AE grade, BE class	Morgen schreiben wir eine **Klassen_____**. Und ihr?
der Unterricht (Sg.)	lessons	Machst du gerne **Haus_____en**?
der Stundenplan	AE schedule, BE timetable	Gehst du gern zur **Sch____**?
das Fach	subject	Wieviel **Unt_____** hast du in der Woche?
die Hausaufgabe	homework	Was ist dein **Lieblingsf____**?
die Klassenarbeit	test	Wie sieht dein **St_____plan** aus?

die Philosophie (Sg.)	philosophy	Der Gegenstand der **Gesch_____** ist die Vergangenheit. So versucht man, die Gegenwart zu verstehen und zu **erkl___**. Die **Phil____** beschäftigt sich mit Problemen der Wahrheit. Da **de__t** man zum Beispiel **über** Leben und Tod **nach**. In der **Psy_____** geht es um Menschenkenntnis. Da **ana_____t** man etwa persönliche Schwierigkeiten. **Päd_____** ist die Wissenschaft von der Erziehung. Da **dis_____t** man viel **über** Probleme in der Familie.
nachdenken (über)	think (about)	
die Psychologie (Sg.)	psychology	
analysieren	AE analyze, BE analyse	
die Pädagogik (Sg.)	education	
diskutieren (über)	discuss	
die Geschichte (Sg.)	history	
erklären	explain	

die Soziologie (Sg.)	sociology	Das Fach **Mu_____** mag ich besonders: Ich spiele Klavier und **si__e** auch gerne. In **Sp____** habe ich eine gute Note. Wir **tu____** aber leider nur zwei Stunden pro Woche. In **Soz____unde** lernen wir etwas über Psychologie und **Soz_____ie**. In diesen Stunden können wir viel **über** uns **erzä_____**. Im Fach Religion diskutieren wir über die verschiedenen **Rel_____en**. Es ist interessant: Alle fordern, man soll fremden und armen Menschen **hel_____**.
die Sozialkunde (Sg.)	social studies	
erzählen (über)	tell (about)	
die Religion	religion	
helfen	help	
die Musik (Sg.)	music	
singen	sing	
der Sport (Sg.)	sports	
turnen	do gymnastics	

die Religion (A, CH, D), die Bibelkunde (CH), die Religionslehre (D)
der Sport / die Leibeserziehung (D), die Leibesübungen (A), der Sport / das Turnen (CH)
die Geographie (A, CH, D), die Erdkunde (D)

9

Schulbücher, Stundenplan und Fächer

rechnen	calculate	In Forschung und **Wis**_____ werden immer wieder neue
die Mathematik (Sg.)	mathematics	Dinge **entd**____**t**. In der **Bio**_____ wird im Bereich der
entdecken	discover	Genmanipulation geforscht. In der Atom**phy**____ werden
die Geographie (Sg.)	geography	sehr gefährliche **Ver**____**e** gemacht. Aber: Die schwersten
die Physik (Sg.)	physics	Unfälle geschehen in der **Che**____industrie. Die
die Chemie (Sg.)	chemistry	**Geo**_____ beschäftigt sich heute auch mit Umwelt-
die Biologie (Sg.)	biology	problemen. Nur die **Math**_____ gilt als reine
der Versuch	experiment	Wissenschaft. Hier wird einfach nur **ger**_____**t** und
die Wissenschaft	science	nachgedacht.

Schulerfahrungen

spielen	play	Mit fünf Jahren bin ich in den **Kin**_____ gegangen.
der Kindergarten	kindergarten	Nach zwei Jahren bin ich in die **Grund**_____ eingetreten.
die Grundschule	AE elementary school,	Da war es vorbei mit dem **Spie**____!
	BE primary school	Mit sechzehn habe ich dann eine **Le**___ angefangen und
die Ausbildung	training	eine **Ausb**_____ als Kauffrau gemacht. Später habe ich
die Lehre	apprenticeship	in einer Transportfirma **gear**_____**t**. Und ich habe ein
das Praktikum,	practical training	sechs Monate langes **Prak**_____ im Ausland gemacht.
die Praktika		
arbeiten	work	

das Gymnasium,	AE high school,	Ich wollte schon als Kind Medizin **stu**_____. Dazu
die Gymnasien	BE grammar school	mußte ich zuerst neun Jahre aufs **Gym**_____ gehen.
das Abitur (mst. Sg.)	AE high-school diploma,	Schließlich habe ich das **Ab**____ mit der Note 2,0
	BE A-levels	gemacht. Ich hatte dann aber keine Lust, mich an der
studieren	study	**Uni**____ einzuschreiben. So besuchte ich Kurse an der
das Studium, die Studien	course of studies	**Hoch**_____ der schönen Künste. Ich habe im Fach
die Hochschule	university, college	Kunstgeschichte mit Diplom **abge**_____**en**. Das
die Universität	university	**Stu**_____ war sehr frei. Das hat mir gut gefallen.
abschließen	graduate	

das Abitur (D), die Matura (A), die Matur / die Matura / die Maturität (CH)

der Student, die -in	student	In jedem **Se**_____ muß eine Arbeit geschrieben werden.
das Semester	semester	Dabei kann ein persönliches **Spe**_____ gewählt werden.
das Spezialgebiet	special field	In der mündlichen Prüfung muß ein kurzer **Vor**___ gehalten
das Thema, die Themen	subject	werden. Es wird erwartet, daß man die Forschungsergeb-
der Vortrag	talk	nisse **zusammenf**_____**t**. Der **Stu**____ oder die **Stu**_____**in**
zusammenfassen	summarize	kann sich auf das **Th**_____ der Prüfung vorbereiten.

die Volkshochschule (VHS)	adult evening classes	● Ich habe schon **an** vielen Kursen **teilge**_____**n**. Und du?
das Goethe-Institut (GI)	Goethe Institute	○ Ich war schon dreimal am **Goe**_____.
der Kurs	course	● Ich habe mich jetzt an der **Volks**_____
besuchen	attend	eingeschrieben.
der Teilnehmer, die -in	participant	○ Was ist das für ein **Ku**___?
teilnehmen (an)	attend	● Ich **bes**____**e** den Vorbereitungskurs auf das Zertifikat.
international	international(ly)	○ Und wie sind die **Tei**_____**r** und die **Teil**_____**innen**?
		● Sympathisch. Wir sind eine ziemlich **int**_____**e** Gruppe.

gelernt _____   1. Wiederholung _____   2. Wiederholung _____

Noten und Prüfungen

die Prüfung	examination	Meine nächste **Pr**_____ habe ich in einem Monat. Ich
(sich) vorbereiten (auf)	prepare (for)	habe sie beim erstenmal nicht **best**____**en**. Jetzt muß ich
die Anmeldung	registration	die Prüfung noch einmal **wied**_____. Die Lehrerin hat
(sich) anmelden (für)	register (for)	mich zwar fair **gepr**____**t**. Ich hatte **mich** damals aber nur
prüfen	test	eine Woche lang **vorber**_____**t**.
bestehen	pass	Oje, ich muß **mich** noch **für** die Prüfung **anm**_____!
wiederholen	take again, repeat	Morgen ist ja der letzte Termin für die **Anm**_____.

der Abschluß	certificate, qualification	Es **lo**____**t sich** fast immer, gute Zeugnisse zu haben.
das Zeugnis	AE report card, BE school report	Denn ohne **Absch**____ findet man heute kaum eine Stelle. Aber das **Schulzeu**_____ zählt heute weniger als früher.
bekommen	get	Man sollte für jeden Kurs am Ende eine Kursbestätigung
das Zertifikat	certificate	**bek**_____. Am Schluß kann man dann die Prüfung zum
die Mittelstufenprüfung	intermediate exam	**Zer**_____ „Deutsch als Fremdsprache" oder die
sich lohnen	be worthwhile	**Mittelstufenprü**_____ ablegen.

die Note	AE grade, BE mark	
ausgezeichnet / sehr gut	excellent, very good	
gut (besser, am besten)	good	
befriedigend	satisfactory	
genügend / ausreichend	sufficient	
ungenügend	unsatisfactory	
schlecht	unsatisfactory	
mangelhaft	bad, poor	

die Pause	AE recess, BE break	In Deutschland dauern die **Sommerfer**____ etwa sieben
das Ende (Sg.)	end	Wochen. In Österreich **ha**___ die Schüler(innen) im Winter
aussein	end	eine Woche **frei**. In der Schweiz **ist** die Schule am
anfangen	begin	Nachmittag erst um vier Uhr **a**___. Die **Pa**____ ist das
die Ferien (Pl.)	holidays	Schönste an der Schule. Die Ferien bedeuten das **En**___
freihaben	have off	der Leiden. Dann **fä**___**t** das Vergnügen **an**.

der Schüler, die -in	AE student, BE pupil, schoolboy/-girl	**Pa**___ doch **auf**, du Trottel!!! Die **Sch**_____ sind und bleiben eben dumm!
sich hinsetzen	sit down	**Ant**_____ Sie in einem ganzen Satz!
aufpassen	be careful	Ihr könnt **euch hins**_____!
antworten (auf)	answer	Du **st**____**st** die Klasse mit deinen dummen Fragen!
protestieren (gegen)	protest (against)	Wir **prot**_____ **gegen** diesen Unterricht!
stören	disturb	

gelernt _____   1. Wiederholung _____   2. Wiederholung _____

Noten und Prüfungen

der Lehrer, die -in	teacher	• Entschuldigung, ich habe **mich** etwas **versp**_____**t**.
sich verspäten	be late	○ Eigentlich sollte ich jetzt **schi**_____.
unterrichten	teach	• Wollen Sie mich für die Verspätung **bestr**_____?
(sich) anstrengen	make an effort, try	○ Dafür kann ich dich auf jeden Fall nicht **lo**____.
schimpfen	scold	• Ich **str**_____**e** mich wirklich **an**, pünktlich zu sein.
bestrafen	punish	*(ganz leise)*: Wenn die **Le**____ arbeiten, wenn sie also
loben	praise	**unt**_____, soll man sie nicht stören: Besser gar nicht kommen, als zu spät...

pünktlich	punctual(ly)	• Was heißen die Wörter *pünktlich* und *zuverlässig* **ge**___?
zuverlässig	reliable/-ly	○ Wenn jemand zur rechten Zeit kommt, ist er **pü**_____.
genau	exact(ly)	Und wenn man sich auf jemanden verlassen kann, ist er **zuver**_____.
die Regel	rule	• Können Sie mir die **Re**____ noch einmal erklären?

brav	good	Kennst du das Buch „Dick und **du**___" von Rosemarie
faul	lazy	Burri? Es ist ein **kri**_____**es** Buch über die Erziehung in
dumm (dümmer, am dümmsten)	stupid, foolish	ihrer Jugend. Sie war ein **br**__**es** Mädchen, das viel arbeiten mußte. Viele Leute sagten damals, sie sei **fa**___. Aber sie
intelligent	intelligent	war nur sehr still. Mit den Jahren wurde sie immer
klug (klüger, am klügsten)	clever	**selbst**_____**er**. Die meisten Leute waren überrascht, wie
kritisch	critical(ly)	**kl**__ sie eigentlich war. Daß sie **int**_____ und nicht
selbständig	independent(ly)	etwa dumm ist, beweist ihr Buch.

der Fehler	error	Wenn man sich richtig entspannt, kann man **sich** besser
falsch	wrong	**konz**____. Wenn man lernen will, muß man **Feh**____
sich irren	be wrong	machen. Wenn man **sich verbe**____ will, muß man Neues
(sich) konzentrieren	concentrate	ausprobieren. Wenn Leute sagen: „Ich **ir**___ **mich** nie",
(sich) verbessern	improve	lernen sie nicht mehr. Wenn man etwas **fal**___ macht, ist das eine Chance - auch für die anderen.

lernen	learn	Wenn ich Wörter **le**___, **pro**____ ich immer wieder etwas
probieren	try	anderes aus. Ich **er**_____ **mich** dann leichter **an** das
versuchen	try	Gelernte. Das Wichtigste für mich ist, daß ich **vers**_____,
(sich etw.) merken	remember (sth.)	die Wörter im Gespräch oder beim Schreiben anzuwenden.
(sich) erinnern (an j-n/etw.)	remember (sb./sth.)	Ich **me**____ **mir** so die Wörter am besten. Und Sie?

gelernt _____   1. Wiederholung _____   2. Wiederholung _____

10 Sprachen, Länder, Lernen

Sprache, schriftlich und mündlich

die Sprache	language	Von den intelligenten Tieren unterscheiden sich die
sprechen	speak	Menschen vor allem durch die **Schr____t**: die Fähigkeit,
die Stimme	voice	alle Informationen **schr_____ch** festzuhalten, Texte zu
hören	hear	**schr____en** und geschriebene Sprache zu **le____**. Denn
mündlich	oral(ly)	auch Affen oder Delphine haben ihre eigenen **Spr____n**:
schreiben	write	Sie „**spr_____**" Laute und „Wörter" mit ihrer **St_____**;
die Schrift	writing	und diese **mü_____en** Mitteilungen werden von anderen
schriftlich	in writing	Affen bzw. Delphinen **geh____t** und verstanden.
lesen	read	

sagen	say	Ein typisches Kennzeichen mündlicher Sprache sind die
das Gespräch	conversation	regionalen **Dia____e**. Besonders im persönlichen
reden	speak, talk	**Gesp_____** ist das, was man **s__t** oder **erz____t**, oft vom
die Rede	speech	Dialekt „gefärbt". Aber schon bei längeren **Erz_____en**
erzählen	tell	tendiert man mehr zum „Standarddeutschen". Und wer
die Erzählung	story	öffentliche **Re___n** hält, **re____t** meist nicht im Dialekt.
der Dialekt	dialect	

der Laut	sound	„Was unterscheidet denn unsere Sprache von gewöhnlichem
die Silbe	syllable	**Lä____**? Vor allem: Wir sprechen in **Sä____en**, die eine
das Wort	word	Bedeutung haben und diese mitteilen. Sätze bestehen aus
der Satz	sentence	sinnvollen **W____ern**, die aus **Si____n** aufgebaut sind.
aussprechen	pronounce	Jede Silbe enthält einen oder mehrere **L____e**, die nach
die Aussprache (Sg.)	pronunciation	festen Regeln **ausgespro_____** werden. Neben der reinen
leise	soft(ly), quiet(ly)	**Ausspr_____** gibt es auch soziale Regeln, z. B. dafür, wann
laut (am lautesten)	loud(ly)	man etwas **l__ter** oder **l__ser** spricht. ..."
der Lärm (Sg.)	noise	

der Buchstabe	letter	• Verzeihung, lesen Sie manchmal ein **Bu____**?
die Rechtschreibung (Sg.)	spelling	○ Äh, ja, ich hole mir Bücher aus der **Bi_____k**.
groß (größer, am größten)	(here) with capital letter	• Schreiben Sie auch mal längere **Te____e**?
klein	(here) with small letter	○ Nein! Aber ich lese täglich große **Abschn____e**.
der Text	text	• Und wie sicher sind Sie in der **Re_____ung**?
der Abschnitt	section, paragraph	○ Na ja, die richtigen **Bu_____en** weiß ich schon.
das Buch	book	Aber ob etwas **gr___** oder **kl___** geschrieben wird -
die Bibliothek	library	das weiß ich nie!

der Wortschatz (mst. Sg.)	vocabulary	„Mir sind gute **Deu_____e** sehr wichtig! Und
die Wortart	part of speech	dazu **geh___t** für mich vor allem ein ausreichender
gehören (zu)	belong (to)	**W_____schatz**. Man muß entweder wissen, was die
die Wortfamilie	word family	häufigen Wörter alles **bed_____**, oder die richtige
bedeuten	mean	**Bed_____** schnell im **Wö_____** finden. Wichtig
die Bedeutung	meaning	ist auch, daß man **Worta____en** wie Nomen und Verb sicher
das Wörterbuch	dictionary	unterscheiden kann. Das lernt man gut an **Wortf_____n**
die Deutschkenntnisse (Pl.)	knowledge of German	wie *schreiben - Schrift - schriftlich*."

Unbekannte Wörter

kennen	know	*Rätsel:* Wie heißt das **unbe_____e** Wort?
bekannt (am bekanntesten)	well-known	1. Man braucht drei verschiedene Buchstaben, um es zu
unbekannt	unknown	**buchst_____**. 2. Es lautet ähnlich wie ein sehr
heißen	be (called)	**bek_____es** Spiel. 3. Viele Leute **ke_____** es in der
nochmal	again	Bedeutung „Notiz". 4. Man kann mit einer solchen kurzen
buchstabieren	spell	Notiz auch gut etwas **erkl_____**. 5. Es hat viel mit
erklären	explain	„Gedächtnis" zu tun. 6. Man **verst___t** es fast überall,
übersetzen	translate	ohne es zu **übers_____**. 7. Lesen Sie die Sätze
verstehen	understand	1 - 6 **no_____**, dann wissen Sie das Wort sicher.
		Das gesuchte Wort **h____t**: M__ __ __.

fragen	ask	*Tips fürs Lesen schwieriger Texte:*
nachschlagen	look up	1. Wenn Sie etwas nicht verstehen: **wei_____en**!
suchen	look for	2. Gleich **mar_____**, was Sie **err_____** haben!
erschließen	infer, work out	3. Zentrale Wörter in jedem Satz **su_____** und aus dem
der Zusammenhang	context	Text**zus_____hang erschl_____**!
erraten	guess	4. Nach dem ersten Lesen **No_____en** über Fragen und
weiterlesen	read on	Vermutungen machen; Partner(in) **fr_____**!
markieren	mark	5. Nur solche Wörter/Ausdrücke, die Sie jetzt noch nicht
notieren	note	verstehen, im Wörterbuch **nach_____**!
die Notiz	note	6. Wichtige Wörter und Ausdrücke **no_____en**!

Fremdsprachen, Länder, Nationalitäten

die Fremdsprache	foreign language	Sehr viele Europäer sprechen **Eng_____** als erste
Englisch, englisch	English	**Fre_____**. Aber wußten Sie, daß **Ru_____** die
Französisch, französisch	French	Fremdsprache Nr. 2 in Europa ist? Erst danach kommt
Italienisch, italienisch	Italian	Deutsch, das die meisten Österreicher und Deutschen sowie
Spanisch, spanisch	Spanish	viele Schweizer als **Mu_____sprache** sprechen. Fast
Russisch, russisch	Russian	gleich viele Leute lernen Deutsch und **Fra_____**.
Polnisch, polnisch	Polish	Schon etwas weniger Lerner gibt es, die **It_____** oder
Ungarisch, ungarisch	Hungarian	**Sp_____** studieren. Die **po_____e** und die
die Muttersprache	mother tongue	**un_____e** Sprache werden noch nicht so häufig gelernt.

Deutsch, deutsch	German	Im Zentrum Europas liegen drei **Lä____er** mit
Schweizerdeutsch, schweizerdeutsch	Swiss German	überwiegend **deu_____iger** Bevölkerung:
deutschsprachig	German-speaking	1. **Die Sch_____** mit ca. 6,5 Millionen Einwohner; davon sprechen ca. 75% **Schw_____sch**.
Deutschland (D)	Germany	2. Die Republik **Öst_____** (ca. 8 Mio. Einwohner);
Österreich (A)	Austria	die meisten Österreicher(innen) sprechen **D_____**.
die Schweiz (CH)	Switzerland	3. Die Bundesrepublik **Deu_____d** hat etwa 80 Mio.
das Land	country	Einwohner; die meisten davon sind deutschsprachig.

gelernt _____   1. Wiederholung _____   2. Wiederholung _____

10

Fremdsprachen, Länder, Nationalitäten

die Nationalität	nationality	Es hängt nicht von der Muttersprache ab, welche
der/die Deutsche	German	**Na**_____**tät** man hat: Zahlreiche **Schw**_____
deutsch	German	sprechen Französisch, Rätoromanisch oder Italienisch und
der Österreicher, die -in	Austrian	sind doch **schw**_____**ische** Staatsbürger. Oder: Auch
österreichisch	Austrian	slowenische **Ös**_____**er(innen)** sind natürlich
der Schweizer, die -in	Swiss (person)	**öst**_____**er** Nationalität. Auch die **deu**____**en** Sorben
schweizerisch	Swiss	und Dänen bezeichnen sich als **Deu**_____.

können	*(here)* speak	● Wie gut **kö**_____ Sie Deutsch?
kaum	hardly	○ Ich kann deutsche Zeitungen **ga**___ gut lesen, aber
ein bißchen	a little, a bit	**k**_____ deutsch sprechen.
etwas	a little, somewhat	■ Ich kann **fl**_____ Schweizerdeutsch reden, aber nur
ganz	quite	**ein bi**_____ lesen und **et**_____ schreiben.
fließend	fluent(ly)	□ Ich kann schon ganz **per**_____ Deutsch - manchmal,
perfekt (am perfektesten)	perfect(ly)	wenn ich vom Deutschkurs träume.

Wörter und Ausdrücke

das Examen	exam	„Ich rate Ihnen, sich ab jetzt täglich und systematisch auf
der Test	test	das **Ex**_____ vorzubereiten. Für den **Te**___ selbst gebe ich
der Schritt	step	Ihnen einige **T**___**s**: Zuerst alle **Aufg**_____**n** still
die Frage	question	durchlesen, dann erst damit beginnen, diese Schritt für
die Antwort	answer	**Schr**____ zu **lö**_____. Denken Sie dran: Es gibt immer nur
antworten (auf)	answer	eine richtige **Lö**_____, die Sie markieren sollen! Und **auf**
die Aufgabe	question, problem	die schriftlichen **Fr**_____**n** sollten Sie immer nur mit einem
der Tip	tip	Satz in der leeren Schreibzeile **ant**_____. Lesen Sie alle
lösen	solve	Ihre **Ant**_____**en** am Ende nochmal in Ruhe durch!"
die Lösung	solution	

begreifen	understand	„Zur Zeit **begr**_____**e** ich im Deutschkurs fast nichts.
wissen	know	Unser Lehrer spricht nur Deutsch, deshalb **bin** ich oft
sicher (sein)	(be) sure	**uns**_____, was er meint. Als er mich gestern etwas fragte,
unsicher (sein)	(be) not sure	**war** ich ganz **durch**_____: Ich wußte nicht, worum es
durcheinander (sein)	(be) confused	**sich ha**_____**te**! Ich müßte mehr **wi**____! Ich **verm**___**e**,
die Möglichkeit	possibility	nein, eigentlich **bin** ich ganz **si**_____, daß es eine
vermuten	imagine, expect	**Mög**_____ gibt: viel mehr Deutsch lesen und hören,
sich handeln um	be about	oft Wortschatz wiederholen ..."

der Ausdruck	expression	● Frau Schulz, **st**____**t** denn der **Aus**_____:
passen	be right	'Ich denke über ein Problem'?
stimmen	be right	○ Das ist beinahe **ri**_____: Man denkt über ein
richtig	right	Problem <u>nach</u>. Der **pa**_____**de** Ausdruck ist
falsch	wrong	hier also 'nachdenken über etwas'.
recht haben	be right	■ Siehst du, John, ich hab' **re**____ **geh**___**t**:
		'denken über' ist hier einfach **fa**_____!

10

Wörter und Ausdrücke

leicht	easy	„Der Deutschtest war ja ganz schön **sch____ig** heute!" -
einfach	simple	„Nee, ich hab's ganz **l____** gefunden." - „Doch, die
schwer	hard	Grammatikaufgaben waren sehr **schw___**!" - „Ich finde: Es
schwierig	difficult	gab keine großen **Schwie____ten**, alles war ziemlich
die Schwierigkeit	difficulty	**ein____**."

doof	stupid	*Reaktionen auf einen Lehrbuchtext:*
blöd(e)	stupid	„Der Text über Tests enhält **inter_____e** Infos: Ich find'
verdammt	damn(ed), bloody	ihn nicht **bl____**." - „Also, für mich ist diese Geschichte
langweilig	boring	**verd____ lang_____**!" - „Mir ist es **eg___**, was in
etw. ist (j-m) egal	(sb.) doesn't care about sth.	so einem total **do__en** Text steht. Daraus kann ich sowieso
interessant	interesting	nichts lernen!"
(am interessantesten)		

Sinn haben	make sense	*Schimpfen auf deutsch: harte Ausdrücke*
sinnlos	meaningless	Was du sagst, ist völliger **Qu____**!
der Unsinn (Sg.)	nonsense	Das Schimpfen hat doch keinen **S___**!
der Quatsch (Sg.)	AE trash, BE rubbish	Ach du große **Sch____**! Mein Buch ist weg!
Mist!	bother!, damn!	Du redest heute kompletten **Uns___**!
Scheiße!	shit!	Verdammter **M___**! Ich versteh' gar nichts!
		Es ist völlig **sinnl___**, mit dir zu diskutieren.

Gedächtnis und Lernen

das Gedächtnis (Sg.)	memory	● Kennst du das auch? Ich habe einen Satz genau im
das Interesse (Sg.)	interest	**Ged_____ beh____en**. Aber an den Sprecher kann
interessieren	interest	ich **mich** nicht **eri_____**!
aufmerksam	aware	○ Ja, geht mir auch so. Man **me__t** sich eben nur, was
die Aufmerksamkeit (Sg.)	attention	einen echt **inter____t**. Du wirst auf eine bestimmte
(sich etw.) merken	remember sth.	Sache **aufm_____**; und nur dieses starke **I____esse**
behalten	keep, remember	erklärt, warum du später eine klare **Er_____ung** daran
(sich) erinnern (an)	remember	hast.
die Erinnerung	memory	● Meinst du, unser ganzes **Wi____** besteht aus solchen
das Wissen (Sg.)	knowledge	„interessanten" Erinnerungen?
		○ Ja, Lernen setzt persönliche **Auf_____keit** voraus.

vergessen	forget	Cvetka war im Deutschunterricht aus **Lang_____** schon
die Langeweile (Sg.)	boredom	fast eingeschlafen: Man sprach über den **Un_____**
verwechseln	mix up	**zwi_____** dem Perfekt und dem Präteritum! Alle Schüler
unterscheiden	distinguish	**verw____ten** diese zwei Tempusformen - nur ihr Lehrer
der Unterschied	difference	konnte sie **unter_____**. Plötzlich **fiel** Cvetka mit
zwischen	between	großem Schrecken **e___**, daß sie **verg_____** hatte, ihre
einfallen	occur	Hausaufgaben in Mathematik zu machen!

gelernt _____   1. Wiederholung _____   2. Wiederholung _____   65

10 Gedächtnis und Lernen

lernen	learn	Welche Tips für **Ler**_____ finden Sie nützlich?
der Lerner, die -in	learner	❏ Man muß den **we**_____**lichen Inh**_____ eines fremden
der Stoff (Sg.)	material	Textes verstehen, nicht jedes Detail.
neu	new	❏ Man sollte nie zuviel **St**____ auf einmal **le**____,
die Information	information	weil man sonst nur wenig davon behält.
(sich) informieren	find out	❏ Lernen heißt: **n**___**e**, interessante **Inf**_____**ionen**
konkret	concrete	sammeln und passend ins Wissen einordnen.
der Inhalt (mst. Sg.)	content	❏ **Info**_____**en** Sie sich gleich zu Beginn des
wesentlich	essential	Sprachkurses genau über die **kon**_____**en** Lernziele. …

die Methode	method	❏ Um **Lü**____**n** im Wortschatz zu schließen, ist tägliche
die Übung	practice	**Üb**____ die beste **Me**____**e**.
üben	AE practice, BE practise	❏ Viel **Pr**_____ im Hören und Lesen führt auch zur
die Praxis (Sg.)	practice	**Verb**_____**ung** der Leistung im Sprechen und
wiederholen	repeat	Schreiben.
die Lücke	gap	❏ Zwei Lernschritte sollten sich immer abwechseln: Neues
die Verbesserung	improvement	**ü**____ und Altes **wie**_____**en**.

der Kurs	course	„Die erste Stunde im Deutsch**k**__**s** war furchtbar: Wir saßen
der Kreis	circle	im **Kr**_____, ich kannte niemanden in der **Gr**_____! Ich
die Gruppe	group	hatte vorher nur zu Hause im **Selbst**_____ gelernt -
der Partner, die -in	partner	und jetzt sollte ich gleich ein Interview mit einer
der Selbstunterricht (Sg.)	self-study	**Pa**_____ machen! …"

das Thema, die Themen	subject	Wenn Sie einen **Vort**____ vor Publikum **ha**_____ müssen,
das Stichwort	key word	helfen Ihnen bei der Vorbereitung kleine **Ze**____ oder
wichtig	important	Karteikarten. Auf diese schreiben Sie alle **St**____**wörter**,
ordnen	arrange	die Ihnen zum **Th**____ einfallen. Es ist dann ganz leicht,
die Reihenfolge	sequence	diese Zettel so zu **ord**____, daß sie eine sinnvolle
der Zettel	slip of paper	**Rei**_____ für die Rede ergeben.
der Vortrag	talk, lecture	Dazu ein psychologischer Tip: Bringen Sie Ihre
halten	(here) give	**wi**_____**sten** Punkte erst gegen Ende des Vortrages! …

langsam	slow(ly)	Sprechen Sie lieber **la**_____ und etwas zu **deu**____.
deutlich	clear(ly)	Formulieren Sie möglichst **ge**____ das, was Sie meinen.
genau (am genauesten)	exact(ly)	Dann können die Leute, die Ihnen **zuh**____, Ihre
zuhören	listen to	Aussagen kritisch mit den eigenen Meinungen
vergleichen	compare	**vergl**_____. Und wenn Sie sich einmal versprechen:
korrigieren	correct	**Kor**_____ Sie sich nicht - das Publikum versteht schon, was Sie sagen wollten!

gelernt _____   1. Wiederholung _____   2. Wiederholung _____

Beruf und Arbeit

Berufe und Arbeitsmittel

der Beruf	job, occupation, profession	„Stellen Sie sich vor, in meiner Familie gibt es nur
der Beamte, die Beamtin	civil servant	**Bea___e**. Der Vater ist im Staatsdienst; er ist **Po_____**.
der Lehrer, die -in	teacher	Die Mutter ist im Staatsdienst; sie ist **Le___in**. Der ältere
der Polizist, die -in	policeman/-woman	Bruder ist im Staatsdienst; er ist **So___**. Er hat viel
der Soldat, die -in	soldier	Freizeit und studiert auch **neb_____**. Sie können sich
arbeiten (als)	work (as)	denken, was für ein **Ber___** für mich vorgesehen war:
nebenbei	on the side	Lehrerin. Ich **arb___e** aber lieber **als Kellnerin**."

der Handwerker, die -in	craftsman/-woman	Die Berufe haben sich im 20. Jahrhundert sehr verändert.
(Arbeit) von Hand	(work done) by hand	Für manche **Ha_____er** gab es keine Arbeit mehr, andere
die Handarbeit	work done by hand	Berufe entstanden neu: für die Autos **Me_____**, für den
der Mechaniker, die -in	mechanic	höheren Standard in den Wohnungen **Inst_____e**. Heute
der Installateur, die -in	plumber, electrician	arbeiten etwa die **Bä___** zwar mit Maschinen, aber gutes
der Bäcker, die -in	baker	Brot braucht nach wie vor viel **Arbeit von H___**. Die Quali-
der Schuhmacher, die -in /	shoemaker	tät von **Handa_____** wird wieder mehr geschätzt: Es wurde
der Schuster, die -in		chic, sich beim **Schu_____** Schuhe machen zu lassen.

der Friseur, die Friseuse	hairdresser, barber	Immer mehr Berufe bieten Dienstleistungen an. Man läßt
der Wirt, die -in	landlord/-lady, innkeeper	sich vom **Fri___r** oder der **Fri___se** die Haare schneiden.
die Kellnerin	waitress	Auswärts Übernachten und Essen bieten die **Wi___e** an;
der Kellner / der Ober	waiter	**Ke_____innen** beziehungsweise **Ke_ner** oder **O___**
der Taxifahrer, die -in	taxi driver	servieren das Essen. **Taxif_____** bringen ihre Fahrgäste von
der Vertreter, die -in	salesman/-woman	einem Ort zum anderen. **Vertr_____** verkaufen verschie-
		dene Dinge, von Versicherungen bis zu allerlei Produkten.

der Friseur / die Friseuse / die Friseurin (A, D), der Coiffeur / die Coiffeuse (CH)
die Kellnerin (D, A), die Serviertochter (CH)

der Arzt, die Ärztin	doctor	Nicht alle Berufe, in denen man viel verdient, haben ein
der Rechtsanwalt,	lawyer	gleich hohes Ansehen. Nach Meinungsumfragen hat ein
die Rechtsanwältin		**Ar__** ein doppelt so hohes Ansehen wie ein **Ing_____**
der Ingenieur, die -in	engineer	oder **Rechtsa_____**. Das schlechteste Ansehen haben
der Journalist, die -in	journalist	**Jour_____en** und **Ma___**, besonders Wohnungsmakler.
der Makler, die -in	broker, (real) estate agent	

das Arbeitsmittel	tool	„Das wichtigste **Arb_____tel** für einen Installateur ist
das Werkzeug	tool	eigentlich das Auto", erzählt Christian. „Wenn ich gerufen
das Zeug (Sg.)	stuff, things	werde, weiß ich nie, wo das Problem liegt. Darum habe ich
der Apparat	device	so viel **Z___g** im Auto. Zum Messen brauche ich einige
das Instrument	instrument	**App_____e** und **tech_____e Inst_____e**, zum Arbeiten
technisch	technical(ly)	einige kleine Maschinen und viel **W____zeug**." ...

die Reparatur	repair	... „Ich habe auch immer die wichtigsten **Er___teile** und
das Ersatzteil	spare part	ein bißchen **Mat_____** mit. Das kann ich bei kleineren
das Material, die Materialien	materials	**Rep_____en** immer wieder gut **gebr_____**." Als er das
gebrauchen	use, make use of	sagte, zeigte er auf sein volles Auto.

gelernt _____   1. Wiederholung _____   2. Wiederholung _____

11

Arbeitsbedingungen und Arbeitsplatz

der Chef, die -in	boss	• Was gefällt dir an deiner Arbeit als Vertreterin?
der Kollege, die -in	colleague	○ Ich bin meine eigene **Ch__in** und zugleich meine eigene
der Sekretär, die -in	secretary	**Sek_____in**. Ich wollte nicht acht Stunden täglich im
bestimmen	fix	Büro sitzen und dort mit **Ko____innen** und **Ko____en**
allein	alone	**zus_____arbeiten**. Ich arbeite einfach viel lieber **all___**.
zusammenarbeiten	work together	• Kannst du deine Arbeitszeit immer selbst **best_____**?

der Arbeitgeber, die -in	employer	*Probleme für ältere Arbeitnehmer:*
der Arbeitnehmer, die -in	employee	Wenn ältere **Arb_____mer** ihren **Arb____platz** einmal
der Arbeitsplatz	job	**verl_____**, finden sie nur mehr schwer eine neue **St___**. Sie
die Stelle	job, position	bleiben oft bis zu ihrer Pension **arb____los**. Ein Vertreter
die Arbeit	work; AE labor, BE labour	der **Arb_____ber** erklärte dazu, dies sei nicht die Schuld
verlieren	lose	der Arbeitgeber, sondern die Schuld des Staates. Der Staat
arbeitslos	unemployed	erhöhe die Kosten für **Arb___** durch hohe Steuern.

der Job	job	„Der Job ist tot, es lebe die Arbeit!" Unter diesem Titel
der Halbtagsjob	part-time job	beschreibt ein Zeitungsartikel die künftige **Org_____tion**
die Teilzeitarbeit (Sg.)	part-time work	von Arbeit. Die industrielle Welt besteht nicht länger aus
die Organisation (Sg.)	organization	einzelnen **J__s** oder **Halbt_____s**. In Zukunft **geh___t** es
gleichmäßig	uniform(ly)	zur Qualifikation der Mitarbeiter, ihre Fähigkeiten selb-
einsetzen	use, employ	ständig **einzus_____**. Es gibt auch keine **glei_____ige**
gehören (zu)	belong (to)	Arbeitszeit mehr, **Teil____arbeit** wird immer aktueller.

der Traumjob	dream job	• Und, hast du schon Arbeit **gefu____**?
suchen	look for	○ Ja, endlich hat es **gekl____t**. Aber der **Tr_____** ist es
finden	find	nicht gerade geworden.
annehmen	accept	• Warum hast du die Stelle dann **angeno_____**?
etw. klappt	sth. works out	○ Ich habe so lange Arbeit **ges___t**. Jeden Tag habe ich alle
sich entschließen (für)	decide	Stellenanz_____n studiert. Mehr als zwanzigmal habe
die Anzeige	advertisement, ad	ich eine **Abs___** bekommen. Als endlich ein Angebot
die Absage	refusal	kam, habe ich **mich** sofort dafür **entschlo_____**.

die Erfahrung	experience	In den Stellenangeboten wird von Mitarbeitern immer
das Interesse (Sg.)	interest	wieder das gleiche **erw____et**: Sie sollen **Int_____** für die
wünschen	desire	Arbeit und möglichst viel **Erf_____** mitbringen. Sehr oft
erwarten	expect	werden bestimmte Kenntnisse, zum Beispiel in einer
verlangen	require	Fremdsprache, **gew_____t** oder auch **verl___t**. Für Büro-
notwendig	necessary	arbeiten ist fast immer Computer-Erfahrung **notw_____**.

verantwortlich	responsible	*Stellengesuch*
selbständig	independent(ly)	Chef-Sekretärin, 38, an **selb_____es** Arbeiten gewöhnt,
zuverlässig / verläßlich	reliable	Englisch und Russisch **per____**, gutes Auftreten, sehr
perfekt	perfect(ly)	**zuv_____** und **ord___lich**, sucht **verant_____e**
ordentlich	neat(ly), tidy/tidily	neue Aufgabe. Mit flexiblen Arbeitszeiten **einv_____**.
einverstanden	agreed	*Unter Chiffre w874311 an den Verlag.*

68   gelernt _____   1. Wiederholung _____   2. Wiederholung _____

11

Arbeitsbedingungen und Arbeitsplatz

der Mitarbeiter, die -in	employee	Wir ste____ neue Mita_____ und Mita_____innen
(sich) melden	report	für den Verkauf **ein**. Sie sind unter dreißig, gut ausgebildet,
die Bewerbung	application	dynamisch und erfahren. Sie **me**____ **sich** direkt in unserer
sich bewerben (um etw.)	apply (for sth.)	Personalabteilung oder **bew**_____ **sich** schriftlich bis 20.2.
betreffen	concern	Weitere Informationen, die Ihre **Bew**_____ **betr**_____,
einstellen	take on	erhalten Sie unter 0612 / 324 54 - 81 (Frau Schreiber)

das Schreiben	letter	*Richtig bewerben - aber wie?*
der Lebenslauf	curriculum vitae	• Zu einer Bewerbung gehören das Bewerbungs**schr**_____,
das Zeugnis	certificate, reference	ein **Leb**_____ (meistens ein tabellarischer Lebenslauf)
genau	exact(ly)	und Kopien der wichtigsten **Zeu**____**se**.
sich beziehen (auf)	refer (to)	• **Sich** im Schreiben **ge**____ **auf** die Anzeige **bez**_____.

der Termin	appointment	• Im Bewerbungsschreiben oder telefonisch um ein
die Vorstellung	interview	persönliches **Gesp**_____ bitten.
der Vorstellungstermin	time arranged for interview	• Einen **Te**_____ für eine persönliche **Vorst**_____
ausmachen	arrange	**ausm**_____.
das Gespräch	interview	• **Sich** auf das Bewerbungsgespräch **vorb**_____.
(sich) vorbereiten	prepare (oneself)	• Zum **Vorst**_____**termin pü**_____ und in gepflegter
pünktlich	punctual(ly)	Kleidung **ersch**_____.
erscheinen	turn up, arrive	*(Aus einem Merkzettel des Arbeitsamtes)*

die Tätigkeit	work	Welche **Ch**____**n** haben Sie in Ihrem Beruf? Gibt es an
die Aufgabe	task	Ihrer Arbeitsstelle viel **Kontr**_____ über die Mitarbeiter?
die Kontrolle	supervision	Können Sie **Einf**_____ nehmen auf Entscheidungen Ihrer
der Einfluß	influence	Chefs? Haben Sie eigene **Auf**_____**n**, für die Sie verant-
die Chance	prospect	wortlich sind? Sind Sie mit Ihrer **Tä**_____ zufrieden?

verdienen	earn	In welchen Berufen kann man in Ihrem Land am meisten
viel (mehr, am meisten)	a lot	**verd**_____? Und haben die Berufe, in denen man **v**____
durchschnittlich	(on) average	verdient, ein hohes Ansehen? Verdienen Frauen **we**____**er**
wenig	little, (here) less	als Männer? Wie hoch ist etwa ein **durch**_____**liches**
das Einkommen	income	**Eink**_____? Welche Berufe bringen ein hohes, welche nur
gering	low	ein **ger**____**es** Einkommen? In welchen Berufen verdient
das Trinkgeld	tip	man zwar wenig, kann aber viel **Tr**_____ bekommen?

der Tarifvertrag	wage agreement	Die Vertreter von Arbeitgebern und **Gew**____**schaft**
die Bedingung	condition	beschließen den **Tarifv**_____. Dieser **re**____**t** neben den
regeln	regulate	Mindesteinkommen auch die Arbeits**bed**_____**en**. Die
die Gewerkschaft	(AE labor / BE trade) union	Gewerkschaften **for**____ seit langem kürzere Arbeitszeiten,
fordern	demand	sie **käm**_____ aber nicht besonders energisch **dafür**. Nur
kämpfen (für/gegen)	struggle, fight (for/against)	wenn sie mit einem Angebot der Arbeitgeber überhaupt
der Streik	strike	nicht zufrieden sind, drohen sie mit einem **Str**____.

der Tarifvertrag (D), der Kollektivvertrag (A), der Gesamtarbeitsvertrag (CH)

gelernt _____ 1. Wiederholung _____ 2. Wiederholung _____   69

11

Arbeitsbedingungen und Arbeitsplatz

der Arbeitsvertrag	work contract	Die meisten Firmen **schl**____ mit ihren Mitarbeitern
der Vertrag	contract	einen schriftlichen **Ar**____**vertrag ab**. Darin werden alle
abschließen	make	**Re**___**e** und **Pfl**____**en** von Arbeitgeber und Arbeitnehmer
das Recht	right	geregelt. Wenn beide Seiten mit dem Arbeitsvertrag
die Pflicht	duty	einverstanden sind, **untersch**____ sie ihn. Wie jeder
die Unterschrift	signature	andere **Ver**____ auch wird er erst durch die
unterschreiben	sign	**Unt**_____**en** von beiden Vertragspartnern gültig.

der Betriebsrat	works council	In jedem größeren Betrieb gibt es einen **Betr**_____.
die Leitung (Sg.)	management	Die Mitglieder des Betriebsrates **vert**____ die Interessen
vertreten	represent	der Arbeitnehmer gegenüber der **Lei**____ des Betriebes.
die Schicht	shift	Der Betriebsrat kann mit der Betriebsleitung die Arbeits-
die Überstunde	hour of overtime	zeiten bestimmen, v. a. was **Schi**____**en** und **Überst**____**n**
der Urlaub	holiday(s)	betrifft. Wenn ein Arbeitnehmer **Schw**_____**en** hat,
die Schwierigkeit	difficulty	etwa mit dem **Url**____, dann sucht der Betriebsrat eine
kündigen	dismiss	Lösung. Er wird aktiv, wenn Mitarbeitern **gekü**____**t** wird.

das Werk	works	„Ich kann mich gut an den ersten Tag im **We**___ erinnern",
die Werkstatt	workshop	erzählt der Arbeiter Josef H. „Ich hatte vorher in einer
die Baustelle	building site	**Werkst**___ und auf großen **Bau**_____**n** gearbeitet. Ich war
der Lärm (Sg.)	noise	gewohnt, daß meine Arbeit schwer und **gef**_____ war.
laut	loud(ly)	Aber im Werk war es anders. Da war es so **lau**_, daß mich
die Gefahr	danger	der **Lä**__ fast verrückt machte. Und jede falsche Bewegung
die Lebensgefahr (Sg.)	danger (to life)	brachte einen in **Gef**____. Überall waren gelbe Schilder:
gefährlich	dangerous(ly)	'Vorsicht! **Leb**_____!' Ich habe mich daran gewöhnt."

Vorsicht!	Watch out!	**Ach**____, ein wichtiger Hinweis! Bitte **ach**___**n**
Achtung!	Caution!	Sie bei fremden Computerdisketten **auf** Viren. Wir haben
achten (auf)	watch out (for)	zuletzt wichtige Daten verloren, weil **sich** einige Kollegen
sich Mühe geben	take trouble	zu wenig **Mü**___ gegeben haben. Bitte **Vors**____! Danke.

die Gebrauchsanweisung	instructions for use	Zu Ihrer Information: Dieses Gerät wurde mehrfach geprüft
die Garantie	guarantee	und **funk**_____**te** einwandfrei. Darum geben wir drei Jahre
leisten	(here) provide, pay	**Ga**____**tie**. In dieser Zeit **lei**___**et** der Hersteller Ersatz für
der Fehler	fault	alle Material**fe**____ und **Schä**____, die bei normalem
der Schaden	damage	Gebrauch entstehen. Die Garantie entfällt, wenn das Gerät
beschädigen	damage	**besch**____**t** ist, weil die **Gebr**_____**anweisung** nicht
ganz	complete, intact	beachtet wurde. Prüfen Sie vor Inbetriebnahme, ob alle
funktionieren	work	Teile nach dem Transport **ga**___ sind.

die Sicherheit (Sg.)	safety	Hinweise für Ihre **Si**_____! Bitte beachten! Das Gerät
der Strom (Sg.)	electric power	darf nicht unter **St**____ stehen, wenn Sie es öffnen! Es
der Schalter	switch	genügt nicht, daß das Gerät **ausge**____**tet** ist! Sie könnten
einschalten	switch on	beim Arbeiten den **Scha**____ berühren und unbeabsichtigt
ausschalten	switch off	**einsch**_____. Wichtig: Immer zuerst den Stecker ziehen!

Ausbildung und Karriere

vorhaben	plan, intend	„Welche **Z___e** hast du in deinem Beruf und wie willst du
planen	plan	sie **err_____**?" hatte der Lehrer gefragt. „Wie soll ich das
geeignet (sein)	(be) suited	wissen? Wie kann ich als Schüler meine Zukunft **pl____**?
das Ziel	goal	Ich weiß nicht, was **gesch____** wird. Ich weiß nicht, was
erreichen	achieve	ich **vor____be**. Ich weiß nicht genau, wozu ich besonders
geschehen	happen	**geeig___** bin. Wie kann ich wissen, welche **Gel____heiten**
die Gelegenheit	opportunity	sich mir später **bie____**?" hatte ich dem Lehrer geantwortet.
(sich) bieten	occur, come up	Er war mit der Antwort nicht zufrieden.

beraten	advise	„Ohne Wissen keine **Entsch_____**":
(sich) informieren (über)	inform (oneself about)	- **Inf____re dich** genau **über** mehrere Berufe!
die Voraussetzung	requirement, condition	- Prüfe genau die nötigen **Voraus_____en**!
der Vorteil	advantage	- Mach dir ein klares Bild von den **Vort___en** und von
der Nachteil	disadvantage	den **Nacht___en** der verschiedenen Berufe!
der Vergleich	comparison	- Mach einen kritischen **Verg____** zwischen den Berufen.
die Entscheidung	decision	- Laß dich dabei von Fachleuten **ber____**!

die Stellung	position	Was ist oder wäre für Sie bei Ihrer Arbeit wichtig?
die Existenz (Sg.)	living	- Sie haben eine sichere **Exi_____**.
die Aussicht	prospect	- Sie haben gute **Auss_____en** auf eine hohe **St____ung**.
die Karriere	career	- Sie können eine hohe **Pen____** oder **Re____** erwarten.
die Zukunft (Sg.)	future	- Sie verdienen jetzt viel, auch wenn die **Zuk____**
die Pension	pension	nicht besonders gut aussieht.
die Rente	pension	- Sie können in Ihrem Beruf **Kar____** machen.

die Ausbildung	training	Für viele Berufe ist eine **Le___e** nötig. Die Lehre ist eine
die Lehre	apprenticeship	**Berufsausb____ung**. Der **L___ling** oder das **Lehr____chen**
der Lehrling	apprentice	wird nach einer Lehrzeit von drei bis vier Jahren **Ges____**
das Lehrmädchen	girl apprentice	oder mit einem anderen Wort **Fa_____ter**. Lehrlinge
der Geselle, die -in	journeyman	arbeiten vier Tage pro Woche im Betrieb und besuchen
der Facharbeiter, die -in	skilled worker	einen Tag die Berufsschule. Nach drei Jahren Praxis können
der Meister, die -in	master craftsman	Gesellen eine Prüfung machen. Dann sind sie **Mei____**.

der Lehrling (D, A, CH), der/die Auszubildende [Azubi] (nur D)
das Lehrmädchen (A, D), die Lehrtochter (CH)

eine Lehre machen	do an apprenticeship	*Aus einem Lebenslauf:* ... Nach der Pflichtschule habe ich
anfangen	begin	1987 im Hotel „Europa" mit der Kochlehre **angefa____**.
abschließen	AE graduate from, BE leave after passing final exam	Ab 1988 habe ich **gleichz____** die Kellner**lehre gem___t**. 1991 habe ich die Lehre und die **Ber____le** mit sehr
die Berufsschule	vocational school	gutem Erfolg **abgeschlo_____**. Die Zeugnisse liegen bei.
gleichzeitig	at the same time	

die Praxis (Sg.)	experience	„Wenn ihr nach der Bürofachschule nicht sofort eine gute
der Praktikant, die -in	trainee	Stelle findet, arbeitet **vorl____** als **Prak_____en**. Es ist
vorläufig	provisional(ly)	eine große **Hi___** bei Bewerbungen um gute Stellen, wenn
die Hilfe (Sg.)	help	man **Pra____** hat", sagte der Direktor am Schulschluß.

gelernt _____   1. Wiederholung _____   2. Wiederholung _____

12 Geld, Arbeit, Wirtschaft und Verwaltung

Wirtschaft und Arbeit

die Wirtschaft (Sg.)	economy	Bedeutend für die nationale **Ind**_____ der Schweiz
die Grundlage	basis	sind die Chemieindustrie, die Uhrenindustrie und der
der Sektor	sector	Maschinenbau. Das **Gew**____, wie Bäckereien und
die Landwirtschaft (Sg.)	agriculture	Metzgereien oder Schreiner und Maler, ist die
die Lebensmittel (Pl.)	food	**Gru**_____ der Schweizer **Wir**_____. Die meisten
die Industrie	industry	Leute arbeiten im sogenannten tertiären **Se**____, in
das Gewerbe (Sg.)	trade, craft	**Dien**_____betrieben wie Banken und Versicherungen.
die Dienstleistung (mst. Pl.)	service	Die **Lan**_____, die die **Leb**_____ produziert, hat
		in den letzten Jahren stark an Bedeutung verloren.

die Lage	situation	Ein paar Fragen zur **wir**_____**en La**__ eines Landes:
die Situation	situation	Welcher Wirtschaftssektor arbeitet mit **Gew**____?
wirtschaftlich	economic(ally)	Wo gibt es die größten **Ver**____e?
das Angebot	supply	Wie ist das **An**____ und wie die **Nach**____ für
die Nachfrage (Sg.)	demand	Lebensmittel?
die Ursache	reason, cause	Was sind die **Ur**_____n für die gute oder schlechte
der Gewinn	profit	**Sit**_____ auf dem Arbeitsmarkt?
der Verlust	loss	

der Betrieb	business, company	In der heutigen Zeit **hä**___**t** die Industrie oft **vom**
besitzen	own	**kom**_____**en** Erfolg von ein paar **Pro**___**ten ab**. Um die
das Eigentum (Sg.)	property, ownership	Mitarbeiter und Mitarbeiterinnen zu motivieren, können
verteilen	distribute, spread	sie sich am **Ei**_____ des **Bet**___s beteiligen. Damit wird
das Produkt	product	das wirtschaftliche Risiko auf mehrere Personen **vert**____.
kommerziell	commercial(ly)	Früher **b**__**aßen** ein paar wenige die Fabriken und Betriebe;
die Produktion	production	da konnte man noch sagen, wer die **Prod**____mittel in den
abhängen (von)	depend (on)	Händen hatte. Heute weiß man meistens nicht, wer das ist.

das Inland (Sg.)	at home	Die Firma Chemex **treibt Ha**____ mit chemischen Pro-
der Import	import	dukten. Sie importiert vor allem **W**__**en**, die im **In**____
das Ausland (Sg.)	abroad	zu Fertigprodukten verarbeitet und danach wieder
der Export	export	**w**___**weit** exportiert werden. Der **Im**____ ist kein Problem,
weltweit	worldwide	aber der **Ex**____ ist wegen der Konkurrenz im **Ausl**____
Handel treiben	trade	zurückgegangen. Die **Gesch**____e der Chemex sind stark
die Ware	product, goods	vom Weltmarkt abhängig.
das Geschäft	business	

das Problem	problem	Die Firma Expo hat in den letzten Jahren gut gearbeitet.
lösen	solve	Eine Frau **lei**___**t** seit zwei Jahren das Unternehmen. Sie
die Verantwortung (Sg.)	responsibility	arbeitet im Team und **l**__**t** die **Pro**___**e** gemeinsam mit den
übernehmen	take on	Mitarbeitern. Jeder muß **Veran**_____ **üb**_____ und
leiten	(here) run	kann viel selber **ent**_____. Die Kommunikation hat sich
entscheiden	decide	verbessert, da die wichtigsten Entscheidungen immer gleich
bekanntgeben	announce	**bek**____ **geg**____ werden. Dank des neuen Stils konnte
rationalisieren	rationalize, streamline	die Produktion und die Verwaltung **rat**_____**t** werden,
entlassen	dismiss	ohne daß Leute **entl**_____ werden mußten.

gelernt _____   1. Wiederholung _____   2. Wiederholung _____

12

Wirtschaft und Arbeit

das Einkommen	income	
verdienen	earn	
ankommen auf	depend on	
die Leistung	performance	
der Arbeiter, die -in	blue-collar worker	
der Lohn	wage(s)	
der/die Angestellte	(salaried) employee	
das Gehalt	salary	

„Mit meinem **Lo__** als Fabrikar_____in konnte ich früher mit den drei Kindern knapp zwei Wochen leben. Dann war das Geld weg. Die im Büro, die **Ang_____en**, lebten viel besser mit ihrem **Geh___**. Die machten sich die Hände nicht schmutzig und **verd___ten** mehr. Heute habe ich ein anständiges **Eink_____**, und der Chef hat schon gesagt, wenn die **Lei____** stimmt, dann gibt es nächstes Mal mehr. Es **k____t** halt schon dar**auf an**, wie man sich verhält. Aber die Jungen heute, die …" (Herta B., 54, Halle)

der Trend	trend
die Inflation	inflation
steigen	rise
schlecht	bad(ly)
das Kapital	capital
rote Zahlen	red figures, the red
die Fabrik	factory
schließen	close down
die Wirtschaftskrise	economic crisis

Mein lieber Enkel,
Du hast die 20er Jahre ja zum Glück nicht erlebt. Das waren **schl__te** Zeiten. Weil die **In__tion** wuchs, verlor das **Kap__** seinen Wert. Dieser **Tr__** änderte sich lange nicht. Die Preise **stie___** in schwindelerregende Höhen. Viele **Fa__ken** gerieten in die **r__en** Zahlen und mußten **schl_____**. Es war eine weltweite **Wirt_____skrise**. Heute ist das anders. Du wirst bald wieder Arbeit finden.
…

(sich) verschlechtern	deteriorate
die Katastrophe	disaster, catastrophe
das System	system
das Wachstum (Sg.)	growth
der Markt	market
die Firma	company, firm
die Arbeit	work

Schlechte Nachrichten:
Es gibt kein wirtschaftliches **Wa____tum**.
Der **Ma____** trocknet aus. Die Nachfrage nimmt ab.
Viele **F__men** müssen schließen.
Es gibt nicht mehr für alle **Arb___**. Was passiert, wenn sich die Wirtschaftslage weiterhin **verschl____t**? Bricht das **Sy____** zusammen? Kommt es zu einer **Kat_____**?

(sich) verringern	decrease
zurückgehen	go down
sich erholen	recover
schwarze Zahlen	black figures, the black
entstehen	be built, be set up
zunehmen	increase
aufwärtsgehen	look up
(sich) verbessern	improve

Gute Nachrichten:
Die Inflation **geht zu____**. Die Wirtschaft **erh__t sich**.
Neue Fabriken **ent_____en**. Die Arbeitslosigkeit **ver_____gert sich**. Der Absatz **verb_____t sich**.
Der Handel im In- und mit dem Ausland **n____t zu**.
Die Betriebe schreiben endlich wieder **schw__e** Zahlen.
Es **geht** mit unserer Wirtschaft wieder **aufw____**.

(sich) entwickeln	develop, progress
die Zahl	figure
die Kosten (Pl.)	costs
die Statistik	statistics
die Grafik	chart
das Prozent	per cent
berücksichtigen	take into consideration

Unsere Abteilung faßt viele Daten zu **Sta____ken** zusammen. Diese informieren z. B. über die Entwicklung unserer Firma in absoluten **Z___en**, aber auch in **Pro____ten**. Die **Ko__en** lassen sich in einer **Gra___** darstellen, die wie ein Kuchen aussieht. Wir **berück_____en** auch den Faktor Zeit. So können wir auch zeigen, wie **sich** die Kosten im Verlauf der Jahre **entw____elt** haben.

gelernt _____   1. Wiederholung _____   2. Wiederholung _____

12

Wirtschaft und Arbeit

die Macht (Sg.)	power	Gestern habe ich die Wirtschaftssendung „Geld & Gold"
beeinflussen	influence	gesehen. Da **dis____ten** Wirtschaftsexperten **über**
der Einfluß	influence	wirtschaftliche **Ma__**. Die einen behaupteten, daß
die Schicht	class	insbesondere die verschiedenen gesellschaftlichen
diskutieren (über)	discuss	**Schi___en** im Inland die Wirtschaft **beein_____en**, die
		anderen meinten, daß der entscheidende **Ein___** vom
		Ausland kommt.

die Forschung	research	Vor vielen, vielen Jahren **erfa___** Dädalus Flügel. Beim
erfinden	invent	Fliegen kam sein Sohn Ikarus der Sonne zu nahe und
herstellen	make, manufacture	stürzte ab. Trotz dieses **Mißer____s** ließ sich Dädalus
das Ergebnis	result	nicht dar**an hin___n**, bis nach Sizilien zu fliegen.
der Erfolg	success	1891 feierte man den **Erf___** des 1. Gleitflugzeugs.
der Mißerfolg	failure	Das war das **Erg__is** langer **For_____**. Die Luftfahrt
hindern (an)	prevent (from), stop (from)	machte bald weitere **Fo__schritte**. 1903 **st___ten** die
der Fortschritt	progress	Brüder Wright das erste Motorflugzeug **her**.

die Maschine	machine	Es war einmal ein **rei__er** Mann. Er hatte eine **Ma___ine**,
rationell	efficient(ly)	die Geld **pro___ierte**. Oben gab man Gold rein, und unten
automatisch	automatic(ally)	kamen Goldmünzen heraus - und ein wenig **M___**. Eines
produzieren	produce	Tages **schlu__** ihm ein Maschinenbauer **vor**, eine moderne
der Handel (Sg.)	trade	Geldmaschine zu kaufen. Sie machte alles **autom_____**.
reich	rich	Sie nahm Zeit und stellte daraus Geld her, Tag und Nacht.
der Müll (Sg.)	*(here)* waste	Sie arbeitete **rat____ller** als die alte. Der Mann verkaufte
vorschlagen	suggest	das Geld. Man bezahlte ihn mit Zeit. Dieser **Ha__el** brachte
		ihm soviel Zeit, daß er bis heute noch nicht gestorben ist.

Geld

das Geld	money	*Eine Tour um den Bodensee:*
die Währung	currency	Für die Fahrkarten brauchen wir **Ge__** in verschiedenen
der Franken	franc	**Wäh____en**:
der Rappen	centime	in Bregenz (A) **Schi_____** und **Gro_____**,
die Mark	mark	in Lindau (D) **Ma___** und **Pfe____**,
der Pfennig	pfennig	in Schaffhausen (CH) **Fra____** und **Ra____**.
der Schilling	schilling, shilling	Das Hotel bezahlen wir in Bregenz und in Lindau mit
der Groschen	groschen	einem **Sche___** und in Schaffhausen mit einem Check.
der Scheck	AE check, BE cheque	
der Scheck (A,D), der Check (CH)		

die Bank	bank	Kürzlich mußte ich dringend Geld **we___ln**.
der Schalter	counter	Dummerweise war es 10 Uhr abends. Alle **B___en** waren
der Automat	machine	geschlossen. Am Bahnhof fand ich einen Geldwechsel-
der Kurs	rate	**au____en**. Der funktioniert wie ein **Scha___**. Da kann
der Schein	AE bill, BE note	man **Sche__e** in fremder Währung eingeben, und man
wechseln	change	bekommt deutsche Mark zurück – zum Tages**ku__**.

74   gelernt _____   1. Wiederholung _____   2. Wiederholung _____

12

Geld

die Einnahme	income	*Wie heißt das Gegenteil?*
die Ausgabe	expenditure	● Findest du diesen Mantel **b___ig**?
teuer	expensive	○ Nein, ich finde ihn **t_____**.
billig	cheap	● Sind das deine **Ausg___n**?
alle(s)	everything	○ Nein, das sind doch meine **Einn___n**.
nichts	nothing	● Kannst du das **al__ bez____**?
die Kreditkarte	credit card	○ Nein, ich kann **n____s** bezahlen - weder **in b__** noch
(in) bar	(in) cash	mit einer **Kre_____**. Ich habe nämlich meinen
bezahlen	pay (for)	Geldbeutel verloren.

das Konto	account	Etwa 80 % von meinem Lohn **ge___e** ich **für** meinen
abheben	withdraw	Lebensunterhalt und **für** die Miete **aus**. Fast jeden Monat
der Zins, die Zinsen	interest	kann ich **durch____lich** etwa 20 % des Lohnes auf mein
ausrechnen	work out	**K__to** auf der Bank einzahlen. Mein Sparkapital wächst
durchschnittlich	on average	bei **Zi__n** von 4 %. Aber für die Ferien muß ich Geld
ausgeben (für)	spend (on)	von meinem Sparkonto **ab___ben**. Ich habe **ausger____et**,
sich etw. leisten	afford sth.	daß ich **mir** drei Wochen Ferien **l___sten** kann.

die Rente	pension	Herr Canonica ist 70. Er **bek____t** jeden Monat eine
bekommen	receive	**Re__**. Damit muß Herr Canonica die Wohnungsmiete, den
knapp	AE meager, BE meagre	Lebensunterhalt, die Steuern und Versicherungen **z___len**.
zahlen	pay (for)	Weil die Rente **kn___** ist, lebt Herr Canonica sehr
sparen	save	**sp___sam**. Er vergleicht die Preise und kauft jeweils das
sparsam	economical(ly)	**pr_____este** Produkt. So kann er immer wieder etwas
preiswert	good value, cheap	**sp___**. Oft erinnert er sich an seinen Jugendtraum und
(sich) etw. kaufen	buy (oneself) sth.	denkt: „Wann kann ich **mir** ein Saxophon **kau___**?"

finanziell	financial	*Ein Streitfall:* ● Du hast mir 30 Franken **gesto___en**.
die Schulden (Pl.)	debts	○ Was heißt hier gestohlen? Du bist mir 30 Franken
der Betrag	amount	**schu___**. Ich habe für dich ein Buch im **We___** von
j-m etw. schuldig sein	owe sb. sth.	über 22 Franken gekauft. Zudem **ko___eten** die
stehlen	steal	Fotokopien, die ich für dich bezahlt habe, mindestens
rechnen	calculate	8 Franken. Du hast also bei mir **Sch__den** von über
zählen	count	30 Franken. ● Du **re___st** ja völlig falsch. Der
der Wert	value	**Betr___** stimmt nie! Das Buch kannst du nicht **zä___**,
kosten	cost	das war nicht mehr neu. ○ Und du hast keine Ahnung
		von **fina_____en** Dingen! ...

der Kredit	credit	*Bern (dpa)* Gestern abend wurde Ernst F. verhaftet. Er soll
die Rechnung	invoice, bill	**Rech____en** in Millionenhöhe nicht bezahlt und **Unter-**
die Quittung	receipt	**sch____en** gefälscht haben. Die Banken werfen ihm vor,
die Unterschrift	signature	daß er sie **be__ogen** habe, um günstige **Kr___e** zu
gesamt	total	bekommen. Damit habe er an der Börse spekuliert und alles
betragen	amount to	verloren. Man schätzt, daß der **ges___e** Verlust 1,2 Mio.
die Anlage	investment	Franken **be__ägt**. F. behauptet, er habe alle Rechnungen
betrügen	defraud, deceive	bezahlt. Er könne mit **Qui_____en** beweisen, daß er Immo-
		bilien gekauft habe. Das sei eine sichere Kapital**anla__**.

gelernt _____   1. Wiederholung _____   2. Wiederholung _____

12 Verwaltung

das Einwohnermeldeamt	residents' registration office	Wer nicht weiß, wo sich die verschiedenen **Ä___er** befinden, kann sich hier an der Tafel orientieren.
das Standesamt	registry office	Wer neu in unserer Stadt wohnen möchte, muß sich auf dem **Einwohnerm_____** melden (2. Stock).
das Sozialamt	social welfare office	Wer heiraten möchte, muß sich auf dem **Stan_____** melden (2. Stock).
das Arbeitsamt	employment office	Wer eine Arbeit sucht, kann sich beim **Arb_____** nach einer Stelle erkundigen (3. Stock).
das Finanzamt	tax office	Wer Sozialhilfe beantragen will, muß beim **Soz_____** vorsprechen (3. Stock).
das Fundbüro	lost property office	Wer zuviel Steuern bezahlen muß, kann sich beim **F__anz____** beschweren (4. Stock).
das Amt	office	Wer seine Schlüssel verloren hat, kann auf dem **Fu_____** (Erdgeschoß) fragen, ob sie jemand gefunden hat.

der Beamte, die Beamtin	official, civil servant	Was machen **Be____innen** und **____amte**?
die Vorschrift	regulation	❏ die eingegangene Post **bestä_____**
die Gebühr	fee	❏ **Vorsch____ten** kontrollieren
der Antrag	application	❏ **Vi__ant__äge** entgegennehmen und **prü__**
das Visum, die Visa	visa	❏ Personalausweise **verlä_____**
prüfen	consider, examine	❏ Fahrausweise **ausst_____**
ausstellen	issue	❏ **Geb____en** berechnen
verlängern	extend	❏ ...
bestätigen	acknowledge	

die Abteilung	department	Zum Finanzamt gehört die **Abt___ung**, die die **St__ern** verwaltet. Ihre Aufgabe ist es, die Steuern zu berechnen.
die Steuer	tax	Dieses **Verf__ren** ist von Land zu Land verschieden. **In der Reg__** müssen die Arbeitnehmer oder die Arbeitgeber ihren Lohn oder ihr Gehalt dem Finanzamt **me____**. Wer neben dem Einkommen Häuser, Land, Kapital auf der Bank oder Wertpapiere hat, muß diese auch angeben. In bestimmten Fällen kann man eine Steuerreduktion **beantr____**. Wer z. B. für Kinder sorgen muß, **hat Ansp____ auf** niedrigere Steuern.
das Verfahren	procedure	
melden	declare	
in der Regel	as a rule	
Anspruch haben (auf)	be entitled (to)	
beantragen	apply for	

das Rathaus	AE city hall, BE town hall	Ich war gestern mit meinem Elefanten Molly im **Ra_____**. Zuerst **erk____ten** wir **uns** bei der Auskunft, an wen wir **uns we____** sollten, um eine größere Wohnung zu bekommen. „Zimmer 9" hieß es. Ein netter Beamter **beg____te** uns und **fr__te**, ob wir etwas trinken möchten. Ich nahm einen Kaffee, Molly verlangte eine Badewanne voll Wasser. Niemand **är____te sich** darüber. Wir **fü____ten** dann ein **Fo_____ aus** und bekamen gleich eine neue Wohnung. – Und dann klingelte der Wecker. Es war sieben Uhr.
das Formular	form	
ausfüllen	AE fill out, BE fill in	
begrüßen	welcome	
fragen	ask	
sich wenden (an)	ask	
sich erkundigen (nach)	inquire (after)	
sich ärgern (über)	get annoyed (about)	

gelernt _____   1. Wiederholung _____   2. Wiederholung _____

12

Verwaltung

der Hinweis	advice, hint	Ali ist Flüchtling. Er **bem___te sich**, Arbeit zu finden.
beschließen	decide	Auf dem Sozialamt gab man ihm den **Hinw___**, er solle
sich bemühen	try hard	mal aufs Arbeitsamt gehen. Ali **be___loß**, am Nachmittag
(sich) melden	present (oneself), report	zu gehen. Aber das Arbeitsamt war geschlossen. Eine Frau
öffnen	open	sagte ihm, es sei jeweils von 9 bis 12 Uhr **geö___et**. Am
erhalten	obtain, get	nächsten Morgen **mel___e** er **sich** als erster am Schalter
		und **erhie__t** tatsächlich eine Arbeitsstelle.

die Zufahrt	access road	Und so finden Sie unser Büro: Von der Hauptstraße biegen
der Eingang	entrance	Sie nach rechts in die **Zuf___** zum Kundenparkplatz. Dann
die Auskunft	information desk	nehmen Sie den Haupt**ein___**. Folgen Sie nun den Pfeilen
zeigen	show	mit der Aufschrift „**Bes___**". So kommen Sie in den
der Empfang (Sg.)	reception	**Em___sraum** mit der **Aus___**. Unsere Mitarbeiterin
das Zimmer	room	wird Ihnen das Warte**zi___er zei___**.
der Besucher, die -in	visitor	

der Plan	plan	„Ich zeige Ihnen den **Pl___** unseres neuen **Geb___es**.
das Gebäude	building	Im Erdgeschoß ist der **Ber___**, wo wir die Kunden
der Bereich	area	empfangen. Hier befinden sich auch ein Café und die
die Toilette	AE restroom, BE toilet	**Toi___en**. Im ersten Stock sind die Räume der
die Verwaltung	administration	**Verw___** mit den **Bü___s** und Sitzungszimmern. Im
das Büro	office	zweiten Stock ..."

das Projekt	project	Wir arbeiteten heute in der Gruppe an einem neuen
sich streiten (über)	argue (about)	**Proj___**. Gleich am Anfang **stri__en** wir **u__ über** unsere
langsam	slow	Arbeitsweise. Für die einen war das Arbeitstempo zu
schnell	fast	**lan___**, für die andern zu **schn___**. Wir **entschie___ uns**
(sich) entscheiden	decide	schließlich, gemeinsam weiterzuarbeiten. Wir **fr___ten uns**
sich freuen (über)	be glad (about)	**über** unsere Einigung. Und ich **fr___e mich auf** die
sich freuen (auf)	look forward (to)	weitere Zusammenarbeit mit Petra.

die Besprechung	meeting	„Herr Straßer, würden Sie bitte unsere Kunden**lis___** noch
besprechen	discuss	vor der Kaffeepause **bearb___**. Nach der Pause treffen
die Sitzung	meeting	wir uns mit Frau Rings zu einer **Si___** in meinem Büro.
die Liste	list	Wir sollten **bespr___**, wie wir die Liste neu **ord___**
bearbeiten	revise	wollen. – Leider habe ich um 11 Uhr noch eine andere
in Ordnung bringen	settle, sort out	**Bespr___**. Aber Sie können ja dann die Sache alleine
ordnen	arrange	in **Or___** bringen."

ohne	without	*Gespräche im Büro:*
mit	with	Nimmst du den Kaffee **m___** oder **o___e** Zucker?
gegen	against	Bist du eigentlich **f__** oder **ge___** das Rauchen im Büro?
für	for	Weißt du, ob der Garten neben dem Verwaltungsgebäude
öffentlich	public(ly)	**pr___** oder **ö___lich** ist?
privat	private(ly)	Hast du dich schon wieder verliebt?

gelernt _____ 1. Wiederholung _____ 2. Wiederholung _____

13 Reisen und Verkehr

Reisen

besuchen	visit	Heute ist mein freier Tag. Ich will meinen Freund André
(sich) treffen	meet	in Genf **besu**_____. Der Zug wird gleich kommen.
einsteigen	get on	In wenigen Minuten werde ich **einstei**_____.
die Fahrt	journey	Die **Fa**_____ von Basel nach Genf **dau**__t drei Stunden.
dauern	take	Ich muß in Bern **umst**_____. André und ich wollen
umsteigen	change	**uns** am Bahnhof **tref**____. Er wird mich **abh**_____.
der Bahnsteig	platform	Und tatsächlich, es war so: als ich **aus**___**ieg**, stand
aussteigen	get off	André auf dem **Bahn**_____ und wartete.
abholen	meet, collect	

der Bahnsteig (A,D), der/das Perron (CH)

das Kursbuch	AE schedule, BE timetable	Meine letzte Reise mit der **Ba**___ war eine Katastrophe:
die Abfahrt (Sg.)	departure	Laut **Kursb**_____ war die **Abf**_____ für neun Uhr auf
abfahren	leave	**Gl**_____ 1 vorgesehen. Der Zug fuhr aber erst um zehn
die (Eisen)bahn	train	aus dem **Bahnh**___. Deshalb hatte ich dann in Luzern
der Bahnhof	station	nicht sofort eine **Verb**_____ nach Zürich. Ich mußte
das Gleis	(here) platform	warten. Der nächste Zug **fuhr** erst um zwölf **a**__, aber
die Verbindung	connection	um zwölf hätte ich schon in Zürich **ank**_____ müssen.
die Durchsage	announcement	Warum? Weil meine Freundin auf mich wartete. Bei meiner
ankommen	arrive	**Ank**_____ um eins war sie natürlich nicht mehr da.
die Ankunft (Sg.)	arrival	Sie hatten nicht einmal eine **Durch**_____ gemacht.

ab	(here) departure	In jedem Reiseführer steht: Eine gute Vorbereitung ist für
reisen	travel	die **Re**___ wichtig. Bestellen Sie das **Tic**____ früh, wenn
die Reise	journey	Sie fliegen wollen. Kaufen Sie die **Fahrk**_____ früh
der Fahrplan	AE schedule, BE timetable	genug und studieren Sie den **Fahrp**_____ genau, falls
die Fahrkarte / das Ticket	ticket	Sie mit der Bahn **fa**_____. Notieren Sie die genauen
unterwegs	on the way	Zeiten auf einem Zettel unter **ab** und **a**__. Wenn Sie aber
die Strecke	route	lieber mit dem Wagen **rei**___, überlegen Sie gut, welche
fahren	travel	**Str**_____ Sie fahren wollen und wo Sie **unter**_____
halten	stop	vielleicht mal **hal**_____ und sich ausruhen möchten; so
an	(here) arrival	bleiben Sie fit am Steuer.

die Fahrkarte / der Fahrschein (A,D), das Billet (CH)

starten	take off	Es ist soweit. Die **Ma**_____ ist zum Abflug bereit.
abfliegen	take off	In wenigen Minuten wird sie **sta**_____. Einige
die Maschine	plane	**Pass**_____ haben ein bißchen Angst, obwohl der
der Passagier, die -in	passenger	**Fl**___ nur zwei Stunden dauert. Dann wird die Maschine
der Flug	flight	sicher auf dem **Flugh**_____ von Rom **la**____. Auch ich
fliegen	fly	habe immer Angst beim Starten, also nur wenn das
der Flughafen	airport	Flugzeug **ab**_____t. Aber in der Luft finde ich es dann
landen	land	wunderschön zu **fl**_____. Und Sie, haben Sie auch
		Angst beim Fliegen?

78   gelernt _____   1. Wiederholung _____   2. Wiederholung _____

Reisen

verreisen	go away	
winken	wave	
der Urlaub (Sg.)	AE vacation, BE holiday(s)	
der Aufenthalt	stay	
die Station / die Haltestelle	station / stop	
zurückfahren	return	
wegfahren	leave, go away	

Ich bin müde und gestreßt. Ich möchte **verr**_____. Ein **Aufenth**_____ in den Bergen oder am Meer wird mir guttun. Ich glaube, ich muß **wegf**_____. Mit jeder **Stat**_____ weg von zu Hause werde ich mich besser fühlen. Oh ja, ich brauche sofort **Ur**_____. Und kein Mensch soll am Bahnhof stehen und **win**_____. Ich weiß nämlich nicht, wann und ob ich je **zurück**_____ will.

Wegbeschreibung

die Einfahrt	access road	
die Autobahn	AE freeway, BE motorway	
die Kurve	bend	
die Kreuzung	AE intersection, BE crossroads	
der Platz	square	
die Straße	street, road	

Liebe Anna, der Weg zu mir ist einfach zu finden. Du nimmst die **Autob**____ bis Freiburg. Dann fährst du bei der **Ausf**____ Freiburg-Nord raus. Nach einer langen **Kur**___ fährst du an der **Einf**____ Richtung Bern vorbei und kommst an eine **Kreu**____. Dort fährst du nach links und bleibst auf dieser **Stra**____, bis du zu einem großen **Pl**_____ kommst. Und genau da wohne ich, Hausnummer 13. Viel Glück!

die Einfahrt (D,CH), die Auffahrt (A)

das Verkehrszeichen	road sign	
das Schild	sign	
das Parkverbot	no-parking order	
parken	park	
der Parkplatz	parking space	
die Einbahnstraße	one-way street	
die Geschwindigkeit	speed	
das Tempo (Sg.)	speed	
der Polizist, die -in	policeman/-woman	
die Polizei (Sg.)	police	

Letzte Woche habe ich drei Strafzettel gekriegt. Einen, weil ich mit zu hohem **Te**____ gefahren bin. Aber 180 km/h auf der Autobahn ist doch keine **Ges**_____. Einen zweiten habe ich bekommen, weil ich in die falsche Richtung fuhr; es war eine **Einbahnstr**_____. Da hat mich ein **Poli**____ gesehen. Das war Pech. Den dritten, weil eine Polizistin fand, ich hätte falsch **gep**___t. Dabei wäre es doch ein schöner **Parkp**_____ gewesen, nur leider war das **Sch**____ mit dem **Parkv**_____ kaum zu sehen. Es gibt sowieso zu viele **Verkehrsz**_____, finde ich, und auch viel zuviel Ärger mit der **P**_____**ei**!

parken (A,D), parkieren (CH)

der Fußgänger / die -in	pedestrian	
die Fußgängerzone	AE mall, BE pedestrian precinct	
sich erkundigen (nach)	ask	
höflich	polite(ly)	
der Gehsteig	AE sidewalk, BE pavement	
der Zebrastreifen	AE crosswalk, BE zebra crossing	
überqueren	cross	

Ein Polizist hilft einer Frau, die Straße zu **überq**_____, natürlich nicht in der **Fußgängerz**_____, ist ja klar. Dann schaut er, daß die Autos nicht auf dem **Geh**____ parken und daß sie vor dem **Zebrastr**_____ halten, wenn **Fußg**_____ über die Straße gehen wollen. Wenn **sich** jemand bei ihm nach dem Weg **erk**_____t, antwortet er **höf**____. Kennen Sie auch einen freundlichen Polizisten?

der Zebrastreifen (A,D), der Fußgängerstreifen (CH)
der Gehsteig (A,D), der Bürgersteig (D), das Trottoir (CH)

13

Wegbeschreibung

weiter	on	
die Richtung	direction	
abbiegen	turn	
die Ecke	corner	
die Notrufsäule	emergency telephone	
die Telefonzelle	AE phone booth, BE phone box	
die Tankstelle	AE gas station, BE petrol station	
die Ampel	AE traffic light, BE traffic lights	

die Telefonzelle (A, D), die Telefonkabine (CH)

Petra ist neu in der Stadt. Sie sucht eine Buchhandlung und fragt einen jungen Mann nach dem Weg. Er sagt: „Gehen Sie **wei**____ in diese **Rich**_____. Sehen Sie die **Am**____? Da müssen Sie nach links **abb**_____. Sie kommen dann zu einer **Notr**_____. Auf der einen Seite ist eine **Tanks**_____, auf der anderen eine **Telefon**_____. Die Buchhandlung ist gleich um die **Eck**___." Glauben Sie, daß Petra die Buchhandlung gefunden hat?

---

suchen	look for	
der Weg	way	
fremd (sein)	(be) a stranger	
die Auskunft	information	
nach rechts	to the right	
nach links	to the left	
geradeaus	straight on	
finden	find	

Zum erstenmal in Berlin. Ich bin völlig **fre**_____ in dieser Stadt. Ich **su**_____ eine Adresse und bitte einen Polizisten um **Ausk**_____. Er erklärt mir den **W**___ dorthin genau. Zuerst **gerad**_____, dann an der Ampel **nach li**____ und dann wieder geradeaus bis zur Kreuzung und dann **nach re**_____ und dann…. „Sie **fin**_____ es sicher!" meinte er zum Schluß. Ich auch. Als ich ankam, waren die mitgebrachten Blumen leider schon verwelkt.

Verkehrsmittel

zu Fuß gehen	walk, go on foot	
das Rad / Fahrrad	bike / bicycle	
das Moped	moped	
das Motorrad	motorbike	
das Auto / der Wagen / der PKW	AE auto(mobile), BE car	
der Lastwagen / der LKW	AE truck, BE lorry	

das Fahrrad / das Rad (A, D), das Velo (CH)
der Lastwagen / der LKW (A, D), der Lastwagen / der Camion (CH)

Motto: Immer in Bewegung bleiben …
Als ich neun war, bekam ich mein erstes **Fahr**____.
Mit vierzehn wollte ich ein **Mop**_____.
Mit achtzehn kaufte ich mir ein **Motorr**_____.
Mit zwanzig hatte ich mein erstes **Au**____.
Mit dreißig lernte ich, wie man einen **Lastw**_____ fährt.
Jetzt bin ich sechzig und **gehe** nur noch **zu F**___. Und Sie?

öffentlich	public	
der Bus	bus, coach	
die Straßenbahn	AE streetcar, BE tram	
der Zug	train	
das Taxi	AE cab, BE taxi	
das Flugzeug	plane	
das Schiff	ship	
das Verkehrsmittel	means of transportation	

Ich besitze keinen Wagen. Deshalb benütze ich die **öffent**_____n Verkehrsmittel. In der Stadt fahre ich mit dem **Bu**__ oder mit der **Straßenb**_____. Manchmal nehme ich auch ein **Ta**____. Wenn ich weit reise, dann nehme ich das **Flugz**_____ oder den **Zu**__. Letztes Jahr war ich mit dem **Sch**____ in Griechenland in den Ferien. Ich finde, die Abgase der **Ver**_____ sind sehr schädlich für unsere Umwelt. Aber mit dem Fahrrad allein kommt man ja auch wieder nicht aus.

die Straßenbahn / die Tram(way) (A), die Straßenbahn / die Tram(bahn) (D), das Tram (CH)

gelernt _____   1. Wiederholung _____   2. Wiederholung _____

Verkehrsmittel

der Pilot, die -in	pilot	In jedem Flugzeug sitzt ein **Pil**____. Er muß die Maschine
die Linie	route	**flie**____ und schauen, daß er auf der richtigen **Lin**___
fliegen	fly	bleibt. Die Linie Zürich - Rom z. B. geht über Genua.
der Schaffner, die -in	conductor	Ein **Schaff**____ muß die Fahrscheine der Reisenden im
kontrollieren	inspect	Zug **kon**_____. Das ist kein leichter Job.
der Fahrer, die -in	driver	Ein **Fahr**____ kann einen Bus, einen Lastwagen oder ein
steuern	drive	Taxi **steu**____. Er hat Verantwortung für seine Passagiere.
das Steuer	helm	Ein **Ka**_____ ist der Chef auf einem Schiff. In der
der Kapitän, die -in	captain	Werbung steht er am **Steu**____ und atmet den Duft der weiten Welt.

der Fahrer (D), der Fahrer / der Chauffeur (A, CH)

die Küste	coast	Sie wissen nicht, was eine **Fäh**___ ist? Ganz einfach:
der Hafen	AE harbor, BE harbour	Eine Fähre ist ein **Bo**___. Dieses Boot **transp**____t in der
das Boot	boat	Regel Menschen von der **Kü**____ zu einer **In**_____.
die Fähre	ferry	Eine Fähre kann aber auch für den **Transp**___ von Gepäck
der Transport	transport	oder Autos benutzt werden. Eine Fähre fährt wie jedes
transportieren	transport	andere Schiff von einem **Haf**____ zum anderen. Haben Sie
die Insel	island	noch Fragen? Ja, wie der Mann am Steuer heißt? Eh ....

die Vorsicht (Sg.)	caution	Ich sage Ihnen nur eins, passen Sie auf: **Ach**_____!
Achtung!	Look out!	Im Straßenverkehr ist **Vors**____ sehr wichtig. Ein
die Vorfahrt (Sg.)	priority	**Unf**____ ist schnell passiert. Zwei Autos können
der Unfall	accident	**zusammenst**_____, weil ein Fahrer die **Vorf**____ nicht
hupen	hoot	beachtet hat. Oder zwei, die sich in einer Kurve
entgegenkommen	meet	**entg**_____, haben vergessen zu **hu**_____.
zusammenstoßen	collide	Und schon ist es passiert! Wenn dann der
der Krankenwagen	ambulance	**Krankenw**_____ kommt, kann es zu spät sein. Wenn es
die Feuerwehr	AE fire department, BE fire brigade	brennt, kommt auch noch die **Fe**_____r.

der Krankenwagen (D), die Rettung (A), die Sanität / das Spitalauto / die Ambulanz (CH)

die Hauptstraße	main street	Auf der **Hauptstr**_____ hat sich ein Unfall ereignet. Ein
die Nebenstraße	side street	Auto vor mir wollte ein anderes **über**_____, als gerade ein
der Verkehr (Sg.)	traffic	Fußgänger die Straße überquerte. Der Fahrer konnte nicht
der Stau	traffic jam	mehr **brem**____ und verletzte den Fußgänger. Die Polizei
die Umleitung	AE detour, BE diversion	kam und stoppte den **Verk**____. Es gab einen **St**____.
bremsen	brake	Dann haben sie den Verkehr auf einer **Uml**_____
überholen	overtake	über kleine **Nebenstr**_____ weitergeleitet.

die Panne	breakdown	Gestern hatte ich auf der Autobahn eine **Pan**___. Der
schieben	push	**Mo**__ meines Wagens war plötzlich kaputt. Ich mußte den
abschleppen	tow off	Wagen an den Rand **sch**_____ und rief bei einer
die Werkstatt	AE shop, BE garage	Notrufsäule eine **Werkst**_____ an. Sie haben mich
der Motor	engine	**abge**_____t. Ich hoffe jetzt nur, daß man den Motor
reparieren	repair	**repar**_____ kann.

die (Auto)werkstatt (A), die Auto-/Reparaturwerkstatt (D), die Garage (CH)

gelernt _____   1. Wiederholung _____   2. Wiederholung _____

13

Verkehrsmittel

der Reifen	AE tire, BE tyre	
die Bremse	brake	
die Luft (Sg.)	air	
die Batterie	battery	
das Öl	oil	
das Benzin (Sg.)	AE gas, BE petrol	
(voll)tanken	fill (up)	
bleifrei	unleaded	

der Reifen (A,D), der Pneu / der Reifen (CH)

Elio hält an der Autobahnraststätte. Er will **volltan**_____. Sein Wagen braucht **blei**____**es Ben**____. Er bittet jemand von der Tankstelle, das **Ö**__ und die **Batt**_____ zu kontrollieren. Für die weite Reise ist es wichtig, daß auch die **Bre**_____**n** in Ordnung sind; und die **Rei**____**n** brauchen genug **Lu**__. Wenn alles kontrolliert ist, trinkt Elio noch einen Espresso, und weiter geht's Richtung Süden.

---

einfach	AE one-way, BE single	
hin und zurück	AE round-trip, BE return	
die Rückfahrkarte	AE round-trip ticket, BE return ticket	
der Speisewagen	dining car	
die (erste) Klasse	(first) class	
der Intercity (IC)	intercity	
die Verspätung	delay	
verpassen	miss	

die Rückfahrkarte (A,D), das Retourbillet (CH)

● Eine Fahrkarte für den **Interc**_____ nach Hamburg, bitte.
○ Zweite **Klas**_____ - **einf**_____?
● Nein, erste Klasse, **h**___ **und zu**_____.
○ Für die **Rückf**_____ bezahlen Sie Zuschlag im **IC**.
● Ja, ja. Hat der Zug einen **Speisew**_____?
○ Aber sicher, Speisewagen und Bar.
● *(ganz nervös)* Ich werde noch den Zug **verp**_____!
○ Nein, der **I**__ hat heute zehn Minuten **Ver**_____.

Informationen an der Grenze

der Ausweis	identity card	
der Führerschein	AE driver's license, BE driving licence	
die Versicherung(skarte)	insurance (card)	
(sich) versichern	take out insurance	
mitnehmen	take	
verzollen	pay duty on	
das Gepäck (Sg.)	AE baggage, BE luggage	
der Koffer	suitcase	
der Kofferraum	AE trunk, BE boot	

der Führerschein (A,D), der Fahrausweis / der Führerausweis (CH)

An der Grenze hielt mich ein junger Zöllner an. Ich mußte ihm meinen **Führersch**_____ und alle meine **Ausw**___**e** zeigen. Er fragte mich nach der **Vers**_____ für mein Fahrzeug. Ich hatte keine. Ich wußte nicht, daß man **sich** für Auslandsreisen speziell **versi**_____ muß. Dann mußte ich den **Kofferr**_____ öffnen. Er kontrollierte mein **Gep**_____ und untersuchte jeden **Kof**_____ genau. Ich hatte einige Flaschen Schnaps zuviel dabei und mußte sie **verzol**_____. Weiß doch jeder, daß man nicht soviel Schnaps **mitneh**_____ darf. Aber man versucht's eben ...

---

die Reisevorschrift	travel regulation	
das Dokument	document	
der (Reise)paß	passport	
das Visum, die Visa	visa	
verlängern	extend	
gültig	valid	
die Papiere (Pl.)	documents	
das Formular	form	

Für jedes Land gibt es spezielle **Reisev**_____**en**. Manchmal genügt ein **Pa**___ oder ein ähnliches **Dokum**_____. Manchmal braucht man ein **Vis**___. Dieses ist nur für eine beschränkte Zeit **gült**___. Danach muß man es **verlän**_____. Vor einer Reise ins Ausland sollte man immer schauen, daß alle **Pap**_____ in Ordnung sind und daß man die nötigen **Form**_____**e** ausgefüllt hat. Welche Papiere braucht man für Ihr Land?

82   gelernt _____   1. Wiederholung _____   2. Wiederholung _____

Informationen an der Grenze

der Zoll (Sg.)	customs	Wenn man von einem Land ins andere reist, muß man über
der Zöllner, die -in	customs officer	eine **Gren___**. An der Grenze gibt es eine **Zo___**station.
die Grenze	border	Am Zoll gibt es oft **Kontr_____n**. Manchmal hat man
die Kontrolle	check	keine **Erlaub_____**, bestimmte Produkte in ein anderes
die Gebühr	duty	Land einzuführen. Die **Zöl___** verlangen dann Geld. Man
der Tarif	tariff	bezahlt eine **Geb___** dafür. Das kann teuer sein, es
die Erlaubnis (Sg.)	permission	kommt auf den **Tar___** an. Die meisten Produkte - außer
zollfrei	duty-free	Alkohol und Zigaretten - sind in der Regel **zollf___**.

Unterkunft und Verpflegung

übernachten	spend the night	Wenn man unterwegs ist, gibt es viele Möglichkeiten zu
das Hotel	hotel	**überna_____**. Wer ein **Ze___** hat, kann auf einem
die Pension	guest house, boarding house	**Campingp_____** übernachten. Wer einen **Wohnw_____**
die Unterkunft	accommodation	besitzt, kann auf einem Parkplatz die Nacht verbringen.
die Jugendherberge	youth hostel	Wer nicht viel Geld hat, sucht sich am besten eine billige
der Campingplatz	camping site	**Unterk___**, zum Beispiel eine **Jugendherb_____**. Wer
der Wohnwagen	AE trailer, BE caravan	es sich leisten kann, geht in eine **Pens___** oder nimmt ein
das Zelt	tent	Zimmer in einem **Hot___**.

buchen	book	Ich reise von Stadt zu Stadt, von Hotel zu Hotel. Ich kann
reservieren	reserve, book	nirgends lange **blei____**. Ich komme an und **pa___e** meine
einpacken	pack	Koffer **aus**. Ein paar Tage später **bu___e** ich ein Hotel in
auspacken	unpack	einer anderen Stadt, **reser____e** ein Ticket für den Flug
die Sachen (Pl.)	things	und **pa___e** meine **Sa___n** wieder **ein**. Ich habe kein
bleiben	stay	Zuhause. Ich **verb_____** nirgendwo viel Zeit. Mein
verbringen	spend	Herz und meine Kreditkarte sind aus Plastik.

frei	free	Herr Frei fragt in einem Hotel nach einem **Einzelz_____**
die Rezeption	reception desk	für eine Nacht. An der **Rez_____** sagen sie ihm, daß
das Doppelzimmer	double room	alle Einzelzimmer **bel___** sind. Nur ein **Doppelz_____**
das Einzelzimmer	single room	ist noch **fr___**. Er nimmt das Zimmer. Er bekommt einen
die Nummer	number	Schlüssel mit der **Num___** 13. Das ist seine Zimmer-
wecken	wake	nummer. Er bittet die Dame an der Rezeption, daß sie
belegt	occupied	ihn um 6 Uhr **weck___** soll. Ob er wohl gut schläft im Zimmer 13?

die Halbpension (Sg.)	half-board	In unserem Hotel ist Vollpension nicht möglich. Es gibt nur
das Frühstück (Sg.)	breakfast	**Halbp_____**. Die Gäste bekommen ein **Früh_____**
die Mahlzeit	meal	und eine **Mahlz_____** am Abend. Unsere Küche ist
vegetarisch	vegetarian	**veget_____** und **schme___t** den meisten ausgezeichnet.
das Picknick	picnic	Mittags gehen unsere Gäste in ein anderes Lokal essen
die Portion	portion	oder sie machen ein **Pickn___**. Wir geben ihnen
schmecken	sb. thinks sth. tastes good	große **Por_____en** mit. Sie sollen ja nicht hungern!

gelernt _____   1. Wiederholung _____   2. Wiederholung _____

13

Unterkunft und Verpflegung

das Gasthaus	inn	
das Restaurant	restaurant	
das Essen	food	
die Wirtschaft	AE saloon, BE pub	
das Café	café	
das Lokal	restaurant, bar, inn	
die Bar	bar	

In unserer Stadt gibt es viele ausgezeichnete **Lo____e**. Das beste **Ess___** bekommt man im **Gast_____** „Der Rote Korsar". Aber es gibt auch noch andere gute **Restau_____s**. Wer gut frühstücken will, geht ins französische **Ca___** gegenüber vom Bahnhof. Die haben im Keller unten auch eine **Ba___**. Ein Bier vom Faß bekommt man in jeder alten **Wirt_____**.

bestellen	order
die Speisekarte	menu
der Kellner, die -in	waiter, waitress
der Ober	waiter
die Bedienung	service
bringen	bring
das Trinkgeld	tip
die Rechnung	AE check, BE bill
der Gast	customer

Einmal **Ga____** im „Roten Korsar" und nie mehr, nie mehr! Nicht nur die **Bed_____** ist schlecht, alles ist schlecht. Ich mußte eine halbe Stunde auf die **Speisek_____** warten. Dann rief ich die **Kell_____**, doch die wollte nichts hören. Da rief ich den **Ob___** und bat ihn, mir endlich was zu **brin_____**. Was er nach 20 Minuten brachte, hatte ich gar nicht **bes_____t**. Als ich die **Rech_____** verlangte, kam er sofort und verlangte auch noch **Trin_____**. Mein Gott, war ich wütend.

Sehenswürdigkeiten

hinfahren	go (there)
hinkommen	get (there)
der Ausflug	excursion
die Information	information
der Verkehrsverein	tourist office
der Prospekt	brochure
das Reisebüro	travel agency
der Tourist, die -in	tourist

Ich arbeite für den **Verkehrsv_____**. Ich habe Kontakte zu vielen **Reise_____s**. Am liebsten berate ich die **Tour_____en**. Einige wollen zum Zoo und fragen, wie sie am besten **hinkom_____**. Andere möchten einen **Aus_____** machen und wissen noch nicht, wo sie **hinfah____** sollen. Ich gebe ihnen dann gern die nötigen **Inform_____en**. Wenn die Leute nicht mit mir reden wollen, gebe ich Ihnen einfach **Pros_____e**. Ich selber war leider noch nie im Ausland. Aber ich spare ...

der Stadtplan	town map
die Oper	opera
das Theater	AE theater, BE theatre
das Museum, die Museen	museum
der Park	park
der Brunnen	fountain
das Stadion	stadium
zeigen	show

Ein Freund aus Griechenland ist zu Besuch. Da ich arbeite, habe ich keine Zeit, ihm die Stadt zu **zei____**. Ich habe einen **Stadtpl____** für ihn gekauft. Ich zeige ihm darauf, wo die **Op___** und das neue **Thea____** sind. Ich erkläre ihm, wie er am besten zum **Sta____** kommt. Ich sage ihm, daß hinter dem **Mus____** ein großer **Pa____** mit Bäumen und einem schönen **Brun____** ist. Ich habe ihm nicht gesagt, daß ich noch nie in diesem Park war.

die Sehenswürdigkeit	place of interest, sight
sehenswert	worth seeing
einzigartig	unique
verschieden	different
anschauen	see
besichtigen	visit
das Souvenir	souvenir

Ein Besuch in unserer Stadt lohnt sich. Viele **versch_____e Sehensw_____en** erwarten Sie. Nicht nur die Kirche mit dem leicht schiefen Turm ist **einzig_____**, auch das Rathaus und das Schloß sind **sehensw____**. Wenn Sie Zeit haben, dann **besich_____** Sie auch die Altstadt, da können Sie Häuser aus dem 16. Jh. **ansch_____** und **Souv_____s** für Ihre Freunde kaufen

Kommunikation und Massenmedien 14

Postsendungen

die Post (Sg.)	AE mail, BE post	*Ein Gespräch bei der Kriminalpolizei:*
die Sendung	item, mail	● Welche Art von **Sen_____en** haben Sie denn letzte
der Brief	letter	Woche von der **P____** bekommen?
die Postkarte	postcard	○ Ja, also, gestern ein großes **Pa___** von der
die Ansichtskarte	picture postcard	Buchhandlung. Dann ... ja, von Freunden aus dem
die Drucksache	printed matter	Urlaub zwei **Ans_____karten**, ein **Pä___en** von
das Telegramm	telegram	meiner Freundin, ein paar **Dru_____n**. Ach ja, und
das Päckchen	AE package, BE parcel	ein **Tel_____** aus Rio und eine **Post_____e**.
das Paket	AE package, BE parcel	● Und die ganze Woche keinen einzigen **Br___**? ...
das Kuvert/	envelope	○ Äh, doch! Aber ich konnte den **Abs_____** nicht
der Briefumschlag		lesen, das sah nicht wie eine **Adr_____** aus.
der Absender, die -in	sender's address	● Konnten Sie das **Nat_____zeichen** lesen?
der Empfänger, die -in	addressee	○ Ja, „SME" oder so. Aber keine **Postl_____**!
die Adresse	address	● Was war sonst ungewöhnlich an dem **Ku_____**?
die Anschrift	address	○ Ja, da war gar nicht meine **Ansch_____** drauf!
die Postleitzahl (PLZ)	AE zip code, BE post code	● Wieso? Waren sie nicht die **Emp_____in**? ...
das Nationalitätszeichen	country code	
das Porto	postage	„Ich wollte den Brief nach Mexiko mit **Lu_____** und
die Briefmarke	stamp	per **Ex_____** schicken. Aber das hätte 18 Franken
der Stempel	postmark	**geko_____t**! Da habe ich nur das **Po____** für eine
die Eilsendung	AE special delivery,	**Eils_____** draufgeklebt und die Air Mail-**Geb____**
	BE express letter/parcel	gespart. Das wird schon ankommen! Der Postbeamte hat
per Expreß	AE by special delivery,	das Kuvert genau angesehen und gesagt, daß die
	BE express	**Briefm_____n** nicht für ein **Ein_____** reichten! Erst
die Luftpost (Sg.)	airmail	nach meinen langen Erklärungen hat er dann den
das Einschreiben	registered mail	**Ste_____** draufgemacht ..."
kosten	cost	
die Gebühr	postage	
der Briefkasten	AE mailbox, BE letterbox	Sie können Ihre frankierte Post in den **Briefk_____** um
(ein)werfen	AE mail, BE post	die Ecke **einw_____**. Oder Sie **ge_____** Ihre Briefe am
aufgeben	AE mail, BE post	**Posta___ auf** und kaufen am **Postsch_____** gleich die
(ab)schicken	dispatch	nötigen Briefmarken. Auf jeden Fall werden Ihre
das Postamt / die Post (Sg.)	post office	Sendungen noch am gleichen Tag von uns in alle Welt
der (Post)schalter	(post office) counter	**abgesch_____t**!
die Nachricht	message, letter	Endlich, gegen 12 Uhr, kam der **Br_____er** und
(ab)senden	AE mail, BE post	**___achte** ihr die Post. Der erwartete Brief hatte unendlich
transportieren	transport, convey	lang **ged_____t**! Pedro hatte ihn vor drei Wochen in Peru
dauern	take	**abgesa___t** - ob die Sendung wohl mit dem Lama
ankommen	arrive	**transp_____t** wurde? Oder wurde sie irgendwo nicht aus
der Briefträger, die -in	AE mailman/-woman,	dem Briefkasten **abgeh_____t**?
	BE postman/-woman	Ein Wunder, daß der Brief überhaupt **angek_____** war!
bringen	bring	Sie **ö_____te** das Kuvert und las Pedros Zeilen. Es war
bekommen	get	unglaublich: Er hatte noch nicht einmal ihre erste
(ab)holen	collect	**Na_____ beko_____**!
öffnen	open	

gelernt _____ 1. Wiederholung _____ 2. Wiederholung _____

14

Post und Geld

die (Post)bank (Sg.)	(post-office) bank	*Werbeanzeige:* „Lagern Sie Ihr Geld im Schrank?"
die (Post)sparkasse (Sg.)	(AE postal / BE post-office) savings bank	Unser Rat: **Erö**_____ Sie doch ein **Ko**____ bei der **Postb**____ oder **Postsp**_____ um die Ecke!
das (Post)konto	(AE postal check / BE post-office giro) account	**Auf** dieses können Sie nicht nur Ihr Bargeld **einz**_____.
eröffnen (bei)	open	Sie können da**von** auch in ganz Europa Geld bar **abh**____
einzahlen (auf)	pay in (to)	sowie **an** jede Adresse und **auf** jedes Konto Geldsummen
abheben (von)	withdraw (from)	**überw**_____; es ist ganz leicht, eine **Ü**_____**ung** zu
überweisen (an/auf)	transfer (to)	schreiben: ...
die Überweisung	transfer	

as Formular	form	Sie **fü**____ einfach das kleine **For**_____ **aus**, das Sie
der Abschnitt	part, section	am Schalter finden; ein **Ab**_____ geht an den
ausfüllen	AE fill out, BE fill in	Empfänger der Überweisung, einer an Sie als Quittung.

die Postsparkasse (A), die Post (A, CH, D), die Postbank (D)
die Zahlkarte / der Überweisungsschein (D), der Erlagschein (A), der Einzahlungsschein (CH)
die Bankleitzahl (A, D), — (CH)

Telefon

das Telefon	telephone	Kleine Kinder lieben es, **mit** jemandem zu **tel**_____.
telefonieren (mit)	talk on the phone (to)	Sie klettern ans **T**____**fon**, blitzschnell **ne**____ sie den
der (Telefon)hörer	receiver	**Hö**____ **ab** und hören so begeistert zu, daß sie meist
abnehmen	pick up	vergessen, „**ha**____!" zu sagen, wenn sich jemand
hallo!	hello!	meldet. Oft bleiben sie stumm, bis sie den Hörer wieder
auflegen	put down	**aufgel**____**t** haben. Erst dann fällt es ihnen meist ein, daß
auf Wiederhören!	good-bye!	man am Gesprächsende „**auf Wie**_____!" sagt.

der (Telefon)anschluß	*(here)* phone number	*So telefonieren Sie richtig:*
die (Telefon)nummer	(phone) number	1. Wie ist die **Telefonn**_____ des Partners? Welche
die Rufnummer	phone number	**V**___**wahl** gilt für das Land bzw. den Ort? Stimmt die
die Vorwahl(nummer)	area code	**R**___**nummer**?
das Telefonbuch	phone book/directory	2. Im Zweifel den **Ansch**____ im **Telefonb**____
wählen	dial	nachschlagen, notieren, dann erst **wä**_____. ...

der Anruf	phone call	3. Wenn Sie ein ruhiges „Tüü-tüü-tüü" hören, dann ist die
anrufen	call, phone, ring	**Lei**____ **fr**___, das Telefon **kl**____**t** bei der Person,
klingeln	ring	die Sie **anger**____**n** haben. Diese wird **sich** nun
die Leitung	line	**me**____, falls sie anwesend ist.
frei	vacant	4. Wenn Sie ein schnelles „Tü-tü-tü" hören, ist die Leitung
besetzt	engaged	**bes**____, die angerufene Person spricht gerade. Sie
(sich) melden	answer	sollten den **Anr**___ später wiederholen.
die (Telefon)auskunft (Sg.)	AE directory assistance, BE directory enquiries	5. Wenn Sie eine Telefon- oder **F**___**nummer** im Inland brauchen, rufen Sie die **na**_____**e Aus**_____ an.
die Vermittlung (Sg.)	operator	Nummern im Ausland erfragen Sie bei der
national	national	**i**____**nationalen** Telefonauskunft. Und die
international	international	**Verm**_____ verbindet Sie auch mit Anschlüssen in
die Faxnummer	fax number	Gebieten der Welt, die nicht direkt zu erreichen sind.

86   gelernt _____   1. Wiederholung _____   2. Wiederholung _____

Telefon

die (Telefon)zentrale	switchboard	● Firma Triple Computer, **Zen**_____, guten Tag!
j-n verbinden (mit)	put sb. through (to)	○ Tag, ich möchte gern **mit** Frau Eib **spr**_____.
sprechen (mit/über)	speak (to/about)	● Moment, ich **verb**_____e. - Tut mir leid, Frau Eib nimmt
das (Telefon)gespräch	talk, conversation	nicht ab. Ist das für Sie ein **O**____gespräch?
führen	have	○ Nein, ein **F**____gespräch, teurer **Ta**____. Aber ich muß
der Tarif	rate	Frau Eib trotzdem **dr**_____ sprechen!
das Ortsgespräch	local call	● Könnten Sie das **Gesp**_____ auch etwas später
das Ferngespräch	long-distance call	**fü**_____?
dringend	urgent(ly)	○ Ja, das geht. Also, ich **erw**_____e Frau Eibs Rückruf bis
erwarten	expect	heute 16 Uhr.

die Telefonzelle	AE phone booth, BE phone box	„Heute mußte ich Viola aus der **Telefonz**____ anrufen, hatte aber keine Telefonkarte dabei! Danach konnte ich sie
die Verbindung	connection, line	lange nicht **err**_____: Die **Verb**_____ war dauernd
gestört	bad, faulty	**gest**____! Endlich klappte es: Ich hörte sie gut - aber sie
erreichen	get through to	konnte nichts **verst**_____! Ich konnte ihr rein gar nichts
verstehen	understand	**mitt**_____, zum Verrücktwerden, was?"
mitteilen	tell	

Ton: Geräte und Medien

das Radio	radio	*Medien-Chaos: Alles ist verkehrt!*
der Rundfunk (Sg.)	radio	Herr Kracks hat eine große neue **Ster**_____ge
der Plattenspieler	record player	gekauft, mit der man kein **Ra**____ hören kann. Dafür hat
die (Schall)platte	record	die Anlage ein **Tonb**_____, auf dem man die
das Tonband(gerät)	tape (recorder)	ältesten **Scha**_____n abspielen kann. Sie klingen fast
der Kassettenrecorder	cassette recorder	so perfekt wie die **C__s**, die man in den superleisen
die Kassette	cassette	**Kassettenr**_____ einlegt. Der absolute Knaller ist der
der CD-Spieler	CD player	**CD-Sp**_____! Auf dem empfängt Herr Kracks
die CD	CD	**Ru**_____programme aus Bali. Nur die **Ka**____en
die Stereoanlage	stereo (system)	kratzen etwas auf dem elektronischen **Pla**_____er.

elektronisch	electronic	Als Irma nach dem Frühstück ins Wohnzimmer kam,
die Elektronik (Sg.)	electronic system	merkte sie, daß die **Lau**_____r der Anlage noch
drücken	press	____waren. Wer hatte die gestern überhaupt
(ein)stellen	set, adjust	**einge**_____t? Sie **dr**____te den **el**_____nischen
ansein	be on	Schalter „On/Off" - aber die Anlage **war** trotzdem noch
aussein	be off	nicht **a**__! Ob die empfindliche **Elektro**_____ wieder
der Lautsprecher	loudspeaker	mal kaputt war? Sie rief ihren Händler an ...

der Sender	station, transmitter	„Wir bringen das Fußballspiel Real Madrid gegen AC
senden	broadcast, transmit	Milan heute abend **li**__ in einer **Über**_____. Wir
die Übertragung	broadcast, transmission	**se**____ und kommentieren **di**____ aus dem Meazza-
direkt / live	live	Stadion in Mailand. Sie können das Spiel über unsere
der Empfang (Sg.)	reception	UKW-**Se**_____ **emp**_____. Wir wünschen Ihnen
empfangen	receive	schon jetzt einen guten **E**_____ng!"

gelernt _____ 1. Wiederholung _____ 2. Wiederholung _____

14

Ton: Geräte und Medien

das Programm	AE program, BE programme	Ohne Zweifel das beliebteste **Pro**_____ ist die tägliche
die Sendung (über)	AE program, BE programme (about)	Morgen**se**_____ mit Folklore aus den Alpenländern. Da
(zu)hören	listen to	**hö**____ weit mehr **Hö**____ und **H**____**innen zu** als bei
der (Zu)hörer, die -in	listener	Klassik- und Pop-Programmen.

die Information	information	Welche Qualität die **Inf**_____ in den modernen
(sich) informieren	inform (oneself)	**Ma**____**medien** hat, hängt von ihrer Programmpolitik ab.
die Nachrichten (Pl.)	news	Wenn Sendungen oft durch unpassende **Wer**_____
das Interview	interview	unterbrochen werden, kann man **sich** nicht ungestört
der Kommentar	commentary	**inf**_____**en**. Dagegen sind vor allem längere
die Werbung (Sg.)	advertising	**Nach**_____sendungen, gründliche **Int**_____**s** und
das Massenmedium, die -medien	mass media	kritische **Kom**_____**e** informativ und wichtig.

Foto, Film, Fernsehen, Video

die Kamera	camera	„Als ich zu **fo**_____**en** begann, gab es für meine
der Film	AE movie, BE film	simple **Ka**_____ keine Farbfilme. Es war noch ganz
schwarzweiß	black and white	selbstverständlich, daß die **Fo**___**s schw**_____**ß**
farbig	AE colored, BE coloured	waren. Nur die Illustrierten brachten damals **far**____**e**
das Foto	photo	Fotos. In diesen Jahren sparte ich dadurch Kosten ein, daß
aufnehmen	take	ich alle **Fi**___**e**, die ich _____**genommen** hatte, auch
fotografieren	take photos	selbst in meinem kleinen Labor im Keller **entw**_____**te**
entwickeln	develop	..."

die Filmkamera	AE movie camera, BE film camera	Bevor ein fertiger Film das Publikum erreicht, sind die zahllosen Arbeitsschritte der **Pro**_____ nötig. Ein
das Bild	picture	großer Teil davon wird in **Filmst**____**s rea**_____**t**.
das Geräusch	sound	Im Zentrum der Filmproduktion steht die **Filmk**_____, die
die Produktion	production	bewegte **B**____**er** aufnimmt; zugleich werden Sprache und
realisieren	carry out	**Ger**_____**e** produziert und festgehalten.
das (Film)studio	(film) studio	

das Fernsehen (Sg.)	television	Im Gegensatz zum Kinofilm sind **F**_____**filme** und
der Fernseher	TV set	**Vi**____**s** für das kleine Format des **Bild**_____**s**
der Bildschirm	screen	gemacht: Die Kamera geht oft „nahe ran", und der
der Fernsehfilm	TV film	**Zusch**_____ muß entsprechend nahe am **Ferns**____**r**
das Video	video	sitzen, um gut **f**_____**en** zu können. Das ____**sehen**
fernsehen	watch TV	müßte also richtiger „<u>Nah</u>sehen" heißen!
der Zuschauer, die -in	viewer	

88   gelernt _____   1. Wiederholung _____   2. Wiederholung _____

14

Zeitungen, Zeitschriften, Bücher

der (Zeitungs)kiosk	newspaper stand/kiosk	Häufig lese ich am Samstag in der **Z____ung**, daß **in** der
die Presse (Sg.)	press	neuesten **Nu_____** einer Hamburger **Zeitsch____** alles
die Zeitung	newspaper	über eine große Entdeckung oder einen wilden Skandal
die Zeitschrift	magazine	**ste____** wird. Also gehe ich am Montag zum
die Illustrierte	magazine	**Zeitungsk_____** und kaufe mir das neue **H____** dieser
das Heft	number, issue	tollen **Ill_____n**. Ganz gierig suche ich die Sensation,
die Nummer	number, issue	finde sie erst nach einigem Blättern und merke: **ak____** ist
aktuell	of current interest	sie nicht mehr. Also schimpfe ich laut über die **Pr_____**!
stehen (in)	be (in)	

die Notiz	item	Manchmal wundere ich mich, wer all diese **B___träge** und
der Artikel	article	**Anz_____n** schreibt, die jeden Tag die Zeitungen füllen.
der Bericht	report	Jede kleine **No____** will doch gut formuliert sein! Und wer
berichten (über)	report (on)	findet so schnell die passende **Üb_____ft** oder die
der Beitrag	article	sensationelle **Schl_____** zu dem **Ar_____** auf der
die Überschrift	title	Titelseite, der **über** die seit Jahren unveränderte Politik
die Schlagzeile	headline	**ber_____et**?
die Anzeige	advertisement, ad	Seufzend schreibe ich meinen **Be____** für die Zeitung.

das Buch	book	„Sag mal, wie war doch der **Ti____** dieses tollen
das Taschenbuch	paperback	**Bu_____s**, das kein Verlag haben wollte? - Ach ja:
der Titel	title	,Schlafes Bruder'! Kürzlich sah ich's sogar in der
enthalten	contain	**Bib_____** und wollte es mir schon **ausl_____** ...
die Buchhandlung	AE bookstore, BE bookshop	In meiner **Buchh_____** hieß es, der Roman sei auch als
die Bibliothek	library	**Ta_____buch** erschienen. Er soll großartige Natur-,
(aus)leihen	borrow	Musik- und Liebesszenen **enth_____** ..."

die Seite	page	• Wie wird denn nun euer neues Lehrbuch?
die Zeile	line	○ Sehr attraktiv, nicht **b____**, sondern schwarzweiß.
die Schrift	font, typeface	• Was? Das überrascht mich. Und wird es sehr **di___**?
dick	thick	○ Nein, es ist eher **dü___**, genau 128 **Sei__n** stark.
dünn	thin	• Habt ihr denn auch einen guten **Dr_____er**?
der Druck (Sg.)	printing	○ Ja, er meint, der **D_____** wird das beste am ganzen
bunt	AE colored, BE coloured	Buch. Aber unsere tollen **Schr____en** mag er nicht.
der Drucker, die -in	printer	• Das ist Geschmackssache. Hauptsache, er **dr____t** alle
drucken	print	**Zei____n** so, wie sie sein sollen!
erscheinen	appear	○ Ja, ich bin sehr gespannt, ob das Buch rechtzeitig fertig
		wird! Im März soll es endlich **ersch_____**.

gelernt _____   1. Wiederholung _____   2. Wiederholung _____   89

14

Bürokommunikation: Schreibmaschine, Computer, Fax, Kopierer

das Büro	office	„Die neue JUPITER **Schr**_____**ine** bringt einen
die Kommunikation (Sg.)	communication	gewaltigen Fortschritt für die **Kom**_____ im modernen
die Schreibmaschine	typewriter	**Bü**___! Sie erstellen und gestalten Ihre **Schr**_____**n** mit
das Schreiben	text	Hilfe der MEGA-**Ta**_____**ur** so ungewöhnlich perfekt,
die Tastatur	keyboard	daß sie wie gedruckt aussehen. Jedes **Zei**_____, das Sie per
die Taste	key	**T**____**e** schreiben, erscheint zunächst auf dem Display zur
das Zeichen	character	Korrektur ..."

der Computer	computer	„Warum se___t ihr denn noch immer dieses alte
einsetzen	use	**Pro**_____**ein**? Das paßt doch überhaupt nicht zu eurem
das Programm	program	modernen Laser**dr**____**er**. Der könnte eure **Da**___
die Daten (Pl.)	data	nämlich genauso **ausdr**_____, wie sie auf dem
die Diskette	diskette	Bildschirm zu sehen sind. Schau dir doch mal diese
der Drucker	printer	katastrophalen **Aus**____**e** an: Euer **Com**_____ kann's
ausdrucken	print out	besser! Hier, ich habe dir das TEXTMASTER-Programm
der Ausdruck	print-out	mal auf **Dis**_____**n** mitgebracht ..."

das Fax(gerät) / Telefax	fax machine, telefax	Neben dem Computer haben vor allem zwei Büromaschinen
faxen	fax	die Informationsverarbeitung verändert:
nützlich	useful	**Ko**____**er** und **Te**_____**x**. Man kann heute praktisch in
der Kopierer	photocopier	jedem Büro jedes **Or**_____ schwarzweiß, bald auch farbig
das Original	original	**ko**____**en**. Außerdem lassen sich diese Vorlagen beliebig
die (Foto)kopie	AE xerox, BE (photo)copy	**vergr**_____ und **verkl**_____. Das ist sehr praktisch
(foto)kopieren	AE xerox, BE (photo)copy	und spart Kosten. Ebenso **nü**_____ ist das Fax:
verkleinern	reduce	**Fotok**_____**n**, Fotos, Briefe, Pläne usw. kann man jetzt in
vergrößern	enlarge	wenigen Sekunden an Partner überall auf der Welt **fa**_____
		und gleich danach am Telefon darüber sprechen.

gelernt _____   1. Wiederholung _____   2. Wiederholung _____

15 Staat und Gesellschaft

Nation und Nationalismus

der Staat	state
Deutschland	Germany
Österreich	Austria
die Schweiz	Switzerland
der Österreicher, die -in	Austrian
der Deutsche, ein Deutscher	German
die Deutsche, eine Deutsche	German
der Schweizer, die -in	Swiss person

	A	CH	D
der St__t	Öst____ch	d_e Sch__z	De_____d
eine Frau	eine Ö____erin	eine ____zerin	eine ____sche
ein Mann	ein _____er	ein Schw____	ein D____er

---

kämpfen (für/gegen)	fight (for/against)
die Freiheit (Sg.)	freedom
national	national(ly)
stolz (auf)	proud (of)
gelten (als)	be considered (to be)
kritisch	critical
zweifeln (an j-m/etw.)	doubt (sb./sth.)

Wilhelm Tell gi__t als der Na____held der Schweiz: Er liebte sein Land. Deshalb k____te er gegen die Ungerechtigkeit und für die Fr___eit. So beschrieb Friederich Schiller 1804 den Helden in seinem Drama. Viele Schweizerinnen und Schweizer sind heute noch st__ auf ihn. Aber kri_____e Historiker zw___eln an der Existenz Wilhelm Tells.

---

das Land	country
die Heimat (Sg.)	home, home country
die Nation	nation
der Nationalismus (Sg.)	nationalism
die Fahne	flag
glauben (an)	believe (in)
(sich) halten für j-n/etw.	consider (oneself) to be sb./sth.

Fragen über Fragen:
Aus welchem L____ kommst du?
Was ist für dich Hei____?
Sieht man in deinem Land viele Fa____n?
Was kommt dir in den Sinn beim Wort Nat_____mus?
Ist für dich die Na____ Mythos oder Wirklichkeit?
Was passiert, wenn sich ein Volk für besser als andere h___t? Woran gl____en die Menschen in deinem Land?

---

der König, die -in	king, queen
die Macht (Sg.)	power
herrschen (über)	rule (over)
das Volk	people
die Demokratie (Sg.)	democracy
regieren	govern
die Gesellschaft (Sg.)	society

Früher regierte in vielen Ländern ein Kö____. D. h., die Ma____ war in der Hand einer Person. Diese her____te über das V___, das nichts zu sagen hatte. Ende des 18. Jahrhunderts kam es in Frankreich zur bürgerlichen Revolution: Das Volk, d. h. die Bürger und Kaufleute, wollten selber re_____en. Das war der Anfang der westlichen Dem_____ und der modernen Ges_____.

---

die Meinung	opinion
die Öffentlichkeit (Sg.)	public
die Leute (Pl.)	people
demokratisch	democratic(ally)
protestieren (gegen j-n/etw.)	protest (against sb./sth.)
einig	agreed, in agreement
bestimmt	certain(ly), for sure

Die „Verteidiger" der Demokratie:
„In unserem Land kann jeder auf demo_____em Weg seine M___ung äußern. Wem es nicht paßt, der kann ja gehen." „Die jungen Leute pro_____ in der Öff_____ gegen die Schule und die Noten." „Und die Frauen sollen sich ei__ werden, was sie wollen." „Die einfachen L___e haben ganz andere Sorgen. Sie vertrauen uns best_____, weil wir die Demokratie verteidigen."

---

gelernt _____   1. Wiederholung _____   2. Wiederholung _____

15

Krieg und Frieden

die Gewalt (Sg.)	violence	*Die Schlagzeilen von heute:*
der Feind, die -in	enemy	⇨ Offensive der Regierungs**ar**____ gegen die Rebellen
der Krieg	war	⇨ Der Befreiungs**kr**___ geht weiter
die Angst	fear	⇨ Historische Altstadt durch **Bo**____**en** zerstört
die Bombe	bomb	⇨ 3 Zivilisten **get**___**et** - **An**___ vor Terror steigt
töten	kill	⇨ UNO-**So**_____**en** zwischen den Kriegsparteien
die Armee	army	⇨ **Fr**_____**ns**verhandlungen erfolgreich
der Soldat, die -in	soldier	⇨ **Ge**____ gegen die Zivilbevölkerung
der Frieden (Sg.)	peace	⇨ Das alte **Fe**____bild stimmt nicht mehr

das Militär (Sg.)	army	„Als ich 19 Jahre alt war, mußte ich zum **Mi**____**r**. Dort
der Befehl	order, command	trug ich zum erstenmal eine Uniform. Zu töten und
die Überzeugung	conviction	**Bef**____**en** zu gehorchen war gegen meine **Üb**_____**gung**.
die Demonstration	demonstration	Mit 25 **bet**____**gte ich mich an** vielen **Dem**_____**en**
(sich) beteiligen (an etw.)	take part (in sth.)	gegen den Krieg. Ich **se**__**te mich dafür ein**, daß der Krieg
(sich) einsetzen (für)	support	auf der Welt gestoppt wird. Heute habe ich nicht mehr so
		viel Hoffnung." (Martin T., 40, aus Zürich)

streiten	fight	Wer **ge**____**en** will, muß verlieren können. Wer sich für
hassen	hate	den Frieden einsetzt, braucht nicht mehr **Frieden** zu
zerstören	destroy	**schl**____**en**. Denn er hat nicht blind irgendwelchen Befehlen
gewinnen	win	gehorcht, die nach dem Muster funktionieren: **st**____**e**,
regeln	settle	**h**____**e**, **zer**____**e**. Die Konflikte müssen wir heute anders
Frieden schließen	make peace	**re**__**ln**. Nicht mit Gewalt, sondern indem man miteinander,
die Konferenz	conference	z. B. in **Kon**____**en**, spricht. Es steht zuviel auf dem Spiel.

die Welt (Sg.)	world	Was sind die **Vora**_____**gen** für Frieden und **S**_____**t**?
die Sicherheit (Sg.)	security	Alle Armeen der **We**__ **beh**____**en**, sie würden die Sicher-
verteidigen	defend	heit ihres Landes **vertei**____. Das zuständige Ministerium
die Verteidigung (Sg.)	AE defense, BE defence	heißt ja auch **Ver**____**digungs**ministerium. Für viele
behaupten	claim	Menschen **ersch**____**t** immer noch das Militär **als**
erscheinen (als)	appear (to be)	**Beding**___**g** für Frieden und Sicherheit. Aber stimmt das
die Bedingung	condition	wirklich? Wer hat ein Interesse an einer Armee? Die
die Voraussetzung	requirement	Wirtschaft? Die erste Welt, die zweite oder die dritte Welt?

Ausländer und Ausländerinnen

der Ausländer, die -in	foreigner	Mit dem Wort „**Aus**____**er**" verband ich früher die Wörter
der Flüchtling	refugee	„Touristen" oder „Gastarbeiter". Heute kommen mir vor
flüchten	flee	allem **Flü**_____**ge** in den Sinn. Sie kommen aus Krisen-
retten	save	gebieten in Asien, Lateinamerika, Afrika oder Europa. Sie
die Grenze	border	**fl**____**en** aus ihrer Heimat, um ihr Leben zu **re**____. Pikas
Auskunft geben (über)	inform/tell (about sb./sth.)	und Meera erzählen: „Wir standen an der **Gr**____. Sie
das Asyl (Sg.)	asylum	wollten unsere Papiere sehen, und wir mußten **über** unsere
beantragen	apply for	Flucht **Ausk**____**g**____**en**. Wir **bea**____**ten** dann **As**___.
der Bescheid	answer	Vor zwei Tagen kam der negative **Be**____. Und jetzt?"

92   gelernt _____   1. Wiederholung _____   2. Wiederholung _____

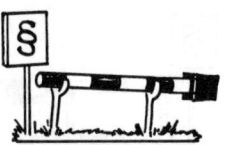

15

Ausländer und Ausländerinnen

die Emigration (Sg.)	emigration	Liebe Oma,
ankommen	arrive	vor zwei Monaten sind wir hier in Australien
der Anfang (Sg.)	beginning	**angek____en**. Zu Beginn war uns alles **fr____d**: die
fehlen	be missed	Sprache, die Menschen, das Essen. Der **Anf__g** in der
das Heimweh (Sg.)	homesickness	**E____ation** ist schwer. Wir haben oft **H____weh**. Wir
fremd	strange	wissen noch nicht, wie lange unser **Auf__halt** dauern
der Aufenthalt	stay	wird. Du **f___st** uns. Wann kommst Du uns besuchen?

einverstanden sein (mit)	agree (with)	In den Medien läuft eine Diskussion **p___** und **co___**
dafür	for it	politische Mitbestimmung von ausländischen Mitbürgern.
dagegen	against it	Die meisten Leute sind **dag____**, aber wenn sie selber
pro	for	Ausländer wären, wären sie sicher **daf__**. Ich verstehe
contra	against	nicht, warum sie **damit** nicht **einv_____** sind, denn
ja	yes	jeder Mensch ist nur Gast auf dieser Welt. Ich hoffe, daß
nein	no	die **Ne__**-Sager am Schluß doch noch **j__** sagen.

öffentlich	(in) public, publicly	Heute haben wir in der Schule ganz **allg____n** über das
allgemein	general(ly)	Thema **Fremdenh__** diskutiert. Niemand wollte
das Vorurteil	prejudice	**öff____** zugeben, daß er **Vo_____e** gegenüber anderen
der Fremdenhaß (Sg.)	hatred of foreigners	hat – mit **Au_____** von Yvona. Sie erzählte, daß einige
die Gemeinschaft	community	Menschen in ihrer Heimat etwas gegen die Juden und
die Ausnahme	exception	andere religiöse **Gem_____en** haben.

Politik und Parteien

die Politik (Sg.)	politics	*Berlin (dpa)* Die **Re_____** hat gestern beschlossen, stärker
politisch	political(ly)	mit der **Opp_____** zusammenzuarbeiten. Sie hofft, daß die
die Regierung	government	**po_____e** Arbeit damit verbessert werden kann. Sie ist der
die Mehrheit	majority	Auffassung, daß heute in der **Po____** nicht mehr von par-
die Opposition (Sg.)	opposition	lamentarischer „**Mi____heit**" und „**Me____heit**" gesprochen
die Minderheit	minority	werden kann, sondern daß alle zusammenstehen müssen.

der Politiker, die -in	politician	„Wir **Bü___** und **Bü___innen** haben in diesem Land
der Bundeskanzler, die -in	Federal Chancellor	nichts zu sagen. Die **Po_____** machen, was sie wollen.
der Minister, die -in	minister	Die **Abge_____en** lassen sich gut bezahlen und tun nichts.
der Bürgermeister, die -in	mayor, mayoress	Die **Bundeska_____in** und die **Mi_____** haben nur ihre
der/die Abgeordnete	member of parliament	eigenen Interessen im Kopf. Der **Bürgerm_____** auf dem
der Bürger, die -in	citizen	Dorf hört nicht auf uns **Bew_____**. - Und wie sind denn
der Bewohner, die -in	resident	die Politiker und Politikerinnen bei Euch?"

der Präsident, die -in	president	„Der Staats**prä_____** bei uns ist **mög_____** viel unter-
der Sitz	seat	wegs und redet mit den Leuten. Er darf nicht älter als 30
halbjährlich	every six months	sein und muß **halbjä_____** wechseln. Bequem ist das
möglichst	as ... as possible	**aller_____** nicht, da es keinen festen Regierungs**si__**
allerdings	though, however	gibt. Er lebt in einem Wohnwagen – wie beim Zirkus."

gelernt _____   1. Wiederholung _____   2. Wiederholung _____

15

Politik und Parteien

das Parlament	parliament	In Deutschland wä___t das Pa_____ den Bundeskanzler
die Versammlung	assembly	in einer Sonders i_____. Die **Versa**_____ wird von
die Sitzung	session	Radio und TV übertragen. Spannend ist es nicht, obwohl
der Kandidat, die -in	candidate	es eine **geh**____e **Wa**___ ist, denn es gewinnt doch
die Wahl	election	immer der **Kan**____ der Mehrheit. In Österreich schlägt
wählen	elect, vote	der Bundespräsident einen Kanzlerkandidaten vor. In der
geheim	secret	Schweiz gibt es sieben gleichberechtigte Minister.

vorschlagen	propose, suggest	Die Regierung **versp**_____t sich von der **Ref**____ der
(sich etw.) versprechen (von)	expect (sth. from)	Umweltpolitik eine Verbesserung der Luft. Sie **schlä**___t
begründen	explain, justify	ein Fahrverbot für Autos **vor**. Sie **begr**_____et
unterstützen	support	ihren Vorschlag mit dem gefährlichen Smog.
fordern	demand	Ein Teil der Politiker und Polikerinnen **unterst**____t die
ändern	change	Regierung, ein Teil **for**____t, daß der Vorschlag **geän**___t
die Reform	reform	wird, weil er zu weit gehe.

der Haushalt	budget	*Im Parlament:* „Der Staat muß immer mehr sparen.
entscheiden	decide	So wurde **be**____ossen, weniger Geld für Bildung
die Stimme	vote	auszugeben. (...) Bevor wir **über** den Staatsha_____
abstimmen (über)	vote (on)	**abst**_____, sollte deshalb jeder für sich **gru**_____
beschließen	decide	überlegen, warum, wieso und weshalb. Mit Ihrer
grundsätzlich	fundamental(ly)	**Sti**___ **entsch**_____ Sie über die Zukunft dieses Staates."

rechts, rechte(r/s)	right-wing	Die **re**___ten Parteien nennt man bei uns auch die
konservativ	conservative	„**Schw**____n". Sie vertreten **kon**_____ve Ideen. „Die
schwarz	black	**M**___e" besteht aus **bür**_____en Kräften. Sie vertreten
bürgerlich	bourgeois, middle-class	die Wirtschaft, machen aber oft auch eine **lib**____e
die Mitte (Sg.)	AE center, BE centre	Politik, bei der die Freiheit des einzelnen wichtig ist.
liberal	liberal	

sozial	social	Die **Gr**___en unterstützen eine **öko**_____e Politik. Bei
grün	green	dieser Partei gibt es sowohl konservative als auch
ökologisch	ecological	**fort**_____e Mitglieder. – Heute sind viele Parteien für
fortschrittlich	progressive	den Umweltschutz, so auch die **so**____demokratische
links, linke(r/s)	left-wing	Partei, die früher eine **soz**_____sche Partei war. –
sozialistisch	socialist	**R**__ - grün - schwarz. Vielleicht sind diese Farben heute
rot	red	nicht mehr so wichtig.

Recht und Gesetz

das Recht (Sg.)	law	Das **Re**___ versucht, mit **Vors**_____en und **Verb**___en das
das Gesetz	law	Zusammenleben der Menschen in der Gesellschaft zu
die Vorschrift	rule, regulation	regeln. Die **Ge**____e sollten den einzelnen aber auch vor
das Verbot	prohibition	staatlichem Machtmißbrauch schützen. Der Bürger hat also
die Pflicht	duty	**Pf**_____en gegenüber dem Staat und umgekehrt.

gelernt _____   1. Wiederholung _____   2. Wiederholung _____

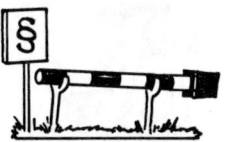

Recht und Gesetz

der Krimi	detective novel/story	„Letzte Woche bin ich mir wie ein **Verbr**___ vorgekommen:
die Polizei (Sg.)	police	Eine **Po**_____**in** hat mich angehalten und meinen Ausweis
der Polizist, die -in	policeman/-woman	verlangt. Ich sag' dir: wie in einem **Kr**_____! Ich habe
der Verbrecher, die -in	criminal	mir überlegt, ob ich etwas dagegen machen soll. Ich habe
die Untersuchung	investigation	keine **Bew**___**e**, und gegen die **Po**____**i** hat man sowieso
der Beweis	proof, evidence	keine Chance. Die **Tat**_____**n** würden bei einer
die Tatsache	fact	**Unt**_____**ung** von der Polizistin einfach bestritten, und
das Verfahren	proceedings, lawsuit	es würde nie zu einem **Verfa**_____ gegen sie kommen."

verhaften	arrest	Der Polizei ist es gelungen, den Verbrecher zu **verh**_____.
befragen	question	Im Moment wird **festge**____**t**, ob es sich wirklich um den
feststellen	ascertain, establish	seit langem gesuchten Peter L. handelt. Der Verhaftete wird
sich beschweren (über)	complain (about)	intensiv **befr**___**t**. Es ist zu hoffen, daß bald **gegen** ihn
klagen (gegen)	take legal action (against)	**gek**____**t** wird und daß er **best**____**t** wird. Nach der
bestrafen	punish	Verhaftung ist die Bevölkerung wieder beruhigt und
		besch_____**t sich** nicht mehr **über** die Polizei.

das Gericht	court	Im **Ge**_____**tssaal**: „Pst! Siehst du da vorn die
der Prozeß	trial, lawsuit	**Angek**_____; sie soll ihren Mann umgebracht haben. So
der Richter, die -in	judge	etwas! Daneben der junge **Rechtsan**_____, er versucht
der Rechtsanwalt,	lawyer	sicher, ihr zu helfen. Ist das ihr neuer Liebhaber? Pst! Die
die -anwältin		**Ri**_____**in** ruft den ersten **Z**____**en** rein. Was hat der
der/die Angeklagte	defendant, accused	wohl gehört oder gesehen? Spannend, nicht? Hoffentlich
der Zeuge, die Zeugin	witness	dauert der **Pro**_____ noch lange!"

die Verhandlung eröffnen	open the proceedings	Wie ist die richtige Reihenfolge?
den Fall behandeln	hear the case	❏ Der Zeuge **m**_____**t** eine **Auss**_____.
die Tat untersuchen	investigate the AE offense / BE offence	❏ Der Richter **erö**_____**t** die **Verha**_____:
eine Aussage machen	give evidence	❏ **Beh**____**ln** wir heute den **Fa**___ „Ahlers gegen Schmid"?
die Schuld beweisen	prove guilt	❏ Am Schluß **äu**____**t** der Verteidiger **Zw**_____ an der Zeugenaussage und **ste**__**t** den **Ant**___ auf Freispruch.
Zweifel äußern	express doubts	❏ Der Staatsanwalt will an Hand der Zeugenaussage die
den Antrag stellen	petition	**Sch**____ des Angeklagten **bew**_____.
		❏ Die Polizei hat die **T**__ vorher gründlich **unters**___**t**.

schuldig	guilty	Bevor das Gericht eine **Str**____, z. B. eine **Geldbu**___,
das Urteil	verdict	**auspre**_____ kann, muß es entscheiden, ob der
die Strafe	punishment, penalty	Angeklagte überhaupt **sch**____**g** ist. Dabei muß es prüfen,
die Geldbuße	penalty, fine	ob der Schuldige mit **Ab**_____ gehandelt hat. Es ist
aussprechen	pronounce	nämlich **mö**_____, daß jemand zu Schaden kommt, ohne
möglich	possible	daß ein anderer **veran**_____ ist. Nur so kann das
die Absicht	intention	Gericht ein gerechtes **Ur**____ aussprechen. - „Im Zweifel
verantwortlich	responsible	für den Angeklagten" haben schon die alten Römer gesagt.

die Geldstrafe / die Geldbuße (D), die Geldstrafe (A), die Busse (CH)

16 Freizeit und Unterhaltung

Spiele

das Pech (Sg.)	bad luck	Klaus, Anna, Anselm und Ursula sitzen an einem
die Karte	card	Tisch und **spie**_____ Karten. Klaus muß als erster die
spielen	play	Karten **misch**____. Alle bekommen sechs **Ka**____**n**, und
mischen	shuffle	dann muß jeder selber eine **zi**____, wenn er **dr**___ **ist**.
j-d ist dran	it's sb.'s turn	Anna und Anselm haben **Gl**____. Sie haben gute Karten.
ziehen	take	Klaus und Ursula haben schlechte Karten. Sie haben **Pe**___.
der Zufall	chance	Beim Kartenspielen ist eben viel **Zu**_____ dabei.
das Glück (Sg.)	(good) luck	Oder glauben Sie etwa nicht an Zufälle?

der Ball	ball	Das Lieblingsspiel der Kinder ist Sitzball. Das **Sp**___ geht
treffen	hit	so: Man bildet zwei Gruppen. Eine Gruppe hat zuerst den
fangen	catch	**Ba**__. Ein **Sp**____**er** muß den Ball **wer**_____ und einen
werfen	throw	Gegner **tre**____. Wer getroffen wird, muß sich setzen. Wer
die Regel	rule	den Ball **fan**____ kann, versucht, sofort weiterzuspielen.
das Spiel	game	Ich finde, die **Re**___**n** sind ganz einfach. Gewonnen hat
der Spieler, die -in	player	die Gruppe, die am Ende die meisten stehenden Spieler hat.

das Denkspiel	brainteaser	Bridge ist ein **Kart**_____.
das Ratespiel	guessing game	Schach ist ein **Bre**_____ und auch ein Denkspiel.
raten	guess	Roulette ist ein **Glü**_____.
das Brettspiel	board game	„Was bin ich?" ist ein **Ra**_____. Man muß Berufe
das Glücksspiel	game of chance	**ra**_____. Für viele ist Mathematik ein **De**_____.
das Kartenspiel	card game	Ich spiele überhaupt nicht gern.

Traditionelle Kartenspiele: Schnapsen (A), Jassen (CH), Skat, Doppelkopf (D)

der Start (Sg.)	start	Die Schweizer spielen „Eile mit Weile". Es ist ganz einfach.
es geht los	here we go	Zuerst **würf**____**t** man. Wer die höchste Zahl hat, ist als
die Figur	man	erster an der Reihe. Er stellt seine **Fi**_____ auf das **Br**____,
der Würfel	dice	und zwar auf das Feld, auf dem „**Sta**___" steht. Jetzt **geht's**
würfeln	throw the dice	**l**____. Jeder zieht mit seiner Figur so viele Felder weiter,
das Brett	board	wie der **Wür**_____ anzeigt. Wer als erster das **Zi**___
das Ziel	home	erreicht, hat gewonnen. Probieren Sie es doch auch mal!

„Eile mit Weile" (CH), „Mensch ärgere dich nicht" (A, D)

starten	start	Kinder spielen gern **Comp**_____**e**. Für sie ist der Com-
das Computerspiel	computer game	puter ein **Spi**_____ wie jedes andere auch. Sie
der Knopf	button	**sta**_____ das Spiel, und sofort geht es in hohem Tempo
überlegen	think	los. Es bleibt kaum Zeit zu **überle**_____. Sie **drü**_____
drücken	press	die **Ta**___**n** und drehen wie wild an allen Knöpfen.
die Taste	key	Plötzlich ist der Bildschirm schwarz. Jemand hat das Spiel
das Spielzeug	toy	**gesto**____**t**. Zum Glück ist aber nichts kaputt. Pascal, der
etw. stoppen	stop sth.	Kleinste, hat aus Versehen auf den On/Off-**Kn**_____
		gedrückt.

96   gelernt _____   1. Wiederholung _____   2. Wiederholung _____

16

Fitneß und Sport

die Halle	gymnasium, indoor arena	Sport kann man überall machen. Manche Sportarten kann
allein	alone	man in einer **Ha**_____, andere draußen im **Fre**_____
zu zweit	with a partner	ausüben. Man kann Sport **all**___ treiben oder zu **zw**____.
das Team	team	Ich selber mag soziale Sportarten, bei denen eine ganze
die Mannschaft	team	**Manns**_____ oder ein **T**_____ zusammenspielt.
im Freien	outdoors	

(das) Skifahren	skiing	Von allen Wintersportarten gefällt mir **Langl**_____
(das) Langlaufen	cross-country skiing	am besten. **Eish**_____ finde ich eher brutal, zu hart.
(das) Eishockey	ice hockey	Auch **Sk**_____ ist sehr gefährlich. Im TV seh'
(der) Eiskunstlauf	figure skating	ich oft, wie die Fahrer **st**_____. Da finde ich
stürzen	fall	**Eisk**_____ doch noch schöner.

(der) Fußball	AE soccer, BE football	Die Schweden spielen im Moment gut **Handb**_____.
(der) Basketball	basketball	Die Brasilianer sind die Besten im **Fußb**____.
(der) Volleyball	volleyball	Die Chinesen sind stark im **Tischt**_____.
(das) Tischtennis	table tennis	Niemand spielt besser **Voll**_____ als die Italiener.
(das) Tennis	tennis	Die Amerikaner sind absolute Spitze im **Basket**_____.
(der) Handball	handball	Im **Te**_____ ist immer wieder ein anderer **Pr**____
der Profi(sportler)	pro, professional	der Beste der Welt. Es ändert sich alles, auch im Sport.

der Rekord	record	Sport ist für viele ein Streß. Nur das **Resul**_____ zählt.
brechen	break	Alle wollen **gew**_____. Niemand will **ver**_____.
verlieren	lose	Das **Ergeb**____ ist wichtig. Nur eines zählt: höher,
gewinnen	win	schneller, weiter. Es gilt, **Rek**_____e zu **bre**____.
das Resultat	result	Ähnlich ist es bei Mannschaftssportarten. Die Fans sind alle
es steht ... zu ...	the score is ... to ...	enttäuscht, solange ein Spiel 0 **zu** 0 **st**____t. Irgend jemand
das Ergebnis	result	muß einfach siegen. Ich finde das blöd. Sie auch?

das Tor	goal	Fußball ist Faszination. Es wird gekämpft um jeden Ball.
schießen	kick	Am schönsten ist es, wenn es einem Spieler gelingt,
zuschauen	watch	ein **T**____ zu **schie**_____. Es ist ein wunderbares Gefühl,
unentschieden	in a draw	wenn das Netz zittert, auch für die, die **zuscha**_____.
siegen	win	Wer **sie**____ will, muß Tore schießen. Oft ist ein Spiel in
der Punkt	point	der ersten **Halbz**___ besser als in der zweiten.
die Halbzeit	half	Wenn keine Mannschaft ein Tor macht, endet die Partie
		unent_____, und beide bekommen einen **Pu**_____.

der Verein / der Club	club	Ich bin sportlich. Meine Freizeit verbringe ich auf dem
der Sportplatz	sports field	**Sportp**_____. Alle meine Freunde **trei**_____ **Sp**_____.
die Kabine	cubicle	Wir **trai**_____ oft zusammen. Wir **lau**_____, rennen
Sport treiben	do a lot of sports	und **sprin**_____. Unser **Ver**_____ kann das
laufen	run, walk	städtische Stadion benutzen. Nach dem Training können
springen	jump	wir uns in den **Ka**_____n duschen. Es ist gut, in einem
trainieren	train	**Cl**___ zu sein. Für mich wenigstens ist es gut so.

gelernt _____   1. Wiederholung _____   2. Wiederholung _____

16

Hobbys

das Hobby	hobby	Alle meine Freunde haben ein Hobby. Ein **H**_____ ist
gern(e) tun	like doing	etwas, was man **g**_____ **tut**. Peter zum Beispiel
joggen	go jogging	**macht** gern **Au**____**üge**. Anna **wa**_____**t** gern.
einen Ausflug machen	go on a trip	Rolf geht jeden Morgen eine Stunde **jo**_____.
wandern	walk, hike	Klaus geht am Wochenende immer wieder **rad**_____.
radfahren	cycle	Nur ich habe kein **H**____. Ich tue nichts, ich sitze gern
(sich) langweilen	be bored	faul zu Hause rum und **lang**_____**e mich** trotzdem nicht.

Kulturelle Aktivitäten

die Kinokarte	ticket for the AE movies / BE cinema	Meine Freundin arbeitet für ein Filmfestival. Sie schenkt mir immer **Kinok**____**n**. Ich muß nie **Eint**_____
der Eintritt (Sg.)	admission	bezahlen, wenn ich ins **Ki**____ will. Ich stehe nie Schlange
die Kasse	ticket office	an der **Ka**_____. Vor allem, wenn viele **Zu**_____
die Reihe	row	kommen und das **Publ**____ zahlreich ist, finde ich das
der Zuschauer, die -in	member of the audience	praktisch. Ich habe immer einen Platz in der besten
das Publikum (Sg.)	audience	**Rei**____. Eigentlich wäre ich gern Schauspieler geworden!
das Kino	AE movie theater, BE cinema	

der Eingang	entrance	Im Juli **fin**____**t** in unserer Stadt ein Theaterfestival
das Programm	AE program, BE programme	**st**____. Ich finde das **Pro**_____ sehr gut. Aber
stattfinden	take place	leider arbeite ich dieses Jahr nur in der **Gar**_____.
die Pause	AE intermission, BE interval	Die Zuschauer können neben dem **Ein**_____ ihre
die Garderobe	AE checkroom, BE cloakroom	Mäntel **abg**_____. Ich hänge sie dann an einen **Ha**_____ mit einer Nummer. In der **Pau**____
der Haken	hook	verkaufe ich Eis und Getränke. Wenigstens verdiene ich gut.
abgeben	leave	

Feste und Feiertage

der Feiertag	holiday	Bei uns ist **Tra**_____ nicht mehr so wichtig.
Weihnachten	Christmas	Nicht jeder **Fei**_____ ist ein besonderes **Erei**_____.
Ostern	Easter	Nur **Wei**_____ und **Os**____ feiern wir
das Ereignis	event	alle zusammen. Da ist es **übl**____, daß alle gemeinsam
die Tradition	tradition	zu Hause essen. Man kann auch ohne den ganzen
üblich	customary	Konsumstreß leben. Sogar Großmutter kann zu
typisch	typical	Weihnachten ohne den **typ**_____**en** Gänsebraten fröhlich sein, solange sie ihren Eierlikör bekommt.

feiern	celebrate	Großmutter **fe**____**t** dieses Jahr ihren achtzigsten
das Fest	party, celebration	**Gebur**_____. Sie möchte ein **F**___ machen, eine richtige
die Party	party	**Par**___ mit vielen Gästen und Musik. Sie hat eine lange
der Geburtstag	birthday	Liste mit Leuten, die sie **einl**____ möchte. Nur eines will
einladen	invite	sie nicht: Niemand soll ein **Ge**_____ mitbringen.
das Geschenk	gift, present	

gelernt _____   1. Wiederholung _____   2. Wiederholung _____

Kunst

Bildende Kunst

die Kunst	art	Personen, die **Kun__** produzieren, heißen **Kü____ler**.
der Künstler, die -in	artist	Aber nicht nur Künstler **pro_____** Kunst. Viele
künstlerisch	artistic(ally)	Leute arbeiten **kü_____isch** – als Hobby. Das Ergebnis
das Kunstwerk	work of art	der künstlerischen Arbeit heißt **Kun_____rk**.
produzieren	produce	Unter **Kul___** verstehen manche Menschen nur 'Kunst';
die Kultur	culture	Kultur meint aber alles, was zum Leben gehört.

der Maler, die -in	painter	Sensationserfolg in Paris: Die **Aus_____ung**
die Malerei (Sg.)	painting	„Österreichische **Ma__ei** des frühen 20. Jahrhunderts"
das Bild	picture	in Paris wurde wegen des großen Interesses zum zwei-
das Gemälde	painting	ten Mal verlängert. Die Schau zeigt **Bi__er** und
die Ausstellung	exhibition	**Gem____** von Schiele, Klimt, Kokoschka und weniger
das Museum, die Museen	museum	bekannten **Ma__n** aus 23 verschiedenen **Mu__en**.
die Sammlung	collection	Viele der Bilder gehören einer privaten **Samm_____**
ausstellen	show, exhibit	und werden hier erstmals öffentlich **ausgest___t**.

das Original	original	Der alte Mann hatte sein Leben lang moderne Kunstwerke
die Zeichnung	drawing	**ges_____t**. In seiner Wohnung gab es **Ori____e** vieler
die Plastik	sculpture	bekannter Künstler. Er hatte nicht nur Bilder, sondern auch
die Figur	figure	**Pla____en** und **Ob___e** zusammengetragen. An den
das Objekt	object	Wänden hingen überall Gemälde, **Zei_____en** und
die Grafik	print	**Gr____en**. Und auch einige **Plak___e** aus dem Jugendstil.
das Plakat	poster	In der Mitte des größten und hellsten Raumes stand eine
sammeln	collect	große **Fi___** aus Holz.

der Architekt, die -in	architect	Der französisch-schweizerische **Arch_____**
die Architektur (Sg.)	architecture	Le Corbusier (1887 - 1965) gilt als einer der wichtigsten
der Bau	building	Vertreter der **Arch____ur** des 20. Jahrhunderts. Er hat
entwerfen	design	aber nicht nur bekannte **B__ten entwo____**. Er hat auch
zeichnen	draw	**gez____et** und **gem__t** sowie eine Reihe von hervor-
malen	paint	ragenden Skulpturen **gesch_____**. Er ist einer der
schaffen	create	wenigen Menschen, die auf dem gesamten Gebiet der
die bildende Kunst	fine art	**bi____en Kunst** große Bedeutung haben.

besuchen	visit	Liebe Grüße aus Basel von Eugen! Ich habe heute das
der Besucher, die -in	visitor	Basler Kunstmuseum **besu__t**, wirklich toll! Ich konnte
anschauen	look at	mir in aller Ruhe die moderne Kunst **ansch_____** und
besichtigen	look at, view	auf mich **wir___** lassen. Es gibt da so viele gute Sachen!
der Eindruck	impression	Aber manche **Bes___er** sind mir richtig auf die Nerven
die Wirkung	effect	gegangen. Sie **besi____gen** schnell ein Bild und reden
wirken	have an effect	dauernd über ihre **Ei__ücke** und die **Wir__g**. Sie reden
der Grund	reason	über die **Grü__e** der Künstler, die Bilder gerade so zu
		malen. Und was der Künstler damit sagen will. So blöd!

gelernt _____   1. Wiederholung _____   2. Wiederholung _____

17

Bildende Kunst

das Thema, die Themen	subject	„Siehst du, dieses Bild hier von Rolf Iseli **st____t** die
die Darstellung	representation	Umgebung des Künstlers **dar**. Und dennoch ist das Bild
darstellen	represent, show	nicht **rea____isch**. Die Landschaft, in der Iseli lebt, hat
realistisch	realistic(ally)	nicht nur seine **Dar_____** und seine **Th____en** stark
der Einfluß	influence	**beein____t**, sie hat auch **Einf____** auf seine **Tech____**",
beeinflussen	influence	erklärte der Mann seiner Frau.
die Technik	technique	„Dieses Bild ist von Chagall", sagte sie und lächelte.

der Trend	trend	Meine sehr verehrten Damen und Herren! Ich freue
international	international	mich, Sie in unserer **Ga____** begrüßen zu dürfen. Wir
modern	modern	**zei___** in den nächsten Wochen jüngste Arbeiten von
aktuell	up-to-date	Leo Scherthing. Seine Bilder und Objekte folgen nicht
zeigen	show	einfach **int_____en** Moden und **Tr___s**. Meine
entdecken	discover	Damen und Herren, **entd_____** Sie die selbständige,
eröffnen	open	**mo____e** und **ak____e** Kunst Leo Scherthings. Darf
die Galerie	gallery	ich den Künstler bitten, die Ausstellung zu **erö_____**?

die Führung	guided tour	*Zu Ihrer Information:*
der Schutz (Sg.)	protection	Zum besseren **Schu___** und zur **Si_____** unserer
schützen	protect	Kunstwerke sind nur geschlossene **Füh____en** durch
sichern	secure	unsere Sammlungen möglich. Die Kunstwerke werden mit
die Sicherheit (Sg.)	security, safety	einer Alarm**anl____ gesch____t** und **ges____ert**.
berühren	touch	**Ber____** Sie keine Bilder und Objekte! Wer einen **Al___**
der Alarm	alarm	auslöst, muß die Sammlung sofort verlassen!
die Anlage	system	

Musik

der Musiker, die -in	musician	„Hören Sie diese **Mu___**! Einfach wunderbar. Wissen
die Musik (Sg.)	music	Sie, ich **h__e** sehr viel **Musik**. Und dieses **Musikst___**
das Musikstück	piece of music	ist wunderbar, es ist perfekt. Das ist Musik nach meinem
Musik machen	play music	**Gesch____**! Wissen Sie, ich **ma__e** auch selbst **Musik**.
Musik hören	listen to music	Ich bin zwar keine gute **Mu___erin**, aber es macht mir
begabt (sein)	(be) gifted	viel Spaß; ich mache am liebsten Musik mit den Kindern.
mögen	like	Die **mö____** auch sehr gern Musik, und sie **sind** sogar recht
der Geschmack	taste	**beg____**." „Kann ich bitte der Musik zuhören?"

singen	sing	In der Schule mußte ich **sin___**, wirklich, jeder mußte
der Sänger, die -in	singer	allein eine Strophe von einem **L__d** vorsingen. Das war
die Stimme	voice	schrecklich für mich. Der Lehrer sagte zu mir: „Deine
das Lied	song	**St____** ist ja ganz gut, aber du kannst nicht singen." Die
der Chor	choir	Schüler, die singen konnten, wurden **Sä____** im **Ch___**.
die Note	note *(here)* music	Ich kann noch heute keine **No___n** lesen und glaube immer noch, daß ich nicht singen kann.

Musik

der Star	star	Vom **unbek____en** Sänger über Nacht zum **St___**:
die Gruppe	group	Die Karriere der aus Dublin stammenden **Gr____** U2
die Band	band	und ihres Sängers Bono gleicht einem Hollywood-Film.
der Hit	hit	Die **Ba__** war lange nur in den kleinen Rock-Clubs von
beliebt	popular	Dublin **bek____** und **bel____**, bis ihr der erste **Hi__**
berühmt	famous	gelang. Durch geschicktes Management wurde die
bekannt	(well-)known	Band sehr schnell **ber____**.
unbekannt	unknown	

das Instrument	instrument	Wie gut möchten Sie ein **Ins_____** jeweils **sp____**
spielen	play	können? Setzen Sie Ihre Lieblingsmusiker ein.
das Klavier	piano	**Tro_____** wie .... (zum Beispiel Miles Davis)
die Gitarre	guitar	**Git_____** wie ....
der Baß	(double) bass	**B___** wie ....
die Trompete	trumpet	**Sax_____** wie ....
das Saxophon	saxophone	**Kla____** wie ....

der Jazz (Sg.)	jazz	Wenn ich jeweils nur eine Platte oder CD haben könnte,
der Rock (Sg.)	rock	dann würde ich die folgende Musik auswählen:
der Pop (Sg.)	pop	Für **Ja__** die Platte .... von ....
die Volksmusik	folk music	Für **Ro__** das Album .... von ....
die Klassik (Sg.)	classical music	Für **Kl____** .... von ...., das ist meine liebste
klassisch	classical	**kl_____e** Musik.
die Oper	opera	Für **P___** das Lied .... von ....
		Aus dem Bereich **Vo____sik** das Stück .... von ....
		Als **Op___** eine Aufnahme von .... mit ....

die Veranstaltung	event	○ Du, kommst du mit zur **Veran____ung** im Rockhaus?
das Konzert	concert	● Was ist da los?
der Vorschlag	suggestion	○ Morgen abend ist ein **Kon___** von den „Young Gods".
prima	great	● Das ist eine **pr___** Idee. Wirklich ein guter **Vorsch___**.
selbstverständlich	of course	○ Also gut. **Abge____t**. Und sei bitte früh genug da, ja?
abgemacht	agreed	● Aber sicher, **selbst_____lich**!

die Disko / Diskothek	disco(theque)	„Ich gehe nicht in die **Di___**, weil ich **ta___** will, ich
ausgehen	go out	gehe in die Disko, weil ich **ausg____** will", sagt der
(sich) unterhalten	talk	15jährige Michael M. „Es macht mich verrückt, wenn
tanzen	dance	alle alten Leute sofort sagen, daß es in der Disko so laut
der Tanz	dance	ist und man **sich** nicht **unt_____** kann. Ich sage ja
der Ball	ball, dance	auch nichts, wenn die Oldies auf **Bä__e** gehen und
		ihre langweiligen alten **Tä___e** tanzen", meint Michael.

gelernt _____   1. Wiederholung _____   2. Wiederholung _____

17

Literatur und Theater

das Märchen	fairytale	„Ich wollte meiner Tochter nicht immer die alten **Mä**_____
erzählen	tell	**erz**_____", sagte Astrid Lindgren, die „Mutter" von Pipi
die Geschichte	story	Langstrumpf, in einem Interview. „Deshalb mußte ich neue
aufregend	exciting	**Gesch**_____**n** für sie **erf**_____." Sie fand manche schön und
erfinden	make up, invent	**aufr**___**nd**, andere fand sie langweilig. „Später begann ich,
aufschreiben	write down	diese Geschichten **aufzusch**_____. Erst Jahre danach habe
veröffentlichen	publish	ich sie als Buch **veröff**_____**t**", erklärte Astrid Lindgren.

die Literatur	literature	In der Schule mußten wir in „**Li**_____**tur**" lernen, welche
der Autor, die -in	author	berühmten **Au**___**en** welche berühmten **Te**_**e** geschrieben
der Dichter, die -in	poet	haben. Wir haben wenig **gele**____. Aber wir mußten oft
der Text	text	**Ged**_____**e** von 'großen' **Di**____**ern** auswendig lernen. Zu
das Gedicht	poem	Hause habe ich viel gelesen. Ich hatte gern **Co**____**s** und
die Erzählung	tale, short story	tolle **Erzä**_____**en**. Manche davon habe ich so oft gelesen,
der Roman	novel	daß ich sie selbst genau erzählen konnte. Einmal habe ich
der Comic	comic	einen **Ro**___ mit 600 Seiten ganz gelesen. Stolz zeigte ich
lesen	read	das Buch der Lehrerin. Aber sie sagte nur, es sei schlecht.

der Krimi/Kriminalroman	detective story / novel	Das kann kein guter **Kr**_**i** werden, dachte Mimi, als schon
die Seite	page	auf der ersten **Sei**__ der Mörder gefunden wurde. Aber die
der Abschnitt	part, section	**Spa**_____ stieg von Seite zu Seite, und am Ende des ersten
die Spannung (Sg.)	suspense	**Absch**_____**s** konnte sie nicht aufhören. Sie las **auf**____**sam**
spannend	exciting	weiter, obwohl es schon sehr spät war. Der Krimi wurde
die Aufmerksamkeit (Sg.)	attention	immer **sp**_____**nder,** und ihre **Aufm**_____**keit** siegte
aufmerksam	attentive(ly)	über den Schlaf.

empfehlen	recommend	Ich hatte Mimi gefragt, ob sie mir ein Buch **emp**_____
etw. gefällt j-m	sb. likes sth.	kann. „Lies *Tödlicher Kaffee*", hatte sie gesagt. „Du wirst
ausgezeichnet	excellent	sehen, das wird dir gut **gef**_____, der Autor schreibt ganz
wunderbar	wonderful	**ausgez**_____, einfach **wun**_____."
enttäuschen	disappoint	Ich habe es kaum geschafft, das Buch **fer**___ zu **lesen**, so
langweilig	boring	**lan**____**ig** und **schw**__ war es. Ich war vom Buch total
schwach (schwächer, am schwächsten)	weak(ly)	**entt**_____**t** und von Mimi. Als ich es Mimi sagte, lachte sie: „*Tödlicher Schnee* solltest du lesen, nicht *Kaffee*!"
fertiglesen	read to the end	

das Hobby	hobby	„Lesen ist mein **Ho**___ geworden", erzählt Maria, „trotz
(viel/wenig) bedeuten	mean a lot / little	schlechter Erfahrungen in der Schule. Ich weiß nicht,
besonders	specially	wieso es mir so **viel bed**___**et**. Vielleicht, weil es immer
der Spaß (Sg.)	fun	etwas gibt, das zu meiner **Sti**_____ paßt. Manchmal
Lust haben (auf)	feel like	brauche ich etwas mit viel **Gef**___, manchmal habe ich
die Stimmung	mood	**Lu**__, etwas zu lesen, das einfach nur **Sp**__ macht. Wenn
das Gefühl	feeling	Bücher gut und schön sind, liebe ich sie **bes**_____**s**."

102   gelernt _____   1. Wiederholung _____   2. Wiederholung _____

17

Literatur und Theater

die Kritik	criticism
der Kritiker, die -in	critic
kritisch	critical
die Idee	idea
der Inhalt	content
die Form	form
der Zusammenhang	coherence

„Der Roman hat alles, was ein guter Roman braucht", sprach der **Kri___er**. „Die **Id__** ist neu und originell, der **In___** ist spannend und interessant, die **Fo__** ist gut. Aber wenn man den Roman **k___isch** liest, dann fehlt der **Zus_____hang**. Meine **Kri___** ist", sprach der Kritiker, „daß das Buch gute Teile hat, daß es aber kein gutes Buch ist." „Was ist denn ein gutes Buch?" fragte die Autorin.

meinen	think
ablehnen	disapprove of
das Gegenteil (Sg.)	opposite
ausschließen	exclude
das Sprichwort	saying

● Du kennst doch den Roman, den der Kritiker so klar **abgel___t** hat. Was **m___st** du dazu?
○ Genau das **Gegen___**, ein wunderbarer Roman. Ich kann nicht **aussch_____**, daß er ihn gar nicht gelesen hat.
● Meinst du das wirklich?
○ Du kennst doch das **Spr_____rt**: 'Der redet wie ein Buch.' Aber er redet nicht *über* das Buch.

das Theater	AE theater, BE theatre
der Platz	seat
die Bühne	stage
der Vorhang	curtain
das Licht	light
ausgehen	go out
angehen	go on
die Phantasie (Sg.)	imagination
die Wirklichkeit (mst. Sg.)	reality

Es beginnt an der Kasse, wenn man den Eintritt bezahlt und die Karte bekommt. Dann die freundlichen Damen und Herren, die einem den **Pl__** zeigen. Wenn das **Li__** im Saal **ausg__t** und sich der **Vorh___** öffnet, wenn die Scheinwerfer **ang___**, dann existiert nur noch die **Bü__** und was auf ihr geschieht. Es gibt sie nicht mehr, die Grenze zwischen **Phan_____** und **Wir____keit**. Es gibt nur noch das Spiel auf der Bühne. Man ist wieder im **The_____**.

die Vorstellung	performance
der Schauspieler, die -in	actor, actress
die Rolle	part, role
der Regisseur, die -in	producer
das Publikum (Sg.)	audience
das Stück	play
der Stoff (Sg.)	subject matter

Wien. Premiere am Akademietheater. Gestern fand die erste **Vorst_____** des **Stü__es** „Goldberg Variationen" des Autors und **Regi_____s** George Tabori statt. Tabori hat aus dem **Sto__** der Bibel ein faszinierendes Theaterstück voll Ernst und zugleich voll Humor gemacht. Die Leistung der **Schau_____er** (Voss, Kirchner in den **Hauptro___n**) machte den Theaterabend zu einem vollen Erfolg. Das **Pub_____** war begeistert.

gelernt _____   1. Wiederholung _____   2. Wiederholung _____

18 Allgemeine Konzepte

Raum und Bewegung

woher?	from where?	• Nun sagen Sie mal, **wo____** kommen *Sie* denn?
von	from	○ Ich? Ich bin **au__** Österreich. Warum?
aus	from	• Dat hab ich mir gleich gedacht. Alle, die **v___** dort
kommen	come	**ko_____**, sprechen diesen komischen Dialekt.
haben	have (got)	○ Ah geh! **Ha____** Sie denn keinen Akzent?

rechts	on the right	Wir Europäer lesen und schreiben normalerweise von
links	on the left	links **ob___** nach rechts **un_____**. Nur in
oben	above	Kreuzworträtseln sind die Buchstaben und Wörter
unten	below	**waag_____** und **senk_____** angeordnet.
senkrecht	vertical(ly)	Aber es gibt auch Kulturen, in denen von **re_____**
waag(e)recht	horizontal(ly)	nach **li_____** gelesen wird.

hier	here	**Hi____** in seinem Käfig ist er nicht. **D__** habe ich zuerst
da	there	nachgeschaut. **Drü_____** in der Küche vielleicht? **Do___**
dort	there	könnte ich auch noch suchen. **Drau_____** im Garten ist
drüben	over there	er sowieso nicht. Er muß irgendwo **dri_____** im Haus
draußen	outside	sein. **Über____** könnte er hocken, aber er ist im Moment
drinnen	inside	**nir_____** zu sehen. Oder haben Sie ihn vielleicht
überall	everywhere	gesehen? Er kann doch nicht einfach so verschwinden ...
nirgends	nowhere	

außen	outside	Früher einmal glaubten die Menschen, Gott sei **ober_____**
außerhalb	outside	der Erde. Und sie dachten, daß irgendwo **unter_____**
oberhalb	above	die Hölle sei. Die Grenze zwischen **in_____** und
innen	inside	**au_____** ist für uns Menschen der Rand des Sonnen-
das Zentrum	AE center/BE centre	systems. Wenn wir den Sternenhimmel anschauen, denken
innerhalb	within	wir wie früher, daß die Welt **inner_____** eines Systems
unterhalb	underneath	das **Zen_____** ist. Was **außer_____** ist, zeigen uns
		Satellitenbilder ...

in	in	Schau mal, die schöne Postkarte! Die Villa steht
an	at, on	direkt am Meer. Das Wasser geht fast **b___ z___** der
zu	to	Terrasse. Und da, der große Garten rund **u__** die Villa,
bei	near, by, at	schau mal, mit Blumen **i__** allen Beeten! Und da die Wein-
bis	up to	stöcke, die **a__** den Mauern hochwachsen. Und da vorn **be_**
um	around	der Tür der Oleander, wie **i__** Paradies!

wo?	where?	**W__** ist denn schon wieder meine Brille? Die kann doch
irgendwo	somewhere	nur **irg_____** beim Bett liegen. Oder habe ich sie am
anderswo	somewhere else	Abend **and_____** hingelegt? Und der Autoschlüssel?
hinten	at the back	Oje, den habe ich steckenlassen, entweder **vo____** an der
vorn(e)	at the front	Tür oder **hin____** am Kofferraum ...

104   gelernt _____   1. Wiederholung _____   2. Wiederholung _____

Raum und Bewegung

wohin?	in which direction?	„Komm **hera___**!" hat mein Mann gerufen. Also bin ich
hierhin	in this direction	die Treppe **hina___** zu ihm und dann bei ihm eingestiegen.
dorthin	in that direction	Und plötzlich ging das Ding los. Mal **hier_____** und
abwärts	downwards	mal **dort_____** hat es mich geschleudert. Mal fuhr das Ding
hinunter	down	**vorw_____**, dann wieder **rückw_____**, so daß ich nicht
herunter	down	mehr sehen konnte, **woh____** ich eigentlich fuhr.
rückwärts	backwards	**Aufw_____** zu fahren gab eine Atempause, aber dann
vorwärts	forwards	wieder **abw_____** zu rasen war mir viel zuviel. Ich wollte
aufwärts	upwards	nur noch raus und wieder **hinu_____** auf den festen
hinauf	up	Boden. Ich verstehe nicht, wie die anderen Leute so fröhlich
herauf	up here	von der Achterbahn **heru_____** winken können!

über	above, over	Es ist schön, **du____** die Luft zu fliegen: **üb___** uns die
auf	on	Sonne und **un___** uns die Landschaft. Der Startplatz
durch	through	liegt schon weit **hi_____** uns. Bei gutem Wind wird die
unter	below, under	große Wiese, **au__** der wir landen wollen, bald **v___** uns
vor	in front of	auftauchen. Dort warten unsere Freunde schon mit dem
hinter	behind	Auto auf uns, damit wir wieder heimfahren können.

nach	to	Heuer haben wir **in d___ Geg_____ von** Graz Urlaub
neben	next to	**ge**macht. Wir haben **mi_____ i__** einem kleinen Ort
zwischen	between	gewohnt, der **zw_____** Weinbergen liegt. **I__** der
in der Gegend (von)	near	**Nä____** gibt es Seen zum Baden. Wenn man von Graz aus
mitten in	in the middle of	genau **na___** Süden fährt, kommt man direkt hin. Gleich
in der Nähe (von)	nearby	**ne_____** dem Ort ist die slowenische Grenze.

Zeit

die Zeit	time	Fragen über Fragen: Wie viele **Stu_____n** hat ein Tag?
die Sekunde	second	Wie viele **Mi_____n** hat eine Stunde?
die Minute	minute	Und eine **ha____** Stunde? Wie viele Minuten sind das?
die Viertelstunde	quarter of an hour	Und eine **Vie_____**? Wie lange dauert die?
die halbe Stunde	half hour	Wie viele **Se_____n** hat eine Minute? Die schwierigste
die Stunde	hour	Frage zum Schluß: Wie schnell vergeht die **Ze____**?

früh	early	Tagesablauf: Mein **T____** beginnt, wenn die Sonne aufgeht.
der Tag	day	Jeden **Mor_____** gehe ich sehr **fr_____** an meine Arbeit.
am Tag	during the day	Ich arbeite am liebsten **a___ Vorm_____**. Am
der Morgen	morning	**Mi_____** gehe ich nach Hause und esse. Nach dem
der Vormittag	morning	Essen lege ich mich hin. Am **Nach_____** schlafe ich.
der Mittag	midday	Am **Ab_____** gehe ich aus, mit Freunden, und
der Nachmittag	afternoon	meistens komme ich sehr **sp_____** zurück. **I__** der
der Abend	evening	**Na_____** schlafe ich nicht so lang. Ich brauche nur
die Nacht	night	wenige Stunden Schlaf. Wie sieht Ihr Tagesablauf aus? Sind
in der Nacht	at night	Sie ein Nachtmensch, oder arbeiten Sie lieber **am T____**?
spät	late	

gelernt _____ 1. Wiederholung _____ 2. Wiederholung _____

18

Zeit

die Woche	week	
das Wochenende	weekend	
der Monat	month	
das Jahr	year	
das Jahrzehnt	decade	
das Jahrhundert	century	
heuer (A, CH, Süd-D), in diesem Jahr (A, CH, D)		

Dinge, die jedes Kind weiß: Eine **Wo**_____ hat sieben Tage. Am Freitagabend beginnt das **Wochene**_____. Ein **Mo**_____ hat ungefähr vier Wochen. Zwölf Monate dauert ein **J**_____. Zehn Jahre sind ein **Jahrz**_____. Und hundert Jahre sind ein **Jahrh**_____. So einfach ist das.

---

vorgestern	the day before yesterday
gestern	yesterday
jetzt	now
heute	today
morgen	tomorrow
übermorgen	the day after tomorrow

„Zeit" ist schwer zu verstehen. Kinder wissen schnell, was **jet**_____ bedeutet, aber wann **vorg**_____ war oder wann **überm**_____ sein wird, das ist schwer für sie, obwohl die Eltern versuchen, es einfach zu erklären: „Jetzt, im Moment, ist **heu**_____. Du mußt noch einmal schlafen, und dann ist **mor**_____. Ja, und **ges**_____, das ist eigentlich, bevor du geschlafen hast, ehm ... ."

---

früher	in the past
damals	at that time
nachdem	after
während	during
inzwischen	in the meantime
solange	as long as
bevor	before
später	later

„Ich lebte **fr**____er auf dem Land. Aber **wä**_____ dem Krieg zogen wir in die Stadt. Das machten **dam**____ viele, weil es in der Stadt Arbeit gab. Am Anfang war es schwierig, aber **sp**_____ fühlte ich mich wohl. **Sol**_____ ich Arbeit hatte, gefiel es mir gut. Aber **nach**_____ ich diese Krankheit bekommen hatte, konnte ich nicht mehr arbeiten. Gottseidank sind die Kinder **inzw**_____ so groß, daß sie selber ihr Geld verdienen können. Ich möchte daher, **bev**_____ ich alt bin, wieder zurück aufs Land ziehen."

---

am Anfang	in the beginning
zuerst	first
dann	then
danach	after that
schließlich	finally
zuletzt	at the end
am Ende	after all

Meine Eltern haben lange im Ausland gelebt. **Am Anf**_____ war es sehr schwierig für sie. Sie mußten **zue**_____ eine Arbeit finden und **da**____ auch noch die Sprache lernen. **Da**____ch war es einfacher. Sie konnten endlich mit den Leuten reden. Aber meine Mutter bekam trotzdem Heimweh. Sie hat es **zul**_____ fast nicht mehr ausgehalten. Darum sind sie **schl**_____ wieder in ihr Land zurück. Ich finde, daß das **am En**_____ doch das beste für sie war.

---

die Dauer (Sg.)	period
dauern	last
die Ewigkeit (Sg.)	eternity
wochenlang	for weeks
stundenlang	for hours
lang(e)	for a long time
auf einmal	suddenly
plötzlich	suddenly

Der böse König sperrte seinen Sohn für die **Da**_____ von 100 Jahren ins Gefängnis. „100 Jahre **dau**__n eine ganze **Ewi**_____", dachte der Prinz zuerst, „aber die Prinzessin wird ja kommen und mich befreien." Er wartete **stun**_____, tagelang, ja **woch**_____; er wartete **lan**_____ auf die Befreiung, sehr lange. Und tatsächlich, **plö**_____ kam die Prinzessin und befreite ihn. Und er war **auf ein**_____ nicht mehr der Gefangene, sondern König. Er heiratete sie, und wenn sie nicht geschieden sind, so ...

---

gelernt _____   1. Wiederholung _____   2. Wiederholung _____

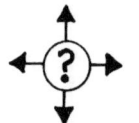

18

Zeit

vorher	beforehand	„Ich rauche viel. **Imm____ w_____** ich auf den Bus warte,
vor	before	rauche ich eine Zigarette; mild natürlich. Auch **v___** dem
als	when	Essen, aber am liebsten **nach_____**, das ist immer noch der
(immer) wenn	whenever	beste **Mo_____** für eine Zigarette. Ich habe schon geraucht,
der Augenblick	moment	**al__** ich 14 war. Wenn ich wollte, könnte ich sofort auf-
der Moment	moment	hören. Aber im **Augen_____** will ich gar nicht. Ich höre
nachher	afterwards	vielleicht mal auf, **i__** einem Jahr. So, jetzt geh ich ins Bett.
in	in	Aber **v___her** brauche ich noch eine letzte ... hm!" (Husten)

einmal	once	Wünsche eines Verlierers: Ich möchte endlich **ein_____**
letztesmal	last time	ein Spiel gewinnen. Bis jetzt habe ich immer verloren, aber
letzte(r/s)	last	**diesm_____** gewinne ich! Das **le____e** Spiel habe ich
diesmal	this time	zwar noch verloren, aber **die___s** Spiel heute ist die große
diese(r/s)	this	Chance. **Letztesm____** war der Gegner viel stärker als der
nächstesmal	next time	heute. Wenn ich gewinne, wird auch mein **näch_____r**
nächste(r/s)	next	Gegner Angst haben. Ha, und dann gewinne ich auch **nächstesm____**!

wie lange?	how long?	● **W___ lan___** bist du schon an der Uni?
schon	already, by now	○ Ich bin neu, **er____** seit diesem Semester. Und du,
erst	only	**se__ wa___** bist du schon hier?
noch	still	● **Sch___** lange, schon mehr als 5 Jahre.
nur	only	○ Mußt du denn **no___** lange studieren?
bis	until	● Nein, **nu__** noch ein Semester **bi__** zum Abschluß.
seit wann?	since when?	○ Und was machst du nachher? Ich meine, was du später ....

wann?	when?	● Entschuldigung, **w___ sp_____** ist es?
(sieben) Uhr	(seven) o'clock	○ Jetzt ist es genau sieben **U____**.
um	at	● Ach, erst? Ich muß nämlich **zwi_____** acht und neun
nach	after	nach Hause. Die Kinder gehen spätestens **ge_____**
zwischen	between	halb zehn ins Bett. Da möchte ich ihnen noch **v___** dem
gegen	about	Einschlafen „Gute Nacht" sagen. Ich selber gehe erst
vor	before	**na___** Mitternacht schlafen, meistens **u__** ein Uhr.
wie spät?	what time?	**Wa___** gehen eigentlich Ihre Kinder schlafen?

der Sonntag	Sunday	Machen Sie einen Wochenplan! Schreiben Sie.
der Samstag	Saturday	am Mo_____:_____
der Freitag	Friday	am Di_____:_____
der Donnerstag	Thursday	am Mi_____:_____
der Mittwoch	Wednesday	am Do_____:_____
der Dienstag	Tuesday	am Fr_____:_____
der Montag	Monday	am Sa_____:_____
		am So_____:_____

der Samstag (A,CH), der Samstag / der Sonnabend (D)

gelernt _____   1. Wiederholung _____   2. Wiederholung _____

18

Zeit

das Datum	date	Notieren Sie hier ein wichtiges **Da**_____! Z. B. den Ge-
am	on	burtstag Ihres Freundes: Geboren **a**__ _____.
im (Januar)	in (January)	Und wann sind Sie geboren? - **I**__ **Ja**___**e** _____.
im Jahr(e) (1960)	in (1960)	In welchem Monat? **I**__ _____.
vor	before	Übrigens, was machen Sie **na**____ den Deutschstunden?
während	during	Was machen Sie **vo**__ der nächsten Deutschstunde?
nach	after	Was machen Sie überhaupt **wäh**_____ des Unterrichts?

gleich	straight away	„Tut mir leid, ich bin **e**____ erst nach Hause gekommen.
bald	soon	Aber das Essen ist **ba**____ fertig. Es kommt **gl**_____. Ich
sofort	immediately	habe mich leider verspätet, aber es ist **sof**_____ bereit.
nun	now	Wissen Sie, ... So, endlich, der Wein ist **nu**__ auch offen.
gerade	just	Ich denke, wir können jetzt anfangen. Oh Gott, schauen
eben	just (now)	Sie, Ihnen ist **ger**_____ eine Fliege in die Suppe
vor kurzem	not long ago	gefallen. So was ist mir **neu**_____ auch passiert.
vorhin	a while ago	Wissen Sie, mein Bruder, ja genau der, der **vo**____
neulich	recently	**kur**_____ aus Amerika zurückgekommen ist, den habe ich **vor**_____ getroffen, und da ..."

nie	never	Ich treibe viel Sport. Ich geh' **of**___ schwimmen. Das tut
selten	rare(ly)	gut. Ich spiele auch **häu**_____ Tennis. Dann mache ich
manchmal	sometimes	**mehr**_____ in der Woche Gymnastik, und wenn es nicht
mehrmals	several times	regnet, gehe ich **manch**____ auch joggen. Fußball hinge-
oft	often	gen spiele ich sehr, sehr **sel**_____. Auch Skifahren ist mir
häufig	frequent(ly)	zu gefährlich. Das mache ich überhaupt **ni**__. Und Sie?

jeweils	always	Constanze fährt **regel**_____ nach Frankreich. Sie geht
meistens	mostly	dort **dau**_____ Wein einkaufen, im Burgund. Sie kauft
regelmäßig	regular(ly)	**mei**_____ auch von diesem typischen Weichkäse ein,
dauernd	constant(ly)	aber nicht **jed**_____. Ihr Mann und die Kinder fragen
jedesmal	every time	**jew**_____, ob sie mal mitfahren können. Die Familie
immer	always	macht sonst **im**____ alles zusammen. Doch Constanze will nicht.

Quantität und Qualität

eins	one
zwei	two
drei	three
vier	four
fünf	five
sechs	six
sieben	seven
acht	eight
neun	nine
null	zero

gelernt _____ 1. Wiederholung _____ 2. Wiederholung _____

Quantität und Qualität

die Zahl	figure, number	Bitte schreiben Sie die **Za___en** aus:
neunzehn	nineteen	**11** _____
achtzehn	eighteen	**13** _____
siebzehn	seventeen	**15** _____
sechzehn	sixteen	**17** _____
fünfzehn	fifteen	**19** _____
vierzehn	fourteen	**18** _____
dreizehn	thirteen	**16** _____
zwölf	twelve	**14** _____
elf	eleven	**12** _____

zehn	ten	Lesen Sie laut und schreiben Sie bitte das Resultat:
zwanzig	twenty	89 + 1 = _____
dreißig	thirty	1 + 9 = _____
vierzig	forty	12 + 8 = _____
fünfzig	fifty	23 + 7 = _____
sechzig	sixty	34 + 6 = _____
siebzig	seventy	45 + 5 = _____
achtzig	eighty	56 + 4 = _____
neunzig	ninety	67 + 3 = _____
		78 + 2 = _____

die Währung	currency	**Währ___**	**Betrag**	in Worten:
(ein)hundert	a hundred	sFr	1.700	_____
zweihundertfünfzig	two hundred and fifty	öS	100	_____
(ein)tausend	a thousand	DM	250	_____
(ein)tausendsiebenhundert	one thousand seven hundred	sFr	1.000	_____
eine Million	a million	DM	1.000.000	_____

bezahlen	pay (for)	„Du kannst es **gr_____** haben", sagte sie zu mir. „Ich geb'
gratis	free	es dir **um_____**, obwohl es gar nicht **bil___** war. Es
umsonst	for nothing	ist ein sehr **wert_____es** Stück, aus Afrika. Wenn du es
billig	cheap	**be_____** müßtest, wäre es sehr **te_____**. So etwas
teuer	expensive	kann man nicht einfach kaufen. Schon gar nicht bei uns.
unbezahlbar	prohibitively expensive	Es ist **unbe_____**. Aber ich schenke es dir."
wertvoll	valuable	

kosten	cost	„**W___ ko___t** dieser Ring?" fragte ich den Straßenhändler.
wieviel?	how much?	„Fast **ni_____** für so ein kostbares Stück. Etwa 100 Mark."
was?	what?	„Was, 100 Mark! Das ist mir **zuv_____**."
nichts	nothing	„Nein, das ist sehr **wen___**", sagte er, „eigentlich ist er
(zu)wenig	(too) little	**dop_____** soviel wert."
die Hälfte	half	„Gut, dann bezahle ich die **Hä_____**, 50, das ist immer
doppelt	double	noch ein fairer **Pr_____**."
(zu)viel	(too) much	„**Wiev_____**, 50? Nein, niemals, das ist mindestens
der Preis	price	30 Mark **zuwe____**. 80 ist mein letztes Angebot", sagte er.

gelernt _____ 1. Wiederholung _____ 2. Wiederholung _____

18

Quantität und Qualität

rechnen	calculate	Können Sie gut **rech**____? Rechnen Sie bitte laut.
wieviel (ist)?	how much (is)?	**Add**_____ Sie bitte: 5 **pl**___ 8 ist _____.
addieren	add (up)	**Wie**_____ **ist** das? Notieren Sie die Zahl in der Lücke.
plus	plus	**Subt**_____ Sie: 13 **mi**_____ 7 ist _____?
multiplizieren	multiply	Und jetzt noch **multi**_____ und **divi**_____.
mal	times	Zuerst **divi**_____: **Wie**_____ ist 12 **dur**___ 6?
dividieren	divide	Das ist 2. Und zum Schluß jetzt noch **mult**_____:
durch	divided by	3 **ma**__ 3 ist 9. Das stimmt doch?
subtrahieren	subtract	Oder haben Sie ein anderes Resultat?
minus	minus	

das Spiel	match	Wie sind die **Spi**___**e** der 1. Division ausgegangen? Wer hat
das Resultat	result	**gewo**_____, wer **verlo**_____? Wer hat **unent**_____
gewinnen	win	gespielt? Welches Spiel **stand** am Ende eins **z**__ eins?
verlieren	lose	Lesen Sie laut die Fußball**resul**_____ der
es steht ... zu ...	the score is ... - ...	österreichischen 1. Division oder suchen Sie die
unentschieden	drawn	Spielergebnisse im Sportteil einer Tageszeitung.

die 1. Division (A), die Nationalliga (CH), die Bundesliga (D)

> **1. Division.** 14. Runde. Sturm Graz – Austria Salzburg 0:1. Admira/Wacker – FC Linz 1:2. Linzer ASK – Vorwärts Steyr 1:1. FC Innsbruck – Mödling 3:1. Rapid Wien – Austria Wien 3:1. -Rangliste (je 14 Spiele): 1. Innsbruck 18. 2. Steyr 17 (23:16). 3. Austria Wien 17 (17:14). 4. Salzburg 16 (20:14). 5. Graz 16 (19:14). 6. Rapid Wien 15. 7. FC Linz 13. 8. Linzer ASK 12. 9. Admira/Wacker 11. 10. Mödling 5.

die Stelle (Sg.)	place	Lesen Sie die Rangliste und fragen Sie: An welcher **Ste**____
erste(r/s)	first	ist Graz? Wer ist **er**_____, **zwei**_____, **dri**_____
zweite(r/s)	second	oder **vie**_____? Wer ist im Moment in Österreich an
dritte(r/s)	third	**letzt**_____ Stelle, wer an **vorl**_____? Üben Sie zu
vierte(r/s)	fourth	zweit!
vorletzte(r/s)	last but one	
letzte(r/s)	last	

ein(e/er/es)	one (thing/person)	*Kurzkrimi:* „Zuerst war es nur ein Ehepaar", sagte sie, „und
ganz	whole	jetzt sind es schon **ein pa**___ mehr, bald sind es **al**__.
alle(s)	all	Du glaubst es vielleicht nicht, aber bald ist fast **je**____**r**
jede(r/s)	every(one)	dabei. Und **ke**____**r** wagt zu widersprechen, wenn
kein(e/er/es)	no(body), none	sie etwas von ihm wollen." „**Eini**_____ haben es
ein paar	a few	versucht, aber ohne Chance", erzählte er nervös weiter,
einige(s)	a few, some	„es ist eine Mafia, und **ma**_____ sind schon
manch(e/er/es)	some, many	verschwunden. Und **ei**__**s** macht uns besonders Angst: Das **ga**___**e** Land ist bald in ihren Händen, und dann ..."

110 gelernt _____ 1. Wiederholung _____ 2. Wiederholung _____

18

Quantität und Qualität

niemand	nobody
jemand	somebody
ein Stück	a piece (of)
ein bißchen	a little
etwas	something
kein(e/er/es)	no

„Ist denn **nie**_____ zu Hause?" rief draußen **je**_____.
„Wir brauchen nur ein **biß**_____ Geld. Auch **ein S**_____
Brot oder sonst **et**____ wäre schon gut für uns."
Ich dachte, ich hätte geträumt, doch da waren wieder diese
Stimmen. Ich ging vors Haus, aber da war n_____nd zu
sehen. **K**____e Spur - kein Mensch, komisch ...

die Fläche	surface
das Feld	field
wie viele?	how many?
wie groß?	how big?
wie klein?	how small?
der Quadratmeter (m²)	square AE meter / BE metre

Schauen Sie die Bilder an.
Notieren Sie rund um die Bilder
mehrere Fragen und Antworten.

Wie groß ist das Feld?

die Distanz	distance
wie weit?	how far?
die Größe	size
wie groß?	how big?
die Länge	length
lang	how long?
die Höhe	height
hoch	how high?
die Breite	width
breit	how wide?
die Tiefe	depth
tief	how deep?
der Zentimeter (cm)	AE centimeter, BE -metre
der Meter (m)	AE meter, BE metre
der Kilometer (km)	AE kilometer, BE -metre

Wie hoch ist der Baum?
Wie breit ist der Wagen?

die Geschwindigkeit	speed
fahren	go, travel
wie schnell?	how fast?
langsam	slow(ly)
Kilometer pro Stunde (km/h)	AE kilometers/ BE -metres per hour
Stundenkilometer	AE kilometers/ BE -metres per hour

Wie schnell fährt der Zug?

das Gewicht	weight
wie schwer?	how heavy?
leicht	light
wiegen	weigh
das Kilogramm (kg)	AE kilogram, BE kilogramme
das Gramm (g)	AE gram, BE gramme
das Pfund [=500g] (CH,D)	
das Deka [=10g] (A)	

Wie schwer sind Sie?

gelernt _____   1. Wiederholung _____   2. Wiederholung _____   111

18

Quantität und Qualität

der Inhalt	content	
das Volumen	volume	
reingehen/-passen	go/fit in	
drin sein	be in (it/there)	
leer	empty	
voll	full	
der Liter (l)	AE liter, BE litre	
der Kubikmeter (m³)	cubic AE meter / BE metre	
wieviel?	how much?	

Wieviel Wein ist da drin?

die Temperatur	temperature
wie heiß?	how hot?
wie warm?	how warm?
wie kalt?	how cold?
über	above
plus	above zero
unter	below
minus	minus
Grad Celsius (°C)	degrees centigrade

Schauen Sie das Bild an und stellen Sie weitere Fragen! Ist es bei Ihnen im Winter **kalt**?

Beziehungen

warum?	why?
weshalb?	why?
weswegen?	why?
woher?	how? where from?
wieso?	why? how come?

Männer und die Emanzipation: **Wesh**_____ schaut mich diese Frau die ganze Zeit nur an? **Wesw**_____ sagt sie nichts zu mir? **War**_____ kommt sie nicht näher und tut endlich was? **Wie**___ sollen immer wir Männer anfangen? **Wo**_____ soll ich denn wissen, ob sie mich überhaupt mag?

weil	because
denn	because
darum	that's why
deshalb	that's why
deswegen	that's why
daher	that's why
wegen	because of
nämlich	namely, to be precise

Über die Liebe: Nur **we**_____ dir klopft mein Herz so heftig, **de**___ ich habe mich in dich verliebt, **w**_____ du so schöne blauviolette Augen hast. **Dar**___ muß ich dich immer anschauen; **desh**_____ muß ich immer an dich denken. **Desw**_____ kann ich auch nachts nicht schlafen, und **dah**_____ kommt es, daß ich so bleich bin. Die ganze Geschichte ist irgendwie auch blöd, weil ich mich **näml**_____ nicht traue, dir zu sagen, daß ich dich liebe.

wofür?	what for?
wozu?	what for?
damit	so that
daß	that
für	for
dafür	for that
dazu	for that (reason)
um ... zu	in order to

„**Woz**___ das ganze Theater?" hat jemand gefragt. **Wof**___ man alle diese Formulare ausfüllen muß, wußte hier offenbar niemand. Ich habe ihnen dann erklärt, daß alles nur **f**__ die Statistik ist. Die machen das wirklich **daz**__, **u**__ genauere Daten und Informationen über die Leute **zu** bekommen. Und natürlich auch, **da**__ sie damit Marktforschung machen können; aber alles ist auch für die Polizei, **dam**_____ die mehr Kontrolle hat. **Daf**___ kann es natürlich auch verwendet werden.

112   gelernt _____   1. Wiederholung _____   2. Wiederholung _____

18

Beziehungen

wie?	how?	„Jetzt muß ich nur noch diese Dose öffnen! Aber **w**___?
womit?	what with?	**M**__ dem Dosenöffner natürlich. Mist, ist natürlich wieder
so	like this/that	keiner da! Hm, **wom**_____ könnte es sonst noch gehen?
mit	with	Mit der Schere vielleicht? Nein, **dam**___ geht es nicht.
ohne	without	Und wenn ich die Zange ... nein, **s**__ geht's schon gar
damit	with that	nicht. Na gut, dann gibt es heute Spaghetti **oh**___ Soße!"

wenn	if	„Ob ich wieder mit dir spreche? **Nu**__ **we**___ du dich bei
dann	then	mir entschuldigst. **Da**___ vielleicht. Am besten bittest du
nur	only	mich gleich jetzt um Verzeihung, **son**___ lege ich sofort
sonst	otherwise	wieder auf. Ich sage dir, **sob**__ du nochmal damit anfängst,
sobald	as soon as	ist es aus mit uns. **Be**_ deinen Launen mache ich nicht mehr
bei	with	mit. Du kannst mit mir doch nicht machen, was du willst."

aber	but	In letzter Zeit ist Daniel ziemlich dick geworden. **Dab**____
dabei	yet	ißt er gar nicht so viel Nudeln, **so**_____ nur jeden Tag Brot,
sondern	but	viel Brot. Daniel will **ab**___ nichts dagegen unternehmen,
obwohl	although	**obw**_____ ihm alle Hosen schon zu eng geworden sind.
trotzdem	still, nevertheless	Sabine hat ihm jetzt **trotz**_____ ein Diätkochbuch geschenkt.

außer	except	Daniel möchte wieder einmal abnehmen. Er ißt **bl**___
trotz	despite	noch zweimal am Tag. **St**___ Butter nimmt er Margarine
statt	instead of	light. Er vermeidet alle Kohlenhydrate **au**___ Vollreis.
bloß	only	Gemüse ißt er **jed**___ soviel er will. **Tro**___ dieser Diät
jedoch	however	fühlt er sich sehr wohl, **Nu**_ in sein Lieblingsrestaurant
doch	after all	kann er nicht mehr essen gehen, und das ist auf Dauer
nur	only	dann **do**___ wieder schade.

so ... wie	as ... as	Zuerst haben sie gedacht, daß sie sehr **versch**_____ sind.
genauso	just as	Mit der Zeit haben sie dann gemerkt, daß das gar nicht
ebenso	just the same	stimmt. Sie hört **ebe**_____ gern Rockmusik wie er. Sie liest
ähnlich	similar	viel. Das ist bei ihm **gena**_____. Beim Kochen sind sie sich
gleich	the same	sogar sehr **ähn**_____: **J**__ schneller es geht, **de**___ besser.
anders (als)	different(ly) (from)	Nur ihr Tagesablauf ist ganz **and**___ **al**__ seiner. Sie
verschieden	different	wacht früh auf, da schläft er noch **w**__ ein Murmeltier. Am
je ... desto	the ... the	Abend ist er dafür **um s**__ munterer. Es wäre auch schreck-
um so	all the	lich, wenn sie in allem ganz **gl**_____ wären. Auf jeden
wie	like	Fall ist es nicht **so** schlimm, **w**___ sie gedacht haben.

solch(e/er/es)	such	Hast du das gesehen! Ein **sol**____s Motorrad hätte ich auch
als ob	as though	gern. Die Harleys sind wirklich schöner **a**___ alle anderen.
als	than	Der Motor hört sich an, **a**___ **o**__ ein Puma schnurren wür-
von	of	de. Die schwarzen sind die schönsten **v**____ allen, nicht wahr?

gelernt _____   1. Wiederholung _____   2. Wiederholung _____

Wortregister

Hinweise zur Benutzung:
Alle **fettgedruckten** Wörter sind in der Wortliste des „Zertifikats Deutsch als Fremdsprache" enthalten. Unregelmäßige Verben sind mit * gekennzeichnet. Die Formen der unregelmäßigen Verben finden Sie auf Seite 128. Bei Nomen ist die Pluralendung angegeben (außer bei Nomen, die nur Singular- oder Pluralform haben). Bei Umlaut im Plural steht vor der Endung ¨. Beispiel: Abschluß, ¨-sse.

A

ab 78
abbiegen* 80
Abend, -e 33, 105
Abendessen, - 26
aber 113
abfahren* 78
Abfahrt, -en 78
Abfall, ¨-e 43, 55
abfliegen* 78
Abgas, -e 55
abgeben* 98
Abgeordnete, -n 93
abhängen* (von) 72
abhängig (von) 18
abheben* 75, 86
abholen 78, 85
Abitur 59
ablehnen 18, 24, 103
abmachen 101
abmelden (sich) 40
abnehmen* 14, 86
Absage, -n 68
abschicken 85
abschleppen 81
abschließen* 40, 43, 59, 70-71
Abschluß, ¨-sse 86
Abschnitt, -e 62, 86, 102
absenden* 85
Absender, - 85
Absicht, -en 95
abstimmen (über) 24, 94
Abteilung, -en 76
abtrocknen 30, 42
abwärts 105
ach! 17
achten (auf) 70
Achtung! 70, 81
achtzehn 109
achtzig 109
addieren 110
Adresse, -n 7, 85
Afrika 51
ähnlich 9, 113
aktiv 57
aktuell 89, 100
Alarm, -e 56, 100
Alkohol 27
alkoholfrei 27
All 110
Allee, -n 46
allein 68, 97
allerdings 93
alle(r/s) 75
allgemein 93
Alltag 33
als 12, 107, 113
alt 8, 19, 44, 57
Alte, -n 22
Alter, - 8, 19
alternativ 56
am 108
Amerika 51
Ampel, -n 80
Amt, ¨-er 76
amüsieren (sich) 20
an 78, 104
analysieren 58
anbieten* 29
ändern (sich), 21, 94
anders (als) 113
anderswo 104
Anfang, ¨-e 93, 106
anfangen* 21, 60, 71
anfassen 54

Angabe, -n 7
angeblich 18
Angebot, -e 32, 72
angehen* 17, 103
Angehörige, -n 16
Angeklagte, -n 95
angenehm 42
Angestellte, -n 22, 73
Angst, -e 18, 58, 92
ängstlich 14
anhaben* 32
ankommen* (in) 78, 85, 93
ankommen* (auf) 73
Ankunft 78
Anlage, -n 75, 100
anmachen 42
anmelden (sich für) 60
Anmeldung, -en 60
annehmen* 11, 68
Anruf, -e 86
anrufen* 86
anschaffen (sich etw.) 41
anschauen (sich) 8, 47, 84, 99
anscheinend 12
Anschluß, ¨-sse 86
Anschrift, -en 85
ansehen* 11
ansein* 87
Ansicht, -en 23
Ansichtskarte, -n 85
Anspruch (haben auf) 76
anstrengen (sich) 13, 61
Antrag, ¨-e 24, 76, 95
Antwort, -en 64
antworten (auf) 60, 64
Anzeige, -n 38, 68, 89
anziehen* 32
Anzug, ¨-e 30
anzünden 48
Apfel, ¨- 27
Apotheke, -n 37
Apparat, -e 43, 67
Appetit 26
April 49
Arbeit, -en 67, 68, 73
arbeiten (als) 67
arbeiten gehen 33, 59
Arbeiter, - 22, 73
Arbeitgeber, - 22, 68
Arbeitnehmer, - 22, 68
Arbeitsamt, ¨-er 76
arbeitslos 68
Arbeitslose, -n 22
Arbeitsmittel, - 67
Arbeitsplatz, ¨-e 68
Arbeitsvertrag, ¨-e 70
Architekt, -en 99
Architektur 99
Ärger 15
ärgerlich 15
ärgern (sich über) 15, 76
Arm, -e 10, 23, 38
Armee, -n 92
Art, -en 19
Artikel, - 28, 89
Arzt, ¨-e 22, 35, 67
Asien 51
Asyl 92
Asylant, -en 25
Asylbewerber, - 25
atmen 13, 44
Atomenergie 54
Atomkraftwerk, -e 53
auch 12
auf einmal 106
auf Wiederhören! 86
auf Wiedersehen! 20, 105
Aufenthalt, -e 79, 93

auffordern, (j-n zu) 12, 24
Aufgabe, -n 64, 69
aufgeben* (sich), 23, 85
aufhängen 41
aufheben* 32
aufhören 51
auflegen 86
aufmerksam 57, 65, 102
Aufmerksamkeit 65, 102
aufnehmen* 88
aufpassen (auf) 18, 60
aufräumen 30, 40
aufregen, sich über 15
aufregend 102
aufschließen* 43
aufschreiben* 37, 102
aufsein* 33, 43
aufstehen* 13, 33
aufwachen 33
aufwärts 105
aufwärtsgehen* 73
Aufzug, ¨-e 39
Auge, -n 9
Augenblick, -e 107
August 49
aus dem Haus gehen 33, 104
Ausbildung, -en 59, 71
Ausdruck, ¨-e 64
Ausdruck, -e 90
ausdrucken 90
Ausfahrt, -en 79
Ausflug, ¨-e 84, 98
ausfüllen 8, 76, 86
Ausgabe, -n 75
ausgeben* (für) 75
ausgehen* 101, 103
ausgezeichnet 60, 102
Auskunft, ¨-e 77, 80, 86, 92
Ausland 25, 72
Ausländer, - 25, 92
ausländisch 25
ausleihen 89
ausmachen 42, 69
Ausnahme, -n 93
auspacken 31, 83
ausrechnen 75
ausreichen 28
ausreichend 60
ausruhen, sich 34
Aussage machen 95
ausschalten 42, 70
ausschließen* 103
aussehen* 9, 13, 36
aussein* 60, 87
außen 104
außer 113
außerhalb 104
Aussicht, -en 39, 47, 71
Aussiedler, - 25
Aussprache 62
aussprechen* 11, 62, 95
aussteigen* 78
ausstellen 8, 76, 99
Ausstellung, -en 99
aussuchen 32
Australien 51
Ausweis, -e 82
ausziehen* 32, 40
Auto, -s 80
Autobahn, -en 79
Automat, -en 74
automatisch 74
Autor, -en 102

B

Baby, -s 16
Bach, ¨-e 45

backen 29
Bäcker, - 67
Bäckerei, -en 28
Bad, ¨-er 34 , 41
Badezimmer, - 41
baden 34, 44
Badewanne, -n 34, 41
Bagger, - 48
Bahn, -en 78
Bahnhof, ¨-e 78
Bahnsteig, -e 78
bald 108
Ball, ¨-e 96, 101
Band, -s 101
Bank, -en / ¨-e 57, 74, 86
bar 75
Bar, -s 84
Bart, ¨-e 9
Basketball, 97
Baß, ¨-sse 101
Batterie, -n 82
Bau, -ten 44, 99
Bauch, ¨-e 10
bauen 38
Bauer, -n 22, 52
Bauernhof, ¨-e 52
Baum, ¨-e 52
Baumwolle 52, 54
Baustelle, -n 70
Beamte, - 22, 67, 76
beantragen 76, 92
bearbeiten 77
bedanken, sich für 20
Bedarf 26
bedeuten 62, 102
Bedeutung, -en 62
bedienen (sich) 29, 32
Bedienung, -en 84
Bedingung, -en 69, 92
beeilen, sich 33
beeinflussen 24, 74, 100
Befehl, -e 92
befragen 95
befreundet 17
befriedigend 60
begabt (sein*) 100
begegnen (j-m) 8
beginnen* 21
begreifen* 64
begründen 94
begrüßen 20, 76
behalten* 65
behandeln 23, 36
behaupten 92
behindert 11
Behinderte, -n 11
Behinderung, -en 11
Behörde, -n 8
bei 104, 113
beide 16
Bein, -e 10
Beitrag, ¨-e 89
bekannt (mit) 19, 63, 101
Bekannte, -n 19
bekanntgeben* 72
Bekanntschaft, -en 19
bekommen* 16, 37, 60, 75, 85
belegt 83
beleidigen 17
beliebt (sein) 24, 101
bemerken 8
bemühen, sich 14, 77
Benzin 53, 82
beobachten 51
bequem 31, 42
beraten* 23, 28, 71
Bereich, -e 77
Berg, -e 46

Bericht, -e 89
berichten (über) 89
berücksichtigen 73
Beruf, -e 7, 67
Berufsschule, -n 71
berufstätig 8
Berufstätige, -n 22
beruhigen (sich) 15
berühmt 101
berühren 100
beschädigen 70
beschäftigen (sich mit) 18, 34, 48
Bescheid, -e 92
beschließen* 24, 77, 94
beschreiben* 9
beschweren, sich über 24, 95
Besen, - 40
besetzen 38
besetzt 86
besichtigen 84, 99
Besitz 23
besitzen* 38, 72
besonders 102
besorgen (j-m/sich etw.) 34
besprechen* 77
Besprechung, -en 77
Besserung 36
bestätigen 76
Besteck 30, 41
bestehen* (aus) 53, 60
bestellen 84
bestimmen 24, 68
bestimmt 91
bestrafen 18, 24, 61, 95
Besuch, -e 21
besuchen 20, 59, 78, 99
Besucher, - 77, 99
beteiligen (sich an etw.) 92
beten 12
Beton 44
betonieren 44
Betrag, ¨-e 75
betragen* 75
betreffen 69
Betrieb, -e 72
Betriebsrat, ¨-e 70
betrügen* 19, 75
Bett, -en 41
Bevölkerung, -en 22
bevor 106
bewegen (sich) 13
Bewegung, -en 13, 56
Beweis, -e 95
bewerben*, sich um etw. 69
Bewerbung, -en 69
bewohnen 45
Bewohner, - 38, 45, 93
bewölkt 50
bezahlen 39, 75, 109
beziehen*, sich auf 69
Beziehung, -en 17
Bibliothek, -en 62, 89
Bier, -e 27
bieten* (sich) 71
Bild, -er 41, 88, 99
bildende Kunst, ¨-e 99
Bildschirm, -e 88
Bildung 23
billig 32, 39, 75, 109
Binde, -n 35
Biologie 59
Birne, -n 27, 42
bis 104, 107
bißchen 64, 111
bitte 20
Bitte, -n 20
bitter 30

blasen* 51
blaß 13, 36
Blatt, ¨-er 52, 57
blau 32
bleiben* 83
bleifrei 82
Bleistift, -e 57
Blick, -e 15, 39, 47
blind 11
Blitz, -e 51
blitzen 51
blöd(e) 65
blond 10
bloß 113
blühen 52
Blume, -n 52
Bluse, -n 31
Blut 11
bluten 35
Boden, ¨ 40, 51
Bombe, -n 92
Bonbon, -s 27
Boot, -e 81
böse (sein j-m) 21, 24
braten* 29
brauchen 27
braun 32
brav 61
brechen* (sich etw.) 36, 97
breit 9, 44, 111
Breite, -n 111
Bremse, -n 82
bremsen 81
brennen* 42, 53
Brett, -er 40, 96
Brettspiel, -e 96
Brief, -e 21, 85
Briefkasten, ¨ 85
Briefmarke, -n 85
Briefträger, - 85
Briefumschlag, ¨-e 85
Brille, -n 31
bringen* 27, 77, 84, 85
Brot, -e 26
Brötchen, - 26
Brücke, -n 45
Bruder, ¨ 16
Brunnen, - 84
Brust, ¨-e 10
Brüste (Pl.) 10
Buch, ¨-er 57, 62, 89
buchen 83
Buchhandlung, -en 89
Buchstabe, -n 62
buchstabieren 63
Bühne, -n 103
Bundeskanzler, - 93
bunt 32, 57, 89
Burg, -en 44
Bürger, - 25, 93
bürgerlich 94
Bürgermeister, - 93
Büro, -s 77, 90
Bürste, -n 35
Bus, -se 80
Busen, - 10
Butter 26

C

Café, -s 84
Campingplatz, ¨-e 83
CD, -s 87
CD-Spieler, - 87
Chance, -n 69
Charakter, -e 19, 46
Chef, -s 68
Chemie 55, 59
chic/schick 32
Chor, ¨-e 100
circa 55
Club, -s 22, 97
Cola, -/-s 27
Comic, -s 102
Computer, - 90
Computerspiel, -e 96
contra 93

Couch, -s 41
Creme, -s 35

D

da 104
dabei 113
Dach, ¨-er 39
Dachterrassenwohnung, -en 39
dafür 93, 112
dagegen 93
daher 112
damals 106
Dame, -n 19
damit 112-113
danach 106
Dank 20
dankbar 20
danke 20
danken 20
dann 106, 113
darstellen 100
Darstellung, -en 100
darum 112
daß 112
Daten (Pl.) 8, 90
Datum, Daten 108
Dauer 106
dauern 21, 78, 85, 106
dauernd 108
dazu 112
Decke, -n 40, 41
Demokratie, -n 91
demokratisch 23, 91
Demonstration, -en 92
denken* 8
Denkspiel, -e 96
denn 19, 112
derselbe, dieselbe, dasselbe 8
deshalb 112
desto 113
deswegen 112
deutlich 66
deutsch 63, 64
Deutsch 63
Deutsche 64, 91
Deutschkenntnisse (Pl.) 62
Deutschland 63, 91
deutschsprachig 63
Dezember 49
Dialekt, -e 62
Diät 14, 37
dicht 46
Dichter, - 102
dick 14, 89
Dienstag, -e 107
Dienstleistung, -en 72
diese(r/s) 107
diesmal 107
direkt 87
Diskette, -n 90
Disko, -s 101
Diskothek, -en 101
Diskussion, -en 24
diskutieren (über) 24, 58, 74
Distanz, -en 111
dividieren 110
doch 19, 113
Doktor, -en 35
Dokument, -e 82
Dom, -e 44
Donner 51
donnern 51
Donnerstag, -e 107
doof 65
Doppelname, -n 7
doppelt 109
Doppelzimmer, - 83
Dorf, ¨-er 45
dörflich 46
dort 104
dorthin 105
Dose, -n 28
dran sein* (j-d ist ...) 96
draußen 39, 104
dreckig 42
drehen (sich) 13

drei 108
dreißig 109
dreizehn 109
drin sein* 112
dringend 37, 87
drinnen 39, 104
dritte(r/s) 110
Droge, -n 37
Drogerie, -n 34
drüben 104
Druck 54, 89
drucken 89
drücken 87, 96
Drucker, - 89, 90
Drucksache, -n 85
dumm 61
dunkel 10, 42, 46, 50
Dunkelheit 50
dünn 14, 89
durch 105, 110
durcheinander (sein) 64
Durchsage, -n 78
durchschnittlich 69, 75
dürfen* 24
Durst 26
Dusche, -n 34, 41
duschen (sich) 34

E

eben 46, 108
Ebene, -n 46
ebenfalls 20
ebenso 113
Ecke, -n 80
eckig 54
egal (etw. ist j-m ...) 65
Ehe, -n 16
ehren 23
ehrlich 14
Ei, -er 26
eigentlich 21
Eigentum 72
Eigentumswohnung, -en 38
Eile 33
Eilsendung, -en 85
ein(e/er/es) 110
Einbahnstraße, -n 79
Eindruck, ¨-e 8, 46, 99
einfach 15, 65, 82
einfallen* 12, 65
Einfahrt, -en 79
Einfluß, ¨-sse 69, 74, 100
Eingang, ¨-e 77, 98
Einheimische, -n 25
einig 91, 110
einkaufen gehen* 27
Einkommen, - 69, 73
einladen* 20, 98
Einladung, -en 20
einmal 107
Einnahme, -n 75
einpacken 31, 83
einrichten 41
eins 108
einsam 19
einschalten 42, 70
einschlafen* 33
Einschreiben, - 85
einsetzen 68, 90
einsetzen (sich für) 92
einsteigen* 78
einstellen 69, 87
eintausend 109
Eintritt 98
einverstanden (sein mit) 68, 93
einwerfen* 85
Einwohner, - 44
Einwohnermeldeamt, ¨-er 76
einzahlen (auf) 86
einzeln 45
Einzelzimmer, - 83
einziehen* 40
einzig 16
einzigartig 84
Eis 29, 50

Eisen, - 54
Eisenbahn, -en 78
Eishockey 97
Eiskunstlauf 97
elektrisch 43, 53
Elektrogeschäft, -e 28
Elektrizität 53
Elektronik 87
elektronisch 87
Element, -e 51
elf 109
Eltern (Pl.) 16
Emigration 93
Empfang 77, 87
empfangen* 87
Empfänger, - 85
empfehlen* 102
Ende 60, 106
endgültig 55
Energie, -n 26, 53
eng 17, 31, 42, 47
englisch 63
Englisch 63
Enkel, - 16
Ente, -n 52
entdecken 48, 59, 100
entfernt 16, 47
Entfernung, -en 47
entgegenkommen 81
enthalten* 89
entlang 47
entlassen* 72
entscheiden* (sich) 72, 77, 94
Entscheidung, -en 71
entschließen*, sich für 68
entschlossen 14
entschuldigen, sich für 21
Entschuldigung, -en 21
entsprechen* (j-m) 32
entstehen* 73
enttäuschen 17, 102
Enttäuschung, -en 15
entwerfen* 99
entwickeln (sich), 21, 73, 88
er 16
Erde 51
Erdgeschoß, -sse 39
Erdteil, -e 51
ereignen, sich 37
Ereignis, -se 98
erfahren* 12
Erfahrung, -en 15, 68
erfinden* 74, 102
Erfolg, -e 74
Ergebnis, -se 74, 97
erhalten* 55, 77
erhöhen 39
erholen, sich 34, 44, 73
Erholung 34
erinnern (sich) 8, 61, 65
Erinnerung, -en 12, 65
erkälten, sich 36
erkennen* 8
erklären 12, 58, 63
erkundigen, sich nach 76, 79
erlauben 23
Erlaubnis, 23, 83
erleben 15
erledigen 34
Einschreiben, - 85
Ernte, -n 52
eröffnen (bei) 86, 95, 100
erotisch 15
erraten* 63
reichen 71, 87
Ersatzteil, -e 67
erscheinen* 69, 89, 92
erschließen* 63
erschrecken* 18
erst 107
Erste Hilfe 35
Erwachsene, -n 8, 22
erwarten 23, 68, 87
erzählen (über) 58, 62, 102

Erzählung, -en 62, 102
erziehen* 18
Erziehung 18, 58
es 16, 96, 43, 97, 110
es geht los 96
essen* 26
Essen 84
Essig 27
Eßzimmer, - 41
etwa 10, 55
etwas 64, 111
Europa 51
eventuell 12
Ewigkeit 106
Examen, -/Examina 64
Existenz, -en 71
existieren 55
explodieren 54
Explosion, -en 54
Export, -e 72
Expreß (per) 85

F

Fabrik, -en 73
Fach, ¨-er 58
Facharbeiter, - 71
Fahne, -n 91
Fähre, -n 81
fahren* 78, 111
Fahrer, - 81
Fahrkarte, -n 78
Fahrplan, ¨-e 78
Fahrrad, ¨-er 80
Fahrt, -en 78
fair 19, 24
Fall, ¨-e 37, 95
fallen* 13, 48, 50, 51
falsch 61, 64
Familie, -n 16
Familienname, -n 7
Familienstand, 7
fangen* 96
Farbe, -n 10, 32, 40
farbig 46, 88
farblos 46
faul 27, 61
Fax, -e 90
Faxgerät, -e 90
faxen 90
Faxnummer, -n 86
Februar 49
Federmäppchen, - 57
fehlen (j-m ... etw.) 14, 36, 93
Fehler, - 61, 70
Feier, -n 19
Feierabend, -e 33
feiern 19, 98
Feiertag, -e 33, 98
fein 30
Feind, -e 92
Feld, -er 46, 52, 111
Fenster, - 40
Ferien (Pl.) 60
fern 47
Ferngespräch, -e 87
fernsehen* 88
Fernsehen 88
Fernseher, - 88
Fernsehfilm, -e 88
fertiglesen 102
fest 17, 53
Fest, -e 98
feststellen 95
fett 29
feucht 42, 49
Feuer 51, 53
Feuerwehr, -en 81
Fieber 36
Figur, -en 14, 96, 99
Film, -e 88
Filmkamera, -s 88
Filmstudio, - s 88
Finanzamt, ¨-er 76
finanziell 75
finden* 8, 68, 80
Finger, - 10

115

Firma, Firmen 73
Fisch, -e 29, 52
fit 34
flach 46
Fläche, -n 47, 111
Flasche, -n 27
Fleck, -en 34
Fleisch 29
fliegen* 52, 78, 81
fließen* 45
fließend 64
flüchten 92
Flüchtling, -e 25, 92
Flug, ¨-e 78
Flughafen, ¨ 78
Flugzeug, -e 80
Flur, -e 39
Fluß, ¨-sse 45
flüssig 53
Flüssigkeit, -en 53
fordern 69, 94
Form, -en 54, 103
Formular, -e 8, 76, 82, 86
Forschung, -en 74
Fortschritt, -e 74
fortschrittlich 94
Foto, -s 88
fotografieren 88
Fotokopie, -n 90
fotokopieren 90
Frage, -n 64
fragen 11, 63, 76
Franken, - 74
französisch 63
Französisch 63
Frau, -en 7, 16
frei 83, 86, 97
Freiberufler, - 22
freihaben* 60
Freiheit, -en 91
Freitag, -e 107
Freizeit 33
fremd (sein) 19, 80, 93
Fremde, -n 25
Fremdenhaß 93
Fremdsprache, -n 63
fressen* 52
Freude, -n 14, 20
freuen (sich) 20, 77
Freund, -e 16
freundlich 24
Freundschaft, -en 19
Frieden (schließen*) 92
frieren* 50
frisch 27, 50
Friseur, -e 67
froh 14
fröhlich 15
Frost, ¨-e 50
Frucht, ¨-e 27
früh 33, 105
früher 48, 57, 106
Frühling 49
Frühstück 26, 83
frühstücken 26
fühlen (sich) 13, 54
führen 47, 87
Führerschein, -e 82
Führung, -en 100
Füller, - 57
Fundbüro, -s 76
fünf 108
fünfzehn 109
fünfzig 109
funktionieren 25, 70
für 77, 112
Furcht 14
furchtbar 9, 17, 47
fürchten, sich vor 14
Fuß, ¨-sse 11, 47, 80
Fußball, ¨-e 97
Fußgänger, - 79
Fußgängerzone, -n 79

G

Gabel, -n 30

Galerie, -en 100
Gang, ¨-e 39
ganz 64, 70, 110
gar (nicht) 21
Garage, -n 38
Garantie, -n 28, 70
Garderobe, -n 32, 41, 98
Garten, ¨ 38, 52
Gas, -e 53
Gast, ¨-e 25, 84
Gastarbeiter, - 25
Gasthaus, ¨-er 84
Gebäude, - 44, 77
geben* 14
Gebiet, -e 45
Gebirge, - 46
geboren werden*/sein* 8
gebrauchen 67
Gebrauchsanweisung, -en 70
Gebühr, -en 76, 83, 85
Geburtsdatum, -daten 7
Geburtsort, -e 7
Geburtstag, -e 98
Gedächtnis 12, 65
Gedanke, -n 12
Gedicht, -e 102
geeignet (sein)* 71
Gefahr, -en 54, 70
gefährlich 54, 70
gefallen* 10, 17, 102
gefallen lassen*, sich etw. 24
gefrieren* 50
Gefühl, -e 15, 102
gegen 18, 77, 107
gegenfalls 63
Gegend, -en 45, 105
Gegensatz, ¨-e 46
gegenseitig 23
Gegenstand, ¨-e 54
Gegenteil 103
gegenüber 45
Gehalt, ¨-er 73
geheim 94
gehen* 13, 33, 80, 104
Gehirn, -e 11
gehören 38, 62, 68
Gehsteig, -e 79
Geist 12
gelähmt 11
gelb 32
Geld, -er 74
Geldbuße, -n 95
Gelegenheit, -en 71
gelingen* 30
gelten* (als) 91
Gemälde, - 99
gemeinsam 23
Gemeinschaft, -en 93
Gemüse 27
gemütlich 15, 48
genau 61, 66, 69
genauso 113
Generation, -en 22
genug (haben*) 29
genügend 60
Geographie 59
Gepäck 82
gepflegt 13
gerade 47, 108
geradeaus 80
Gerät, -e 28, 43, 53, 87
Geräusch, -e 88
Gericht, -e 95
gering 69
gern(e) (haben*/tun*) 17, 20, 98
gesamt 75
Geschäft, -e 28, 72
geschehen* 71
Geschenk, -e 20, 98
Geschichte, -n 58, 102
geschieden 7, 19
Geschirr 30, 41
Geschlecht, -er 22
Geschmack 30, 100
Geschwindigkeit, -en 79, 111
Geschwister (Pl.) 16
Geselle, -n 71

Gesellschaft, -en 22, 91
Gesetz, -e 94
Gesicht, -er 8
Gespräch, -e 18, 62, 69, 87
gestatten 23
gestern 106
gestört 17, 87
gesund 35
Gesunde, -n 22
Gesundheit 35
Getränk, -e 27
Getreide 52
getrennt 19
Gewalt 92
Gewerbe, -e 72
Gewerkschaft, -en 69
Gewicht, -e 10, 111
Gewinn, -e 72
gewinnen* 92, 97, 110
Gewitter, - 51
gewöhnen (sich an) 19, 33
Gewohnheit, -en 33
gewöhnlich 33
Gewürz, -e 29
Gift, -e 37, 55
giftig 55
Gitarre, -n 101
Glas, ¨-er / - 30, 54
glatt 10, 50, 54
Glatze, -n 9
glauben (an) 12, 91
gleich 23, 108, 113
gleichberechtigt 23
gleichfalls 20
gleichmäßig 68
gleichzeitig 71
Gleis, -e 78
Glück 18, 96
glücklich 18
Glücksspiel, -e 96
Glückwunsch, ¨-e 20
Goethe-Institut (GI), -e 59
Gold 54
Gott, ¨-er 12
Grad Celsius (ºC) 112
Grafik, -en 73, 99
Gramm (g), 111
Gras, ¨-er 52
gratis 109
gratulieren 20
grau 32
Grenze, -n 83, 92
Grippe 36
Groschen, - 74
groß 7, 62
Größe, -n 10, 111
Großeltern (Pl.) 16
Großmutter, ¨-er 16
Großvater, ¨-er 16
großzügig 42, 56
grün 32, 56, 94
Grund, ¨-e 45, 99
gründen 16, 25
Grundlage, -n 72
grundsätzlich 94
Grundschule 59
Grüne, -n 38
Gruppe, -n 22, 66, 101
Gruß, ¨-e 20
grüßen 20
gültig 8, 82
Gummi 54
günstig 28, 39, 45
Gürtel, - 31
gut 8, 17, 60, 64
gut stehen* 32
Gute Besserung! 36
Guten Appetit! 29
Gymnasium, Gymnasien 59
Gymnastik 13

H

Haar, -e 9
haben* 24, 26, 33, 102, 104
Hafen, ¨ 81
Hähnchen, - 29

Haken, - 98
halbe Stunde 105
Halbinsel, -n 45
halbjährlich 93
Halbpension 83
Halbtagsjob, -s 68
Halbzeit, -en 97
Hälfte, -n 109
Halle, -n 97
hallo! 86
Hals, ¨-e 9
haltbar (sein*) 28
halten* 13, 28, 66, 78
halten* (sich für j-n/etw.) 91
Haltestelle, -n 79
Hammer, ¨ 40
Hand, ¨-e 10, 67
Handarbeit, -en 67
Handball 97
Handel (treiben*) 72, 74
handeln, sich um 64
Handtuch, ¨-er 34
Handwerker, - 67
hängen* 41
hart 15, 46
Haß 18
hassen 18, 92
häßlich 9, 42, 47
häufig 108
Hauptspeise, -n 29
Hauptstraße, -n 81
Haus, ¨-er 25, 33, 38, 104
Hausarbeit, -en 34
Hausaufgabe, -n 58
Hausfrau, -en 22
Haushalt, -e 28, 42, 94
Hausmann, ¨-er 22
Haut 11
heben* 13
Hecke, -n 46
Heft, -e 57, 89
Heim 38
Heimat 8, 25, 46, 91
Heimweh 15, 93
heiraten 19
heiß 26, 50, 112
heißen* 7, 63
heiter 50
heizen 53
Heizung, -en 38, 53
helfen* 23, 34, 58
hell 10, 42, 50
Hemd, -en 30
her 13
herauf 105
Herbst 49
Herd, -e 41
Herkunft 25
Herr, -en 19
herrlich 30, 47
herrschen (über) 91
herstellen 74
herunter 105
Herz, -en 11
herzlich 15, 20
heute 48, 57, 106
intim (sein) 15
hier 104
hierhin 105
Hilfe, -n 71
Himmel 50
Himmelsrichtung, -en 49
hin und her 13
hin und zurück 82
hinauf 105
hindern (an) 74
hinfahren* 84
hinkommen* 84
hinsetzen, sich 36, 60
hinstellen 13
hinten 104
hinter 105
hinunter 105
Hinweis, -e 77
Hit, -s 31, 101
Hitze 29, 50
Hobby, -s 98, 102
hoch 44, 50, 56, 111

Hochhaus, ¨-er 38
Hochschule, -n 59
höchstens 10
Hochzeit, -en 19
Hof, ¨-e 45
hoffen 12
hoffentlich 12, 20
Hoffnung, -en 12
höflich 8, 79
Höhe, -n 46, 111
holen 27, 85
Holz 53
hören 11, 62
Hörer, - 86, 88
Hose, -n 30
Hotel, -s 83
hübsch 9
Hüfte, -n 10
Hügel, - 46
Huhn, ¨-er 52
hundert 109
Hunger 26, 26
Hund, -e 52
Humor 14
hupen 81
husten 36
Husten 36
Hut, ¨-e 31

I

Idee, -n 103
Illustrierte, -n 89
im Freien 97
im Jahr(e) 108
immer 107, 108
Import, -e 72
in bar 75
in der Gegend (von) 105
in der Nacht 105
in der Nähe (von) 105
in der Regel 76
in Ordnung bringen 77
Industrie, -n 72
Inflation 73
Information, -en 66, 84, 88
informieren (sich) 66, 71, 88
Ingenieur, -e 67
Inhalt, -e 66, 103, 112
inklusive 38
Inland 72
innen 104
innerhalb 104
Insekt, -en 52
Insel, -n 45, 81
Installateur, -e 67
intakt 46
intelligent 61
interessant 9, 65
Interesse, -n 65, 68
interessieren 65
international 59, 86, 100
Interview, -s 88
intim (sein) 15
inzwischen 106
irgendwo 104
irren, sich 61
italienisch 63
Italienisch 63

J

ja 21, 93
Jacke, -n 30
Jahr, -e 106, 108
Jahreszeit, -en 49
Jahrhundert, -e 106
Jahrzehnt, -e 106
Januar 49
Jazz 101
je ... desto 113
Jeans (Pl.) 31
jede(r/s) 22, 110
jedenfalls 21
jedesmal 108

jedoch 113
jemand 53, 59, 111
jemand ist dran 96
jetzt 106
jeweils 108
Job, -s 68
joggen 98
Journalist, -en 67
Jugend 22
Jugendherberge, -en 83
jugendlich 13
Jugendliche, -n 22
Juli 49
jung 8, 19
Junge, -n 7, 16, 22
Juni 49

K

Kabine, -n 97
Kaffee 26
kalt 50, 112
Kälte 50
Kamera, -s 88
Kamin, -e 39
Kamm, ¨-e 35
kämmen (sich) 35
kämpfen 23, 69, 91
Kanal, ¨-e 45
Kandidat, -en 94
Kapelle, -n 44
Kapital 73
Kapitän, -e 81
kaputt 46
Karriere, -n 71
Karte, -n 45, 82, 96
Kartenspiel, -e 96
Kartoffel, -n 27
Käse 26
Kasse, -n 32, 98
Kassette, -n 87
Kassettenrecorder, - 57, 87
Kasten, ¨ / - 28, 41
Katastrophe, -n 55, 73
Katze, -n 52
kaufen (sich etw.) 29, 75
Kaufhaus, ¨-er 28
kaum 64
kein(e/er/es) 110, 111
Keller, - 39
Kellner, - 67, 84
kennen* 8, 20, 63
kennenlernen 20
Kernenergie 54
Kernkraftwerk, -e 53
Kette 31
Kilogramm (kg), - 111
Kilometer (km), - 111
Kilometer pro Stunde (km/h) 111
Kind, -er 7, 16, 22
Kindergarten, ¨ 25, 59
Kinderzimmer, - 41
Kinn, -e 9
Kino, -s 98
Kinokarte, -n 98
Kiosk, -e 28, 89
Kirche, -n 44
Kissen, - 41
klagen (gegen) 95
klappen (etw. ...) 68
klar 50
Klasse, -n 22, 58, 82
Klassenarbeit, -en 58
Klassenzimmer, - 57
Klassik 101
klassisch 101
Klavier, -e 101
kleben 54
Kleid, -er 31
Kleidergeschäft, -e 32
Kleidung 32
Kleidungsstück, -e 31
klein 7, 62, 111
klettern 52
Klima, -ta 49
klingeln 33, 43, 86

Klinik, -en 37
klopfen 13, 43
klug 19, 61
knapp 75
Knie, - 11
Knopf, ¨-e 34, 42, 96
kochen 29, 42, 53
Koffer, - 82, 83
Kofferraum 82
Kohle 53
Kollege, -n 68
komisch 9, 57
kommen* **(aus)** 8, 33, 104
Kommentar, -e 88
kommerziell 72
Kommunikation 90
Kompliment, -e 30
kompliziert 17
Kondom, -e 35
Konferenz, -en 92
Konflikt, -e 18
König, -e 91
konkret 66
Konkurrent, -en 25
können* 24, 64
konservativ 94
Kontakt, -e 18, 23
Kontinent, -e 51
Konto, Konten 75, 86
Kontrolle, -n 69, 83
kontrollieren 81
konzentrieren (sich) 61
Konzert, -e 101
Kopf, ¨-e 10
Kopie, -n 90
kopieren 90
Kopierer, - 90
Körper, - 10
Körperteil, -e 10
korrigieren 66
Kosmetikartikel, - 35
kosten 29, 39, 75, 85, 109
Kosten (Pl.) 73
Kostüm, -e 31
Krach 18
Kraft, ¨-e 14
kräftig 30
Kraftwerk, -e 53
krank 36
Kranke, -n 22, 36
Krankenhaus, ¨-er 36
Krankenkasse, -n 36
Krankenschein, -e 36
Krankenschwester, -n 36
Krankenwagen, - 36, 81
Krankheit, -en 36
Krawatte, -n 31
Kredit, -e 75
Kreditkarte, -n 75
Kreis, -e 49, 66
Kreislauf, ¨-e 49
Kreuzung, -en 79
Krieg, -e 92
kriegen 16
Krimi, -s 95, 102
Kriminalroman, -e 102
Krise, -n 18, 56
Kritik 103
Kritik üben (an) 24
Kritiker, - 103
kritisch 56, 61, 91, 103
krumm 47
Kubikmeter (m^3), - 112
Küche, -n 41
Kuchen, - 29
Kugelschreiber, - 57
Kuh, ¨-e 52
kühl 17, 28, 50
Kühle 50
Kühlschrank, ¨-e 41
Kultur, -en 99
kümmern, sich um 18, 34
Kunde, -n 32
kündigen 40, 70
Kunst, ¨-e 99
Kunstfaser, -n 54
Künstler, - 22, 99

künstlerisch 99
künstlich 46, 54
Kunststoff, -e 54
Kunstwerk, -e 99
Kurs, -e 59, 66, 74
Kursbuch, ¨-er 78
Kurve, -n 79
kurz 10
Kuß, ¨-sse 15
küssen 15
Küste, -n 45, 81
Kuvert, -s 85

L

lächeln 13
lachen 12, 20
Laden, ¨ 27
Lage, -n 45, 72
Lampe, -n 41
Land, ¨-er 7, 38, 45, 63, 91
landen 78
Landkarte, -n 45, 57
ländlich 46
Landschaft, -en 45
Landwirtschaft 52, 72
landwirtschaftlich 52
lang 10, 111
lang(e) 106
Länge, -n 111
Langeweile 65
langlaufen* 97
langsam 66, 77, 111
langweilen (sich) 98
langweilig 8, 57, 65, 102
Lärm 44, 62, 70
Lastwagen (LKW), - 80
laufen* 13, 97
Laune, -n 14
laut 44, 62, 70
Laut, -e 62
Lautsprecher, - 87
leben 8, 38
Leben, - 8, 55
lebendig 46
Lebensgefahr, -en 70
Lebenslauf, ¨-e 69
Lebensmittel (Pl.) 26, 72
Lebensmittelgeschäft, -e 28
Lebensraum, ¨-e 55
Leder 31, 54
ledig 7
leer 112
legen (sich ins Bett) 36
Lehre, -en (machen) 59, 71
Lehrer, - 61, 67
Lehrling, -e 71
Lehrmädchen, - 71
Leiche, -n 37
leicht 10, 65, 111
leid tun*, j-m 17
leiden* **(an)** 37
leider 21
leihen* 89
leise 62
leisten 70
leisten, sich etw. 75
Leistung, -en 73
leiten 72
Leiter, -n 40
Leitung, -en 53, 70, 86
lernen 61, 66
Lerner, - 66
lesen* 62, 102
letzte(r/s) 48, 107, 110
letztesmal 107
Leute (Pl.) 9, 22, 91
liberal 94
Licht, -er 42, 50, 103
lieb 15
Liebe 15, 17
lieben 17
Liebling, -e 15
Lied, -er 100
liegen* **(in der Nähe ...)** 45
Lift, -e 39

Lineal, -e 57
Linie, -n 47, 81
linke(r/s) 94
links 80, 94, 104
Lippe, -n 9
Liste, -n 77
Liter (l), - 112
Literatur 102
live 87
LKW, -s 80
loben 17, 24, 61
Loch, ¨-er 34
locker 57
lockig 10
Löffel, - 30
Lohn, ¨-e 73
lohnen, sich 28, 60
Lokal, -e 84
lösen 64, 72
Lösung, -en 64
Lücke, -n 66
Luft 44, 51, 82
Luftpost 85
Lüge, -n 17
lügen* 17
Lunge, -n 11
Lust 14
Lust haben* **(auf)** 24, 26, 102
lustig sein* 9, 57

M

machen 13, 71
Macht 23, 74, 91
Mädchen, - 8, 57, 16
Mädchenname, -n 7
Magen, ¨ 11
mager 14
Mahlzeit, -en 26, 83
Mai 49
Makler, - 40, 67
mal 110
malen 99
Maler, - 99
Malerei, -en 99
manch(e/er/es) 110
manchmal 69
mangelhaft 60
Mann, ¨-er 7, 16
männlich 19
Mannschaft, -en 97
Mantel, ¨ 31
Märchen, - 102
Margarine 26
Mark, - 74
Marke, -n 32
markieren 47, 63
Markt, ¨-e 27, 73
Marmelade, -n 26
März 49
Maschine, -n 43, 48, 74, 78
Massenmedium, -medien 88
Material, -ien 54, 67
Materie 53
Mathematik 59
Mauer, -n 40
Maximum, Maxima 50
Mechaniker, - 67
Medikament, -e 35
Medizin 59
Meer, -e 45
Mehl 27
mehr 69
Mehrheit, -en 23, 93
mehrmals 108
meinen 103
Meinung, -en 91
meisten (am ...) 69
meistens 108
Meister, - 71
melden 76
melden (sich) 69, 77, 86
Menge, -n 28
Mensch, -en 7
Menü, -s 29
merken (sich etw.) 11, 61, 65
merkwürdig 9

messen* 36
Messer, - 30
Metall, -e 54
Meter (m), - 111
Methode, -n 66
Metzgerei, -en 29
Miete, -n 39
mieten 39
Mieter, - 39
Mietwohnung, -en 38
Milch 26
mild 30, 49
Militär 92
Million, -en 109
Minderheit, -en 23, 93
mindestens 10
Mineralwasser 27
Minister, - 93
minus 110, 112
Minute, -n 33, 105
mischen (sich) 37, 53, 96
Mißerfolg, -e 74
Mißtrauen 18
mißtrauisch 15
Mist! 65
Mist 52
mißverstehen* 17, 23
Mißverständnis, -se 18
mit 77, 113
Mitarbeiter, - 69
Mitbestimmung 23
Mitglied, -er 22
Mitbürger, - 25
miteinander (schlafen*) 15, 23
mitnehmen* 82
Mittag 26, 33, 105
Mittagessen 26
Mitte 94
mitteilen 87
Mittel, - 34
Mittel- 51
Mittelschicht, -en 23
Mittelstufenprüfung, -en 60
mitten in 105
Mitternacht, ¨-e 33
mittlere(r/s) 8
Mittwoch 107
Möbel, - 41
möbliert 38
Mode, -n 32
modern 48, 57, 100
Modernisierung, -en 48
mögen* 17, 24, 29, 100
möglich 95
Möglichkeit, -en 64
möglichst 93
Moment, -e 107
Monat, -e 49, 106
Mond, -e 51
Montag, -e 107
Moped, -s 80
morgen 106
Morgen, - 33, 105
Motor, -en 81
Motorrad, ¨-er 80
müde 13, 36
Mühe geben*, **sich** 70
Müll 43, 56, 74
multiplizieren 110
Mund, ¨-er 9
mündlich 62
Museum, Museen 84, 99
Musik 58, 100
Musiker, - 100
Musikstück, -e 100
Mut 14
Mutter, ¨ 16
Muttersprache, -n 63
Mütze, -n 31

N

nach 107, 108
nach Hause kommen 33
nach links/rechts 80
Nachbar, -n 43
nachdem 106

nachdenken* 12, 58
Nachfrage, -n 72
nachher 107
Nachmittag, -e 33, 105
Nacht, ¨-e 33, 105
Nachricht, -en 85
Nachrichten (Pl.) 88
nachschlagen* 63
nächste(r/s) 107
nächstesmal 107
Nacht, ¨-e 33, 105
Nachteil, -e 71
Nachtisch 29
Nacken, - 10
Nagel, ¨ 35, 40
Nagelschere, -n 35
nah(e) 16, 47
Nähe 47, 105
nähen 34, 36, 42
Nahrungsmittel, - 26
Name, -n 7
nämlich 112
Nase, -n 9
naß 50
Nation, -en 91
national 86, 91
Nationalismus 91
Nationalität, -en 7, 64
Nationalitätszeichen, - 85
Natur 51
natürlich 46, 54
Naturschutz 55
Nebel, - 50
neben 105
nebenan 43
nebenbei 67
Nebenkosten (Pl.) 38
Nebenstraße, -n 81
neblig 50
Neffe, -n 16
nehmen* 13
nein 93
nennen* 7
nervös 15, 37
nett 8, 24, 42
neu 44, 57, 66
neugierig 57
neulich 108
neun 108
neunzehn 109
neunzig 109
nicht 21
Nichte, -n 16
nichts 75, 109
nie 108
Niederschläge (Pl.) 51
niedrig 42, 44
niemand 111
nirgends 104
noch 107
nochmal 63
Nord- 49
Norden 49
Not 25
Note, -n 60, 100
notieren 63
nötig 26
Notiz, -en 63, 89
Notrufsäule, -n 80
notwendig 68
November 49
Nudeln (Pl.) 27
null 108
Nummer, -n 83, 86, 89
nun 108
nur 19, 113
nützen 37
nützlich 90
Nylon 54

O

oben 104
Ober, - 67, 84
Oberarm, -e 10
oberhalb 104
Oberkörper, - 10
Oberschenkel, - 11

Oberschicht, -en 23
Objekt, -e 99
Obst 27
obwohl 113
Ofen, ¨ 41, 53
offen 14, 46
öffentlich 77, 80, 93
Öffentlichkeit 91
öffnen 28, 43, 77, 85
oft 108
ohne 77, 113
Ohr, -en 9
Ohrring, -e 31
ökologisch 94
Oktober 49
Öl, -e 27, 82
Oma, -s 16
Onkel, - 16
Opa, -s 16
Oper, -n 84, 101
Operation, -en 35
operieren 35
Opposition 93
Orange, -n 27
Orangensaft, ¨-e 26
ordentlich 68
ordnen 66, 77
Ordner, - 57
Ordnung 43, 77
Organ, -e 11
Organisation 25, 68
organisieren 25
Original, -e 90, 99
Ort, -e 45
Ortsgespräch, -e 87
Ost- 49
Osten 49
Ostern 98
Österreich 63, 91
Österreicher, - 64, 91
österreichisch 64
oval 9

P

paar (ein ...) 110
Paar, -e 16, 110
Päckchen, - 85
packen 31
Packung, -en 28
Pädagogik 58
Paket, -e 85
Panne, -n 81
Papier, -e 8, 54, 57, 82
Park, -s 44, 84
parken 79
Parkplatz, ¨-e 38, 79
Parkverbot, -e 79
Parlament, -e 94
Partei, -en 94
Parterre, -s 39
Partner, - 16, 25, 66
Party, -s 19, 98
Paß, ¨-sse 7, 82
Passagier, -e 78
passen 31, 64
passieren 36
passiv 58
Patient, -en 35
Pause, -n 60, 98
Pech 96
Pension, -en 71, 83
per Expreß 85
perfekt 64, 68
Person, -en 7
Personalausweis, -e 7
persönlich 17
Pfanne, -n 29
Pfeffer 29
Pfennig, -e 74
Pferd, -e 52
Pflanze, -n 52
pflanzen 52
Pflaster, - 35
pflegen (sich) 18, 35
Pflicht, -en 70, 94
Phantasie 103

Philosophie 58
Physik 59
Picknick, -s 83
Pille, -n 35, 36
Pilot, -en 81
PKW, -s 80
Plakat, -e 99
Plan, ¨-e 38, 44, 77
planen 71
Planet, -en 51
planieren 48
Plastik, -en 99
Plastik 54
Platte, -n 29, 87
Plattenspieler, - 87
Platz, ¨-e 29, 103
plötzlich 106
plus 110, 112
Politik 93
Politiker, - 93
politisch 93
Polizei 25, 79, 95
Polizist, -en 67, 79, 95
polnisch 63
Polnisch 63
Pop 101
Portion, -en 83
Porto, Porti 85
Post 76, 85
Postamt, ¨-er 85
Postbank, -en 86
Postkarte, -n 85
Postkonto, -konten 86
Postleitzahl, -en 7, 85
Postschalter, - 85
Postsparkasse, -n 86
Praktikant, -en 71
Praktikum, Praktika 59
praktisch 42
Präsident, -en 93
Praxis, Praxen 37
Praxis 66, 71
Preis, -e 28, 109
preiswert 28, 39, 75
Presse 89
prima 101
privat 7, 77
pro 93
probieren 29, 32, 61
Problem, -e 18, 48, 72
Produkt, -e 72
Produktion, -en 72, 88
produzieren 74, 99
Profi, -s 97
Programm, -e 88, 90, 98
Projekt, -e 48, 77
Projektor, -en 57
Prospekt, -e 84
prost! 29
Protest, -e 56
protestieren (gegen j-n/etw.) 24, 56, 60, 91
Prozent, -e 73
Prozeß, -sse 95
prüfen 28, 60, 76
Prüfung, -en 60
Psychologie 58
Publikum 98, 103
Pullover, - 31
Pult, -e 57
Punkt, -e 97
pünktlich 61, 69
putzen 34, 42
Putzmittel, - 34

Q

quadratisch 47
Quadratmeter (m²), - 111
Qualität, -en 28, 54
Quatsch 65
quer (durch) 45
Quittung, -en 32, 75

R

Rad, ¨-er 80

radfahren* 98
Radiergummi, -s 57
Radio, -s 87
Rappen, - 74
Rasierapparat, -e 35
rasieren (sich) 35
raten* 96
Ratespiel, -e 96
Rathaus, ¨-er 44, 76
rationalisieren 72
rationell 74
rauchen 37
rauh 49, 54
Raum, ¨-e 40, 45
reagieren (auf) 24
Reaktion, -en 24
realisieren 88
realistisch 100
rechnen 59, 75, 110
Rechnung, -en 75, 84
recht haben 64
Recht, -e 70, 94
rechte(r/s) 94
rechteckig 47
rechts 80, 94, 104
Rechtsanwalt, ¨-e 22, 67, 95
Rechtschreibung 62
Rede, -n 62
reden 11, 62
Reform, -en 94
Regal, -e 41
Regel, -n 61, 76, 96
regelmäßig 14, 108
regeln 69, 92
Regen 51
regieren 91
Regierung, -en 93
Regisseur, -e 103
regnen 51
reich 23, 38, 74
reif 27, 52
Reifen, - 82
Reihe, -n 98
Reihenfolge, -n 66
Reihenhaus, ¨-er 38
rein 53
reingehen* 112
reinigen 34
Reinigung, -en 34
reinpassen 112
Reis 27
Reise, -n 78
Reisebüro, -s 84
reisen 78
Reisepaß, ¨-sse 7, 82
Reisevorschrift, -en 82
Rekord, -e 97
Religion, -en 7, 58
renovieren 40
Renovierung, -en 40
Rente, -n 71, 75
Rentner, - 22
Reparatur, -en 67
reparieren 28, 40, 81
reservieren 83
Rest, -e 32
Restaurant, -s 84
Resultat, -e 97, 110
retten 37, 55, 92
Rezept, -e 29, 36
Rezeption, -en 83
Richter, - 95
richtig 64
Richtung, -en 47, 80
riechen* 11, 30
Ring, -e 31
Rock 101
Rock, ¨-e 31
Rolle, -n 103
Roman, -e 102
roh 27
rot 32, 73, 94
Rücken, - 10
Rückfahrkarte, -n 82
Rücksicht 18
rückwärts 105
rufen* 11

Rufnummer, -n 86
Ruhe 15
ruhig 8, 44
rund 9, 54
Rundfunk 87
rundlich 14
russisch 63
Russisch 63

S

Sache, -n 83
sachlich 24
Saft, ¨-e 27
Säge, -n 40
sagen 12, 62
Sahne 26
Saison, -s 31
Salat, -e 27
Salbe, -n 36
Salz 29
sammeln 99
Sammlung, -en 99
Samstag, -e 107
Sand 54
Sänger, - 100
satt sein* 29
Satz, ¨-e 62
sauber 34, 42, 44
saubermachen 42
Sauce, -n 29
sauer 30
Saxophon, -e 101
Schachtel, -n 28
schade (es ist ...) 17
schaden 56
Schaden, ¨ 56, 70
schädlich 56
Schaf, -e 52
schaffen* 99
Schaffner, - 81
Schallplatte, -n 87
Schalter, - 42, 70, 74, 85
scharf 30
Schatten, - 50
Schauer 51
Schaufenster, - 32
Schauspieler, - 103
Scheck, -s 74
scheiden lassen*, sich (von) 19
Schein, -e 74
scheinen* 50
Scheiße! 65
schenken 20
Schere, -n 57
Schicht, -en 70, 74
schick/chick 32
schicken 85
schieben* 81
schief 47
Schiff, -e 80
Schild, -er 79
Schilling, -e 74
schimpfen (auf/über) 17, 24, 61
Schirm, -e 31
schießen* 97
Schlafzimmer, - 41
schlafen* 15, 33
schlagen* 18
Schlagzeile, -n 89
schlank 14
schlecht 17, 36, 60, 73
schließen* 28, 73, 92
schließlich 106
schlimm 15, 47
Schloß, ¨-sser 43, 44
Schlüssel, - 43
Schlußverkauf 32
schmal 9, 42, 44
schmecken 11, 30, 83
Schmerz, -en 18, 37
schminken (sich) 35
Schmuck 31
schmutzig 34, 42, 44
Schnee 51

schneiden* (sich) 35, 36
schneien 51
schnell 77, 111
Schnupfen, - 36
Schokolade, -n 26, 27
schon 107
schön 9, 42, 47
Schönheit 13
Schrank, "-e 41
schrecklich 9, 47
schreiben* 57, 62
Schreiben, - 69, 90
Schreibmaschine, -n 90
schreien* 11, 18
Schrift, -en 62, 89
schriftlich 62
Schritt, -e 13, 64
schüchtern 14
Schuh, -e 31
Schuhmacher, - 67
Schulzimmer, - 57
Schuld 18, 95
Schulden (Pl.) 75
schuldig, 95
schuldig sein*, j-m etw. 75
Schule, -n 58
Schüler, - 60
Schultasche, -n 57
Schulter, -n 10
Schüssel, -n 29
Schuster, - 67
Schutz 100
schützen 25, 28, 55, 100
schwach 13, 102
Schwamm, "-e 57
schwarz 32, 73, 94
schwarzweiß 88
schweigen* 11
Schwein, -e 52
Schweiz 63, 91
Schweizer, - 64, 91
schweizerdeutsch 63
Schweizerdeutsch 63
schweizerisch 64
schwer 10, 65, 111
Schwester, -n 16
Schwiegereltern (Pl.) 17
Schwiegermutter, " 17
Schwiegersohn, "-e 17
Schwiegertochter, " 17
Schwiegervater, " 17
schwierig 15, 65
Schwierigkeit, -en 65, 70
Schwimmbad, "er 44
schwimmen* 52
schwitzen 13
sechs 108
sechzehn 109
sechzig 109
See, -n 45
Seele, -n 12
sehen* 11
sehenswert 84
Sehenswürdigkeit, -en 84
sehr gut 60
Seide 54
Seife 35
sein* (j-m/etw. egal) 65
seit wann? 107
Seite, -n 89, 102
Sekretär, -e 68
Sektor, -en 72
Sekunde, -n 33, 105
selbständig 61, 68
Selbständige, -n 22
selbstbewußt 14
Selbstunterricht 66
selbstverständlich 101
selten 108
Semester, - 59
senden* 85, 87
Sender, - 87
Sendung, -en 85, 88
Senior, -en 22
senken 39
senkrecht 104
separat 38

September 49
Serviette, -n 30
Sessel, - 41
setzen (sich) 13
Sex 15
sicher 12, 25, 64
Sicherheit, -en 70, 92, 100
sichern 100
sie 16
sieben 108
siebzehn 109
siebzig 109
siegen 97
Silbe, -n 62
Silber 54
singen* 58, 100
Sinn (haben) 12, 65
sinnlos 12, 65
sinnvoll 12
Situation, -en 72
Sitz, -e 93
sitzen* 13
Sitzung, -en 77, 94
Skifahren 97
Slip, -s 30
Smog 55
so ... wie 113
sobald 113
Socke, -n 30
sofort 108
sogar 21
Sohn, "-e 16
solange 106
solch(e/er/es) 113
Soldat, -en 22, 67, 92
sollen* 23
Sommer, - 49
Sonderangebot, -e 32
sondern 113
Sonderpreis, -e 32
Sonne, -n 50
sonnig 50
Sonntag, -e 107
sonst 113
Sorge, -n 18
sorgen für 18
Soße, -n 29
Souvenir, -s 84
sowohl ... als auch 12
sozial 22, 94
Sozialamt, "-er 76
sozialistisch 94
Sozialkunde 58
Soziologie 58
spanisch 63
Spanisch 63
spannend 57, 102
Spannung 102
sparen 56, 75
Sparkasse, -n 86
sparsam 56, 75
Spaß (haben) 14, 20, 102
spät 33, 105, 107
später 106
spazierengehen* 47
Spaziergang, "-e 47
Speisekarte, -n 84
Speisewagen, - 82
Spezialgebiet, -e 59
Spiegel, - 35, 41
Spiel, -e 96, 110
spielen 24, 59, 96, 101
Spieler, - 96
Spielplatz, "-e 25
Spielzeug, -e 96
spitz 9
Sport 34, 58
Sport treiben* 34, 97
Sportler, - 97
sportlich 13
Sportplatz, "-e 97
Sprache, -n 62
sprechen* 11, 23, 62, 87
Sprechstunde, -n 37
Sprichwort, "-er 103
springen* 13, 97

spülen 30, 42
Staat, -en 91
Staatsangehörigkeit, -en 7
Stadion, Stadien 84
Stadt, "-e 44
städtisch 46
Stadtplan, "-e 44, 84
Stadtrand, "-er 38
Stadtteil, -e 38
Stall, "-e 53
Standesamt, "-er 76
Standpunkt, -e 23
Star, -s 101
stark 9
Start, -s 96
starten 78, 96
Station, -en 79
Statistik, -en 73
statt 113
stattfinden* 98
Stau, -s 81
staubsagen 40
Staubsauger, - 40
Steak, -s 29
stecken 43
Steckdose, -n 43
Stecker, - 43
stehen* 13, 89
stehlen* 75
steigen* 13, 47, 50, 73
steil 46
Stein, -e 44, 54
Stelle, -n 45, 68, 110
stellen 87
stellen (sich) 13
Stellung, -en 71
Stempel, - 85
sterben* 37
Stereoanlage, -n 87
steril 46
Stern, -e 51
Steuer, -n 76
Steuer, -s 81
steuern 81
Stichwort, "-er 66
still 8, 44, 58
Stimme, -n 62, 94, 100
stimmen 11, 24, 64
Stimmung, -en 20, 102
Stirn, -en 9
Stock, "-e 39
Stockwerk, -e 39
Stoff, -e 53, 54, 66, 103
stolz (auf) 9, 91
stoppen 96
stören 48, 60
Strafe, -n 58, 95
Strahlung, -en 54
Strand, "-e 45
Straße, -n 7, 79
Straßenbahn, -en 80
Strecke, -n 47, 78
Streichholz, "-er 28
Streik, -s 69
Streit 17
streiten* (sich, mit) 17, 77, 92
streng 24, 50, 58
Streß 15, 37
Strom 43, 53, 70
Strumpf, "-e 30
Strumpfhose, -n 31
Stück, -e 26, 103, 111
Student, -en 59
studieren 59
Studio, -s 88
Studium 59
Stufe, -n 39
Stuhl, "-e 41, 57
stumm 11
Stunde, -n 33, 105, 111
Stundenkilometer, - 111
stundenlang 106
Stundenplan, "-e 58
Sturm, "-e 51
stürzen 97
subtrahieren 110
suchen 48, 63, 68, 80

Süd- 49
Süden 49
Supermarkt, "-e 27
Suppe, -n 29
süß 30
sympathisch 9, 15
System, -e 73

T

T-Shirt, -s 31
Tablette, -n 36
Tabu, -s 15
Tafel, -n 57
Tag, -e 33, 105
Taille, -n 10
Tal, "-er 45
Tampon, -s 35
tanken 82
Tankstelle, -n 80
Tante, -n 16
Tanz, "-e 101
tanzen 101
Tapete, -n 40
tapezieren 40
Tarif, -e 83, 87
Tarifvertrag, "-e 69
Tasche, -n 31
Taschenbuch, "-er 89
Tasse, -n 30
Tastatur, -en 90
Taste, -n 90, 96
tasten 11
Tat (untersuchen) 95
Tätigkeit, -en 69
Tatsache, -n 95
tatsächlich 21
taub 11
taubstumm 11
tausend 109
Taxi, -s 80
Taxifahrer, - 67
Team, -s 25, 97
Technik, -en 100
technisch 67
Tee, -s 26
teilnehmen* (an) 59
Teilnehmer, - 59
Teilzeitarbeit 68
Telefax, -(-e) 90
Telefon, -e 86
Telefonanschluß, "-sse 86
Telefonauskunft, "-e 86
Telefongespräch, -e 87
Telefonhörer, - 86
Telefonbuch, "-er 86
telefonieren (mit) 86
Telefonnummer, -n 86
Telefonzelle, -n 80, 87
Telefonzentrale, -n 87
Telegramm, -e 85
Teller, - 30
Temperatur, -en 50, 112
Tempo 79
Tennis 97
Teppich, -e 40
Teppichboden, " 39
Termin, -e 37, 69
Terrasse, -n 39
Test, -s 64
teuer 32, 39, 75, 109
Text, -e 62, 102
Theater, - 84, 103
Thema, Themen 59, 66, 100
Ticket, -s 78
tief 45
Tief, -s 50
Tiefe, -n 111
Tier, -e 52
Tip, -s 64
Tisch, -e 41
Tisch abräumen 30
Tisch decken 30
Tischtennis 97
Titel, - 89
Tochter, " 16
Tod 37

tödlich 37
Toilette, -n 41, 77
tolerant 14
Tonband, "-er 87
Tonbandgerät, -e 87
Topf, "-e 29
Tor, -e 53, 97
tot 37, 46
Tote, -n 37
töten 37, 92
Tourist, -en 84
Tradition, -en 98
tragen* 32
trainieren 97
Traktor, -en 53
Transport, -e 81
transportieren 81, 85
träumen 12
Traumjob, -s 68
traurig 14, 17, 21
treffen* (sich) 21, 78, 96
treiben* 34, 72, 97
Trend, -s 73, 100
trennen (sich von) 19
Treppe, -n 39
treten* 13
treu 85
trinken* 26
Trinkgeld, -er 69, 84
trocken 28, 49
Trockenheit 49
trocknen 34
Trompete, -n 101
Tropfen, - 36, 51
trotz 113
trotzdem 113
Tuch, "-er 31
Tür(e), -n 40
Turm, "-e 44
turnen 58
Typ, -en 9
typisch 98

U

üben 66
über 105, 112
überall 48, 104
überfahren* 37
überholen 81
überlegen (sich etw.) 12, 96
übermorgen 106
übernachten 83
übernehmen* 72
überqueren 79
überraschen (mit) 20
überreden 24
Überschrift, -en 89
übersetzen 63
Überstunde, -n 70
Übertragung, -en 87
überweisen* (an/auf) 86
Überweisung, -en 86
überzeugen 24
Überzeugung, -en 24, 92
üblich 98
übrig 32
übrigens 21
Übung, -en 66
Ufer, - 45
Uhr, -en 31, 107
um 104, 112, 113
um ... so 113
um ... zu 112
umdrehen (sich) 13
Umgebung, -en 45
Umleitung, -en 81
umsonst 109
umsteigen* 78
umtauschen 32
Umwelt 55
Umweltschutz 55
umziehen 39
umziehen* (sich) 32
Umzug, "-e 39
unbedingt 21
unbekannt 63, 101

119

unbezahlbar 109
unentschieden 97, 110
unentschlossen 14
Unfall, ¨-e 37, 81
ungarisch 63
Ungarisch 63
ungefähr 55
ungemütlich 42
ungenügend 60
Unglück, -e 36
ungünstig 45
Universität, -en 59
unsicher (sein) 64
Unsinn 65
unten 104
unter 105, 112
Unterarm, -e 10
unterhalb 104
unterhalten* (sich) 20, 101
Unterhaltung, -en 20
Unterhemd, -en 30
Unterhose, -n 30
Unterkunft, ¨-e 83
Unternehmer, - 22
Unterricht 58
unterrichten 61
untersagen 23
unterscheiden* 65
Unterschenkel, - 11
Unterschicht, -en 23
Unterschied, -e 65
unterschreiben* 40, 70
Unterschrift, -en 70, 75
unterstützen 94
untersuchen 36, 95
Untersuchung, -en 36, 95
Unterwäsche 31
unterwegs 78
Urlaub, -e 70, 79
Ursache, -n 72
Urteil, -e 95

V

Vater, ¨- 16
vegetarisch 83
verabreden, sich mit j-m 21
Verabredung, -en 21
verabschieden (sich) 20
verändern (sich) 21, 55
Veranstaltung, -en 101
verantwortlich 68, 95
Verantwortung 14, 72
Verband, ¨-e 35
Verband(s)zeug 35
verbessern (sich) 61, 73
Verbesserung, -en 66
verbieten* 23
verbinden* 35
verbinden*, (j-n mit) 87
Verbindung, -en 78, 87
Verbot, -e 23, 94
verbrauchen 26, 56
Verbrecher, - 95
verbrennen 53
verbringen* 33, 83
verdammt 68
verdienen 69, 73
Verein, -e 22, 97
Verfahren, - 76, 95
vergessen* 12, 65
Vergleich, -e 71
vergleichen* 66
Vergnügen 20
vergrößern 90
verhaften 95
Verhalten 24
verhalten*, sich 24
Verhältnis, -se 17
Verhandlung (eröffnen) 95
verheiratet 7
verhindern 55
Verhütungsmittel, - 35
verirren, sich 47
verkaufen 28
Verkäufer, - 32
Verkehr 81

Verkehrsmittel, - 80
Verkehrsverein, -e 84
Verkehrszeichen, - 79
verkleinern 90
verlangen 68
verlängern 8, 40, 76, 82
verlassen* 19
verläßlich 68
verletzen (sich) 37
Verletzung, -en 37
verlieben, sich in j-n 17
verlieren* 68, 97, 110
Verlust, -e 19, 72
vermieten 39
Vermieter, - 39
Vermittlung 86
vermuten 64
vernünftig 12
veröffentlichen 102
verpassen 82
verreisen 79
verringern (sich) 73
verrückt 9
Versammlung, -en 25, 94
verschieden 84, 113
verschlechtern (sich) 73
verschmutzen 55
Verschmutzung, -en 55
verschreiben* 36
verschwenden 56
versichern (sich) 82
Versicherung, -en 82
Versicherungskarte, -n 82
verspäten, sich 61
Verspätung, -en 82
versprechen* 12
versprechen* (sich etw. von) 94
Verstand 12
Verständnis 14, 18
verstehen* 17, 23, 63, 87
Versuch, -e 59
versuchen 61
verteidigen 92
Verteidigung 92
verteilen 72
Vertrag, ¨-e 40, 70
vertreten* 70
Vertreter, - 67
Vertrauen 15, 18
Verwaltung, -en 77
Wange, -n 9
verwandt 16
Verwandtschaft 16
verwechseln 65
verwenden 29, 56
verwitwet 7, 19
verzeihen* 21
Verzeihung 21
verzollen 83
Video, -s 88
Vieh 52
viel 69, 102, 109
vielleicht 21
vier 108
vierte(r/s) 110
Viertel 38
Viertelstunde, -n 105
vierzehn 109
vierzig 109
Visum, Visa 76, 82
Vogel, ¨- 52
Volk, ¨-er 91
Volkshochschule (VHS), -n 59
Volksmusik, -en 101
voll 112
Volleyball 97
völlig 55
volltanken 82
Volumen, - 112
von 104, 113
von Hand 67
vor 105, 107, 108
vor kurzem 108
Voraussetzung, -en 71, 92
vorbereiten (sich auf) 60, 69
Vorfahrt 81
vorgestern 106

vorhaben* 71
Vorhang, ¨-e 41, 103
vorher 107
vorhin 108
vorkommen* 52
vorläufig 71
vorletzte(r/s) 110
Vormittag 33, 105
Vorname, -n 7
vorn(e) 104
Vorort 44
Vorrat, ¨-e 28
Vorschlag, ¨-e 24, 101
vorschlagen* 24, 74, 94
Vorschrift, -en 76, 94
Vorsicht! 70
Vorsicht 81
Vorspeise, -n 29
vorstellen (sich) 8
vorstellen, sich j-n/etw. 9
Vorstellung, -en 69, 103
Vorstellungstermin, -e 69
Vorteil, -e 71
Vortrag, ¨-e 59, 66
Vorurteil, -e 18, 23, 93
Vorwahl, -en 86
Vorwahlnummer, -n 86
vorwärts 105
vorziehen* 17

W

waag(e)recht 104
wach sein 33
wachsen* 10, 52
Wachstum 73
Wagen, - 80
Wahl, -en 94
wählen 86, 94
wahr 12
Wahrheit, -en 12
wahrscheinlich 21
Wald, ¨-er 46
Waldsterben 56
Wand, ¨-e 40
Wanderer, - 47
wandern 47, 98
Wanderung, -en 47
wann? 33, 107
Ware, -n 28, 72
warm 50, 112
Wärme 50
warnen 24
warum? 112
was für ...? 55
was? 109
Waschbecken, - 41
Wäsche 34
waschen* (sich) 34, 42
Wasser 27, 51
WC, -s 41
wechseln 74
wecken 33, 83
Wecker, - 35
weder ... noch 12
Weg, -e 47, 80
wegen 112
wegfahren* 79
wehen 51
wehtun* 37
weiblich 19
weich 31, 46, 54
Weihnachten 98
weil 112
Wein, -e 27, 52
weinen 18
weiß 32
weit 31, 47, 111, 113
weiterlaufen 13
weitere(r/s) 48
weiterlesen* 63
welche(r/s) 55
Welt, -en 51, 92
Weltall 51

weltweit 72
wenden*, sich an 76
wenig 69, 102, 109
wenn 112
Werbung 88
werfen* 85, 96
Werk, -e 70
Werkstatt, ¨-en 70, 81
Werkzeug, -e 40, 67
Wert, -e 75
wertvoll 109
wesentlich 66
weshalb? 112
West- 49
Westen 49
weswegen? 112
Wetter 50
Wetterbericht, -e 50
wichtig 66
widersprechen* 18
wie spät? 33, 107
wie viele? 111
wie? 113
wiederholen 11, 60, 66
Wiederhören! 86
Wiedersehen! 20
wiegen* 111
Wiese, -n 46, 52
wieso? 112
wieviel (ist)? 109, 110, 112
willkommen 20
Wind, -e 51
winken 79
Winter 49
wirken 9, 37, 99
Wirklichkeit, -en 103
Wirkung, -en 37, 99
Wirt, -e 67
Wirtschaft 72, 84
wirtschaftlich 72
Wirtschaftskrise, -n 73
wissen* 64
Wissen 12, 65
Wissenschaft, -en 59
wo? 104
Woche, -n 106
Wochenende, -n 33, 106
wochenlang 106
wofür? 112
woher? 104, 112
wohin? 105
wohl 21
Wohl 18
wohlfühlen, sich 31
Wohnblock, -s 38
wohnen 38
Wohnfläche, -n 39
Wohngemeinschaft, -en 38
Wohnheim, -e 38
Wohnlage, -n 38
Wohnort, -e 7
Wohnung, -en 38
Wohnwagen, - 83
Wohnzimmer, - 41
Wolke, -n 50
Wolle 54
wollen* 16, 24
womit? 113
Wort, ¨-er 62
Wörterbuch, ¨-er 62
Wortart, -en 62
Wortfamilie, -n 62
Wortschatz 62
wozu? 112
Wunde, -n 35
wunderbar 30, 47, 102
wundern, sich 11
Wunsch, ¨-e 12
wünschen (sich etw.) 19, 68
Wurst, ¨-e 26
wütend 15

Z

Zahl, -en 73, 109

zahlen 32, 75
Zahn, ¨-e 9
Zahnarzt, ¨-e 37
Zahnbürste, -n 35
Zähne putzen 34
Zahnpasta, -pasten 35
zärtlich 15
Zebrastreifen, - 79
Zehe, -n 11
zehn 109
Zeichen, - 21, 90
zeichnen 99
Zeichnung, -en 99
zeigen 77, 84, 100
zeigen (sich) 14
Zeile, -n 89
Zeit, -en 33, 105
Zeit verbringen 33, 83
Zeitschrift, -en 89
Zeitung, -en 28, 89
Zeitungskiosk, -e 89
Zelt, -e 83
Zentimeter (cm), - 111
zentral 44
Zentrale, -n 87
Zentrum, Zentren 38, 44, 104
zerstören 55, 92
Zerstörung, -en 55
Zertifikat, -e 60
Zettel, - 66
Zeug 67
Zeuge, -n 95
Zeugnis, -se 60, 69
ziehen* (nach) 39, 96
Ziel, -e 71, 96
Zigarette, -n 28
Zimmer, - 38, 40, 77
Zins, -en 75
Zitrone, -n 27
Zivilist, -en 22
Zoll, ¨-e 83
zollfrei 83
Zöllner, - 83
Zoo, -s 44
zu 104
zu Fuß (gehen) 47, 80
zu Hause 25
zu Mittag essen 26
zu zweit 97
Zucker 27
zuerst 106
Zufahrt, -en 77
Zufall, ¨-e 96
zufrieden 9
Zug, ¨-e 80
Zuhause 38
zuhören 66, 88
Zuhörer, - 88
Zukunft 71
zuletzt 106
zum Wohl! 29
zumachen 43
zunehmen* 14, 51, 73
zurück 13, 82
zurückfahren* 79
zurückgehen* 73
zusammenarbeiten 68
Zusammenhang, ¨-e 63, 103
zusammenstoßen 81
zusammenziehen* (mit j-m) 21
zuschauen 97
Zuschauer, - 88, 98
zusein* 43
Zustand, ¨-e 37, 46
zuverlässig 61, 68
zuviel 109
zuwenig 109
zwanzig 109
zwei 108
Zweifel, - 14, 95
zweifeln (an j-m/etw.) 91
zweit 97
zweite(r/s) 110
Zwiebel, -n 27
zwingen* 24
zwischen 19, 65, 105, 107
zwölf 109

Index

A

A-levels 59
about 10, 55, 107
above 104, 105, 112
abroad 25, 72
absolutely 55
accept 24, 68
access road 77, 79
accident 36, 37, 81
accommodation 83
account 75, 86
accused 95
accustomed (to) 19
achieve 71
acknowledge 76
acquaintance 19
acquainted (with) 19
action (legal action) 95
active(ly) 57
actor 103
actress 103
actually 21
ad 68, 89
add (up) 110
address 7, 85
addressee 85
adjust 87
administration 77
admission 98
adopt 24
adult 8, 22
adult evening classes 59
advantage 71
advertisement 38, 68, 89
advertising 88
advice 77
advise 23, 28, 71
affair 17
afford sth. 75
afraid (of) 14
Africa 51
after 106, 108
after all 106, 113
after that 106
after work 33
afternoon 33, 105
afterwards 107
again 63
against 18, 77, 93
age 8, 19
agent 34
ago 108
agree (with) 93
agreed 68, 91, 101
agreement 40, 91
agricultural 52
agriculture 52, 72
air 44, 51, 82
airmail 85
airport 78
alarm 56, 100
alarm clock 33
alcohol 27
alike 9
alive 46
all 110
all the 113
alleged(ly) 18
allow 23
allowed to 24
alone 68, 97
along 47
already 107
also 20
alternative 56
although 113
always 108
ambulance 36, 81
America 51
amount (to) 75
amusing 9
analyse/analyze 58
angry 21, 24
angular 54
animal 52
announce 72
announcement 78
annoyed (about) 15, 76
annoying 15
answer 60, 64, 86, 92
anxious 14
apartment 38
apartment house 38
apologize (for) 21
apparently 12
appear 89
appear (to be) 92
appearance 13
appetite 26
apple 27
appliance 28, 43
application 69, 76
apply (for sth.) 69, 76, 92
appointment 37, 69
apprentice 71
apprenticeship 59, 71
appropriate for sb. 32
approximately 55
April 49
architect 99
architecture 99
area 38, 45, 47, 77
area code 86
argue (about) 17, 77
argument 17
arm 10
armchair 41
army 92
around 104
arrange 66, 69, 77
arrange (to meet sb.) 21
arrest 95
arrival 78
arrive 69, 78, 85, 93
art 99
article 28, 89
artificial(ly) 46
artist 22, 99
artistic(ally) 99
artricle 89
as ... as 113
as ... as possible 93
as a rule 76
as long as 106
as soon as 113
as though 113
ascertain 95
Asia 51
ask 11, 20, 63, 76, 79
assembly 94
association 22
assume 11
asylum 92
asylum-seeker 25
at 104, 107
at least 10
at night 105
at that time 106
at the back 104
at the end 106
at the front 104
at the most 10
at the same time 71
athletic 13
atomic energy 54
atomic power station 53
attend 59
attention 18, 65, 102
attentive(ly) 57, 102
audience 98, 103
August 49
aunt 16
Australia 51
Austria 63, 91
Austrian 64, 91
author 102
authority 8
automatic(ally) 74
auto(mobile) 80
autumn 49
avenue 46
average 69, 75
awake 33
aware 65
away 79
awful(ly) 9, 47

B

baby 16
back 10, 13, 104
backwards 105
bad(ly) 15, 17, 21, 47, 60, 73
bad luck 96
bag 31
baggage 82
bake 29
baker 67
baker's 28
bakery 28
bald head 9
ball 96, 101
ballpoint pen 57
band 101
bandage 35
bandaid 35
bank 74, 86
bar 84
barber 67
basis 72
basketball 97
bass 101
bath 41
bathtub 34, 41
bathe 44
bathroom 34, 41
battery 82
be in (it/there) 89, 112
beach 26
board 9
beat 13, 18
beautiful 9, 47
beauty 13
because (of) 112
bed 36, 41
bedroom 41
beer 27
before 106, 108
beforehand 107
begin 21, 60, 71
beginning 93, 106
behave 24
behavio(u)r 24
behind 105
believe (in) 12, 91
belong (to) 38, 62, 68
below 104, 105, 112
belt 31
bench 57
bend 79
between 19, 65, 105, 107
bicycle 80
big 111
bike 80
bill 74, 75, 84
biology 59
bird 52
birthday 98
bit 64
bitter 30
black 32, 73, 94
black and white 88
black figures 73
blame 18
blanket 41
blast 54
bleed 35
blind 11
block (of flats) 38
blond(e) 10
blood 11
bloody 65
bloom 52
blouse 31
blow 51
blue 32
blue-collar worker 73
board 57, 96
board game 96
boarding house 83
boat 81
body 10, 37
boil 53
bomb 92
Bon appetit! 29
book 57, 62, 83, 89
bookshop 89
bookstore 89
boot 82
border 83, 92
bored 98
boredom 65
boring 8, 57, 65, 102
born 8
borrow 89
bosom 10
boss 68
both 16
both ... and 12
Bother! 65
bottle 27
bottom 45
bourgeois 94
bowl 29
box 28, 41
boy 7, 16
boyfriend 16
brain 11
brainteaser 96
brake 81, 82
brand 32
bread 26
break 60, 97
break (one's leg/arm/...) 36
breakdown 81
breakfast 26, 83
breasts 10
breathe 13, 44
bridge 45
bright(ly) 50
bring 27, 84, 85
bring up 18
broad(ly) 44, 47
broadcast 87
brochure 84
broker 67
broom 40
brother 16
brown 32
brush 35
budget 94
build 38
building 44, 77, 99
building site 70
built 73
bulb 42
burn 53
bus 80
business 72
but 113
butcher's 29
butter 26
button 34, 42, 96
buy 29, 34, 41, 75
by 104
by now 107
by special delivery 85
by the way 21

C

cab 80
cable 53
café 84
cake 29
calculate 59, 75, 110
call 11, 86, 87
called (be called) 7, 63
calm(ness) 15
calm down 15
camera 88
camping site 83
can 24, 28
canal 45
candidate 94
candy 27
cap 31
capital 73
capital letter 62
captain 81
car 80
car park 38
caravan 83
card 96
card game 96
care 18, 34, 35
care about 65
career 71
careful 60
carpet 39, 40
carry out 88
carton 28
case 21, 37
cash desk 32
cassette 87
cassette recorder 57, 87
castle 44
cat 52
catastrophe 55, 73
catch 96
cathedral 44
cattle 52
cause 72
caution 70, 81
CD 87
CD player 87
cease 51
ceiling 40
celebrate 19, 98
celebration 19, 98
cellar 39
center 38, 44, 94, 104
centigrade 112
centime 74
centimeter/-metre 111
Central (Europe/...) 51
central(ly) 44
centre 38, 44, 94, 104
century 106
certain(ly) 12, 91
certificate 60, 69
chain 31
chair 41, 57
chance 96
chancellor 93
change 21, 32, 55, 74, 78, 94
chapel 44
character 9, 19, 46, 90
chart 73
cheap(ly) 28, 32, 39, 75, 109
check 74, 83, 84
checkroom 98
cheek 9
cheerful(ly) 15
Cheers! 29
cheese 26
chemicals 55
chemist's 34, 37
chemistry 55, 59
cheque 74
chest 10
chic 32

121

chicken 29, 52
child 7, 16, 22
children's room 41
chin 9
china 30
chocolate 26, 27
choir 100
choose 32
Christmas 98
church 44
cigarette 28
cinema 98
circle 66
citizen 22, 25, 93
city 44
city hall 44, 76
civil servant 22, 67, 76
civilian 22
claim 92
class 22, 58, 74, 82
classical 101
classical music 101
classroom 57
clean(ly) 34, 42, 44
clear(ly) 50, 66
clear the table 30
clever 19, 61
climate 49
climb 47, 52
clinic 37
cloakroom 98
clock 31
close 16, 17, 28
close down 73
closet 41
clothes 32
clothes shop 32
clothing 32
clothing store 32
cloud 50
cloudy 50
club 22, 97
coach 80
coal 53
coast 45, 81
coat 31
coatrack 41
code 85
coffee 26
coherence 103
coke 27
cold 36, 50, 112
coldness 50
colleague 68
collect 78, 85, 99
collection 99
college 59
collide 81
colo(u)r 10, 32, 40
colo(u)red 88, 89
colo(u)rful 32, 46, 57
colo(u)rless 46
comb 35
comb one's hair 35
come 104, 112
come from 8
come home 33
come up 71
comfortable 31, 48
comic 102
command 92
commentary 88
commercial(ly) 72
common 23
communication 90
community 93
company 72, 73
compare 66
comparison 71
competitor 25
complain (about) 17, 24, 95
complete 70
complicated 17
compliment 30
computer 90
computer game 96
concentrate (on) 48, 61

concern 17, 69
concert 101
conclude 40
concrete 44, 66
condition 37, 46, 69, 71, 92
condom 35
conductor 81
conference 92
confidence 15, 18
confident(ly) 14
conflict 18
confused 64
congratulate 20
congratulations 20
connection 78, 87
conservative 94
conserve 55
consider (to be) 76, 91
consideration 18, 73
consist (of) 53
constant(ly) 108
consume 26, 56
contact 18, 23
contain 89
content 9, 66, 103, 112
context 63
continent 51
contraceptive 35
contract 40, 70
contradict 18
contrast 46
convenient 42, 45
conversation 20, 62, 87
converse 20
convey 85
conviction 92
convince 24
cook 29, 42
cooker 41
cool 17, 28, 50
coolness 50
corn 52
corner 80
corpse 37
correct 66
corridor 39
cosmetic 35
cost 39, 75, 85, 109
costs 73
cosy 15, 48
cotton 52, 54
couch 41
cough 36
counsel 23
count 75, 85
counter 74, 85
country 7, 38, 45, 63, 91
country code 85
countryside 38
couple 16
courage 14
course 59, 66
course of studies 59
court 95
cow 52
cowshed 53
cozy 15
craft 72
craftsman/-woman 67, 71
cramped 47
crate 28
crazy 9
cream 26, 35
create 99
credit 75
credit card 75
criminal 95
crisis 18, 56
critic 103
critical(ly) 56, 61, 91, 103
criticism 103
criticize (sb./sth.) 24
crockery 30, 41
crooked 47
cross 79
cross-country skiing 97
crossroads 79

crosswalk 79
cry 18
cubic meter/metre 112
cubicle 97
culture 99
cup 30
curious(ly) 57
curly 10
currency 74, 109
current 53
current interest 89
curriculum vitae 69
curtain 41, 103
curved 47
customary 98
customer 32, 84
customs 83
customs officer 83
cut (oneself) 36
cut down 48
cut one's nails 35
cutlery 30, 41
cycle 49, 98

D

daily routine 33
damage 56, 70
damn 65
damn(ed) 65
damp 42, 49
dance 101
danger 54, 70
danger (to life) 70
dangerous(ly) 54, 70
dark 10, 42, 46, 50
darkness 50
darling 15
data 8, 90
date 21, 108
date (sb.) 21
date of birth 7
daughter 16
daughter-in-law 17
day 33, 105
day after tomorrow 106
day before yesterday 106
dead 37, 46
dead person 37
deaf 11
deaf-mute 11
dear 15
death 37
debts 75
decade 106
deceive 19, 75
December 49
decide 24, 68, 72, 77, 94
decision 71
declare 76
decrease 73
deep(ly) 45, 111
defence 92
defend 92
defendant 95
defense 92
defraud 75
degree centigrade 112
delay 82
delivery 85
demand 69, 72, 94
democracy 91
democratic(ally) 23, 91
demonstration 92
dense(ly) 46
dentist 37
department 76
department store 28
departure 78
depend (on) 72, 73
dependent (on) 18
depth 111
describe 9
design 99
desire 14, 68
desk 32, 57
despite 113

dessert 29
destroy 55, 92
destruction 55
details 8
detective novel/story 95, 102
deteriorate 73
determine 24
determined 14
detour 81
develop 21, 73, 88
device 43, 67
dial 86
dialect 62
dialog(ue) 18
dice 96
dictionary 62
die 37
diet 14, 37
difference 65
different(ly) (from) 84, 113
difficult 15, 65
difficulty 65, 70
digger 48
dining car 82
dining room 41
dinner 26
diploma 59
direction 47, 49, 80, 105
directory 86
directory assistance 86
directory enquiries 86
dirty 34, 42, 44
disabled 11
disabled person 11
disablement 11
disadvantage 71
disappoint 17, 102
disappointment 15
disapprove (of) 103
disaster 55, 73
disco(theque) 101
discover 48, 59, 100
discuss 24, 58, 74, 77
discussion 24
disease 36
dish 29
diskette 90
dismiss 70, 72
dispatch 85
disrupt 48
distance 47, 111
distant 16, 47
distinguish 65
distress 25
distribute 72
district 38
distrust 18
distrustful 15
disturb 48, 60
diversion 81
divide 110
divided by 110
divorce 19
divorced 7, 19
do 13, 34
doctor 22, 35, 67
document 8, 82
dog 52
door 40, 43
double 109
double room 83
double-barrel(l)ed (name) 7
doubt 14
doubt (sb./sth.) 91
down 105
downwards 105
draw 97, 99
drawing 99
drawn 110
dream 12
dream job 68
dress 31, 35
dressing 35
dressing material 35
drink 26, 27
drive 81
driver 81

driver's/driving license 82
drop 51
drops 36
drug 35, 37
drugstore 34, 37
dry 28, 30, 34, 42, 49
dry-clean 34
dry cleaners 34
dryness 49
duck 52
dumb 11
during 106, 108
during the day 105
duty 70, 82, 83, 94
duty-free 83

E

each 22
each other 20
ear 9
early 33, 105
earn 69, 73
earring 31
Earth 51
east 49
Easter 98
eastern 49
easy 65
eat 26, 52
ecological 94
economic(ally) 72
economic crisis 73
economical(ly) 56, 75
economy 72
education 23, 58
effect 37, 99
efficient(ly) 74
effort (make an effort) 61
egg 26
eight 108
eighteen 109
eighty 109
elbow 10
elect 94
election 94
electric 43, 53
electric power 43, 70
electrical store 28
electrician 67
electricity 53
electronic 87
electronic system 87
element 51
elementary school 59
elevation 46
elevator 39
eleven 109
emergency telephone 80
emigrant from eastern europe
  of German descent 25
emigration 93
employ 68
employed (person) 8, 22
employee 22, 68, 69, 73
employer 22, 68
employment office 76
empty 112
end 60, 106
enemy 92
energy 26, 53
engaged 86
engine 81
engineer 67
English 63
enjoy oneself 20
enlarge 90
enough 29
entitled (to) 76
entrance 77, 98
entrepreneur 22
envelope 85
environment 55
environmental protection 55
equal 23
equal rights, 23
equipment 43, 53

eraser 57
erotic 15
error 61
essential 66
establish 95
estate agent 40, 67
eternity 106
Europe 51
even 21
evening 33, 105
evening classes 59
evening meal 26
event 98, 101
every 22, 93, 108
every time 108
everyone 110
everything 75
everywhere 48, 104
evidence 95
exact(ly) 61, 66, 69
exam 60, 64
examination 36, 60
examine 36, 76
excavator 48
excellent 60, 102
except 113
exception 93
exciting 57, 102
exclude 103
excursion 84
excuse 21
exhaust fumes 55
exhibit 99
exhibition 99
exist 55
expect 23, 64, 68, 87, 94
expenditure 75
expensive 32, 39, 75, 109
experience 15, 68, 71
experiment 59
explain 12, 58, 63, 94
explode 54
explosion 54
export 72
express 85
express doubts 95
express letter/parcel 85
expression 64
extend 8, 40, 76, 82
extra costs 38
eye 9

F

fabric 54
face 8
fact 95
factory 73
failure 74
fair 10, 19, 24
fairytale 102
faithful 19
fall 13, 49, 51, 97
fall in love (with sb.) 17
family 16
famous 101
fancy 26
far 111
far off 47
farm 45, 53
farmer 22, 52
fashion 31
fast 77, 111
fat 14, 29
fatal(ly) 37
father 16
father-in-law 17
fault 18, 70
faulty 87
fax 90
fax machine 90
fax number 86
fear 14, 18, 58, 92
February 49
Federal Chancellor 93
fee 76
feel 11, 13, 54

feel comfortable 31
feel like (doing sth.) 24, 26, 102
feeling 15, 102
fellow citizen 25
feminine 19
ferry 81
fetch 27
fever 36
few 110
fiber/fibre 54
field 46, 52, 59, 97, 111
fifteen 109
fifty 109
fight 23, 92
fight (for/against) 69, 91
figure 14, 73, 99, 109
figure skating 97
file 57
fill in 8, 76, 86
fill out 8, 76, 86
fill up 82
film 88
film camera 88
film studio 88
final(ly) 55, 106
financial 75
find 52, 68, 80
find out 66
fine 95
fine art 99
finger 10
fire 51, 53
fire brigade 81
fire department 81
fireplace 38
firm 17, 73
first 106, 110
first aid 35
first class 82
first floor 39
first name 7
fish 29, 52
fit 31, 34
fit in 112
fitted carpet 39
five 108
fix 68
flag 91
flash 51
flat 38, 46
flee 92
flight 78
floor 39, 40
floor space 39
flour 27
flow 45
flower 52
flu 36
fluent(ly) 64
fly 52, 78, 81
fog 50
foggy 50
folk music 101
fond of 17
font 89
food 26, 72, 84
foolish 61
foot 11, 47, 80
football 97
for 77, 93, 112
for a long time 106
for hours/weeks 106
for it 93
for nothing 109
for sure 91
for that 112
for that reason 112
forbid 23
force 24
forearm 10
forecast 50
forehead 9
foreign 25
foreign language 63
foreigner 25, 92
forest 46
forest dieback 56

forget 12, 65
forgive 21
forgiveness 21
fork 30
form 8, 76, 82, 86, 103
forty 109
forwards 105
found (be found) 52
fountain 84
fountain pen 57
four 108
fourteen 109
fourth 110
franc 74
free 33, 83, 109
freedom 91
freelancer 22
freeway 79
freeze 50
French 63
frequent(ly) 108
fresh(ly) 27, 50
Friday 107
fridge 41
friend 19
friendly 24
friendship 19
frighten 18
from 104
from where? 104
front 104, 105
frost 50
fruit 27
fry 29
frying pan 29
full 112
fumes 55
fun 14, 20, 57, 102
fundamental(ly) 94
funny 9, 57
furious(ly) 15
furnish 41
furnished 38
furniture 41
further 13, 48
future 71

G

gallery 100
game 96
game of chance 96
gap 66
garage 38, 81
garden 38, 52
garment 31
gas 53, 82
gas station 80
gasoline 53
gate 53
general(ly) 93
generation 22
generous(ly) 56
gentleman 19
geography 59
German 63, 64, 91
German-speaking 63
Germany 63, 91
get 16, 34, 37, 60, 77, 85
get off 78
get on 78
get there 84
get through to 87
get up 33
get worked up (about) 15
gift 20, 98
gifted 100
girl 7, 16
girl apprentice 71
girlfriend 16
giro account 86
give 7, 20, 66
give evidence 95
give notice 40
give up 23
glad about 77

gladly 20
glass 30, 54
glasses 31
go 84, 111
go (fit) in 112
go off 33
go on 103
go out 101, 103
go up 13, 47
goal 71, 97
god 12
Goethe Institute 59
gold 54
good 8, 17, 30, 60, 61
good luck 96
good value 39, 75
good-bye 20, 86
goods 72
govern 91
government 93
grade 58, 60
graduate (from) 59, 71
grain 52
gram(me) 111
grammar school 59
grandfather 16
granddaughter 16
grandmother 16
grandparents 16
grandson 16
grass 52
grateful 20
gray 32
great 47, 101
green 32, 56, 94
greet 20
greeting 20
grey 32
grocer's 28
grocery 28
groschen 74
ground 51
ground floor 39
group 22, 66, 101
grow 10, 52
grown-up 8
growth 73
guarantee 28, 70
guess 63, 96
guessing game 96
guest 25
guest house 83
guest worker 25
guided tour 100
guilty 95
guitar 101
gymnasium 97
gymnastics 13, 58

H

habit 33
habitat 55
hair 9
hairdresser 67
half 97, 109
half hour 105
half-board 83
hammer 40
hand 10
handball 97
handy 42
hang (up) 41
happen 36, 37, 71
happiness 18
happy 14, 18
harbo(u)r 81
hard 46, 65
hardly 64
harmful 56
harsh 49
harvest 52
hat 31
hate 18, 92
hatred 18
hatred of foreigners 93

have 15, 87
have got 104
have off 60
have on 32
he 16
head 10
headline 89
health 35
health insurance certificate 36
health insurance scheme 36
healthy 22, 35
hear 11, 12, 62
hear the case 95
heart 11
heat 29, 50, 53
heating 38, 53
heavy 10
hedge 46
height 111
hello 20, 86
helm 81
help 23, 34, 58, 71
help oneself 29
here 104
here we go 96
high(ly) 44, 56, 111
high pressure area 50
high-rise (building) 38
high school 59
high-school diploma 59
hike 47, 98
hiker 47
hill 46
hint 77
hips 10
history 58
hit 18, 31, 96, 101
hobby 98, 102
hold 13
hole 34
holiday(s) 60, 70, 79, 98
home 25, 38, 46, 72, 91, 96
home country 8, 25, 91
homesickness 15, 93
homework 58
honest(ly) 14
hono(u)r 23
hook 98
hoot 81
hope 12, 20
hopefully 12, 20
horizontal(ly) 104
horrible/-ly 9
horse 52
hospital 36, 37
hostel 38
hot 30, 50
hot chocolate 26
hotel 83
hour 33, 105, 106
hour of overtime 70
house 38
house husband 22
household 28, 42
housewife 22
housework 34
how 112, 112
how much 110
however 93, 113
human being 7
humid 49
humo(u)r 14
hundred 109
Hungarian 63
hunger 26
hungry 26
hurry 33
hurry (up) 33
hurt 17, 37
husband 16

I

ice 50
ice-cream 29
ice hockey 97

123

icy 50
idea 103
identity card 7, 82
if 113
ill 36
illness 36
imagination 103
imagine (sb./sth.) 9, 64
immediately 108
import 72
important 66
impression 8, 46, 99
improve 61, 73
improvement 66
in 104, 107
in (1960) 108
in a draw 97
in agreement 91
in any case 21
in front of 105
in order to 112
in the meantime 106
in the middle of 105
in the past 48, 57, 106
in writing 62
inclusive 38
income 69, 73, 75
inconvenient 45
increase 39, 51, 73
independent(ly) 61, 68
indoor arena 97
indoors 39
industry 72
infer 63
inflation 73
influence 24, 69, 74, 100
inform (oneself) 71, 88
inform (about sb./sth.) 92
information 7, 66, 80, 84, 88
information desk 77
inhabitant 38, 44, 45
injection 36
injure (oneself) 37
injury 37
inn 84
innkeeper 67
inquire (after) 76
insect 52
inside 39, 104
inspect 81
instead of 113
instructions for use 70
instrument 67, 101
insurance 82
insurance card 82
intact 46, 70
intellect 12
intelligent 19, 61
intend 71
intention 95
intercity 82
intercourse 15
interest 65, 68, 75
interesting 9, 65
intermediate exam 60
intermission 98
international(ly) 59, 86, 100
intersection 79
interval 98
interview 69, 88
introduce (oneself) 8
invent 74, 102
investigate the offence/-se 95
investigation 95
investment 75
invitation 20
invite 20, 24, 98
invoice 75
iron 54
irritable 15
island 45, 81
isolated 45
issue 8, 76, 89
it's sb.'s turn 96
it 16
Italian 63
item 85, 89

J

jacket 30
jam 26
January 49, 108
jazz 101
jeans 31
jewel(l)ery 31
job 67-68
jogging 98
journalist 67
journey 78
journeyman 71
joy 20
judge 95
juice 27
July 49
jump 13, 97
June 49
just 108
just now 108
just as 113
just the same 113
justify 94

K

keep 28, 32, 65
keep an eye (on) 18
key 43, 90, 96
key word 66
keyboard 90
kick 97
kill 37, 92
kilogram(me) 111
kilometer/metre 111
kilometers/-metres per hour 111
kind 20, 24
kindergarten 25, 59
king 91
kiosk 28, 89
kiss 15
kitchen 41
knee 11
knife 30
knock 43
know 8, 20, 63, 64
knowledge 12, 65
knowledge of German 62
known (well) 101

L

labo(u)r 68, 69
labor union 69
lacking 14
ladder 40
lady 19
lake 45
lame 11
lamp 41
land 78
landlady 67
landlord 39, 67
landscape 45
language 62, 63
large plate 29
last 21, 28, 48, 106, 107, 110
last but one 110
last time 107
late 33, 61, 105
later 106
laugh 12, 20
law 94
lawsuit 95
lawyer 22, 67, 95
lay 14
lay the table 30
lazy 61
lead 47
leaf 52
learn 61, 66
learner 66
leather 31, 54

leave 19, 78, 79, 98
leave after passing final exam 71
leave the house 33
lecture 66
left 80, 104
left over 32
left-wing 94
leg 10
legal action 95
leisure time 33
lemon 27
length 111
less 69
lessons 58
letter 21, 62, 69, 85
letterbox 85
lettuce 27
level 48, 59
liberal(ly) 56, 94
library 62, 89
lie 17
life 8, 55
lift 13, 39
light 10, 41, 42, 50, 103, 111
lightning 51
like 10, 17, 29, 100, 102, 113
like doing 98
like this/that 113
like to 24
likeable 9
likewise 20
line 47, 53, 86, 87, 89
lip 9
liquid 53
list 77
listen to 66, 88
listen to music 100
listener 88
liter 112
literature 102
litre 112
little 64, 69, 109, 111
live 8, 38, 55, 87
live in 45
live on 26
livestock 52
living 71
living room 41
local 25
local call 87
location 38
lock 43
lock up 43
lonely 19
long 10
long ago 108
long time 106
long-distance call 87
look 8, 9, 11, 15, 36
look after 18
look at 11, 47, 99
look for 48, 63, 68, 80
look forward (to) 77
look out! 81
look up 63, 73
lorry 80
lose 68, 97, 110
lose weight 14
loss 19, 72
lost 47
lost property office 76
lot 69
loud(ly) 44, 62, 70
loudspeaker 87
love 15, 17
lovely 42
loving(ly) 15
low 42, 44, 69
low pressure area 50
lower 39
lower class 23
lower leg 11
luck 96
luggage 82
lunch 26
lung 11

M

machine 28, 43, 48, 53, 74
mad 9
magazine 89
maiden name 7
mail 85
mailbox 85
mailman/-woman 85
main course 29
main street 81
majority 23, 93
make 70, 74
make an effort 61
make breakfast 26
make peace 92
make sense 65
make up 102
make-up 35
make use of 67
mall 79
man 7, 96
management 70
man-made fiber/fibre 54
manufacture 74
manure 52
many 110
map 45, 57
March 49
margarine 26
marital status 7
mark 47, 60, 63, 74
market 27, 73
marmalade 26
marriage 16
married 7, 19
masculine 19
mass media 88
master (craftsman) 71
match 28, 110
material 54, 66, 67
mathematics 59
matter 53, 64, 103
maximum 50
May 49
mayor 93
mayoress 93
meadow 46, 52
meager/meagre 75
meal 26, 29,
mean 62, 102
meaning 12, 62
meaningful 12
meaningless 12, 65
means of transportation 80
meant 23
meantime 106
meat 29
mechanic 67
media 88
medicine 35
meet 8, 20, 21,
meeting 25, 77
member 22
member of parliament 93
member of the audience 98
memento 12
memory 12, 65
menu 84
message 85
metal 54
meter 111
method 66
metre 111
midday 33, 105
midday meal 26
middle 8, 105
middle class 23
middle-class 94
midnight 33
mild 30, 49
milk 26
million 109
mind 12
mineral water 27
minister 93
minority 23, 93

minus 110, 112
minute 33, 105
mirror 35, 41
mishap 36
miss 82
missed (be missed) 93
mist 50
misty 50
misunderstand 17, 23
misunderstanding 18
mix 37, 53
mix up 65
modern 57, 100
modernization 48
moment 107
Monday 107
money 74
month 49, 93,
mood 14, 20, 102
moon 51
moped 80
morning 33, 105
most 10
mostly 108
mother 16
mother-in-law 17
mother tongue 63
motion 24
motorbike 80
motorway 79
mountain 46
mouth 9
move (to) 13, 39
move in 21, 40
move out 40
movement 13, 56
movie 88
movie camera 88
movie theater 98
much 109, 112
multiply 110
museum 84, 99
music 58, 100, 101
musician 100
mutual(ly) 23

N

nail 35, 40
nail scissors 35
name 7
namely 112
napkin 30
narrow 9, 42, 44
nation 91
national(ly) 86, 91
nationalism 91
nationality 7, 64
natural(ly) 46, 54
nature 19, 51
nature conservation 55
naughty 15
near 47, 104, 105
nearby 47, 105
nearness 47
neat(ly) 68
necessary 26, 68
neck 9, 10
need 25, 27
neighbo(u)r 43
neither ... nor 12
nephew 16
nervous 14, 15, 37
never 108
nevertheless 113
new 44, 57, 66
news 88
newspaper 28, 89
newspaper stand 89
next 107
next door 43
next time 107
next to 105
nice(ly) 8, 15, 24, 42, 47
niece 16
night 33, 105
nine 108

124

nineteen 109
ninety 109
no 93, 111
nobody 110, 111
noise 44, 62, 70
noisy 44
non-alcoholic 27
none 110
nonsense 65
no-parking order 79
north 49
northern 49
nose 9
not at all 21
not long ago 108
note 63, 74, 100
notebook 57
nothing 75, 109
notice 8, 11
novel 102
November 49
now 106, 107, 108
nowhere 104
nuclear energy 54
nuclear power station 53
number 83, 89, 109
nurse 18, 36
nutrition 26
nylon 54

O

o'clock 107
object 54, 99
objective 24
observe 51
obtain 77
occupation 7, 67
occupied 83
occupy 38
occur 12, 65, 71
October 49
odd 9
of 113
of course 101
of current interest 89
off 60, 87
offence 95
offend 17
offense 95
offer 29, 32
office 37, 76, 77, 90
office hours 37
official 76
officially register departure 40
often 108
oh! 17
oil 27, 53, 82
ointment 36
old 8, 19, 44, 57
old people 22
on 4, 13, 42, 60, 87, 104, 105, 108
on average 69, 75
on foot 47
on the left 104
on the right 104
on the side 67
on the way 78
once 107
one 108, 110
one-way 82
one-way street 79
onion 27
only 16, 19, 107, 113
open 28, 43, 46, 77, 85, 86, 100
open(ly) 14
open the proceedings 95
opera 84, 101
operate 35
operation 35
operator 86
opinion 23, 91
opportunity 71
opposite 45, 103
opposition 93
oral(ly) 62

orange 27
orange juice 26
orbit 49
order 43, 84, 92, 112
order (forbidding sth.) 23
organ 11
organization 25, 68
organize 25
origin 25
original 90, 99
otherwise 113
outdoors 97
outside 39, 104
outskirts of the town 38
oval 9
over 105
over there 104
overtake 81
overtime 76
owe sb. sth. 75
own 38, 72
owner 39
ownership 72

P

pack 28, 31, 83
package 28, 85
page 89, 102
pain 18, 37
paint 40, 99
painter 99
painting 99
palace 44
pale 13, 36
pants 30
panty hose 31
paper 40, 54, 57
paperback 89
paragraph 62
parcel 85
parents 16
parents-in-law 17
park 44, 79, 84
parking lot 38
parking space 79
parliament 94
part 86, 102, 103
part of speech 62
part of the body 10
part-time job 68
part-time work 68
participant 59
participation 23
partner 16, 25, 66
party 19, 98
pass 60
passage 39
passenger 78
passive(ly) 58
passport 7, 82
past 48, 57, 106
pasta 27
path 47
patient 35-36
pavement 79
pay 32, 39, 70, 75, 109
pay attention (to) 18
pay duty (on) 82
pay in (to) 86
peace 92
peaceful(ly) 44
pear 27
pedal 13
pedestrian 79
pedestrian precinct 79
penalty 95
pencil 57
pencil case 57
peninsula 45
pension 71, 75
pensioner 22
penthouse 39
people 9, 22, 91
pepper 29
per cent 73

perfect(ly) 64, 68
performance 73, 103
perhaps 21
period 106
permission 23, 83
permit 23
person 7, 9
person who has been granted asylum 25
personal(ly) 17
persuade 24
persuasion 24
petition 95
petrol 53, 82
petrol station 80
pfennig 74
philosophy 58
phone 86
phone book 86
phone booth 80, 87
phone box 80, 87
phone call 86
phone number 7, 86
photo 88
photocopier 90
photocopy 90
physics 59
piano 101
pick up 86
picnic 83
picture 41, 88, 99
picture postcard 85
piece (of) 26, 111
piece of music 100
pig 52
pill 35, 36
pillow 41
pilot 81
pity (it's a pity) 17
place 14, 45, 110
place of birth 7
place of interest 84
plain 46
plan 38, 44, 71, 77
plane 78, 80
planet 51
plant 52
plaster 35
plastic 54
plate 29, 30
platform 78
play 24, 59, 96, 101, 103
play music 100
player 96
playground 25
pleasant(ly) 9, 15, 42
please 20
pleasure 14, 20
plug 43
plumber 67
plump 14
plus 110
poem 102
poet 102
point 45, 97
point of the compass 49
point of view 23
pointed 9
pointless 12
poison 37, 55
poisonous 55
pojector 57
police 25, 79, 95
policeman/-woman 67, 79, 95
Polish 63
polite(ly) 8, 79
political(ly) 93
politician 93
politics 93
pollute 55
pollution 55
poor 23, 38, 60
pop 101
popular 101
population 22
portion 83
position 23, 45, 68, 71

possibility 64
possible 95
possibly 12, 21
post 85
post code 7, 85
post office 85
post office bank 86
post office counter 85
post office giro account 86
post office savings bank 86
postage 85
postal check account 86
postal savings bank 86
postcard 85
poster 99
postal/-woman 85
postmark 85
potato 27
power 23, 53, 74, 91
power station 53
powerful 9
practical training 59
practice/practise 66
praise 17, 24, 61
pray 12
precipitation 51
precise (to be precise) 112
prefer 17
prejudice 18, 23, 93
prepare (for/oneself) 60, 69
prescribe 36
prescription 36
present 20, 98
present (oneself) 77
preserve 55
president 93
press 87, 89, 96
pressure 54
pretty 9
prevent 55
prevent (from) 74
price 28, 32, 109
primary school 59
print 89, 99
printed matter 85
print-out 99
printer 89, 90
printing 89
priority 81
private(ly) 7, 77
pro 97
probable/-ly 21
problem 18, 48, 64, 72
procedure 76
proceedings 95
produce 74, 99
producer 103
product 28, 34, 72
production 72, 88
profession 67
professional 97
profit 72
program(me) 88, 90, 98
progress 73, 74
progressive 94
prohibit 23
prohibition 94
prohibitively expensive 109
project 48, 77
promise 12
pronounce 11, 62, 95
pronunciation 62
proof 95
property 23, 72
proposal 24
propose 24, 94
prospect 69, 71
protect 25, 55, 100
protect (from) 28
protection 100
protest (against) 24, 56, 60, 91
proud(ly) 9
proud (of) 91
prove guilt 95
prove to be 14
provide 70
psychology 58

pub 84
public 80, 91, 93
public(ly) 77, 93
public holiday 33
publish 102
pullover 31
punctual(ly) 61, 69
punish 18, 24, 61, 95
punishment 58, 95
pupil 60
pure(ly) 53
push 81
put 43
put down 13, 86
put in 31
put on 32, 42
put on weight 14
put on make-up 35
put out 42
put sb. through (to) 87
put up with 24

Q

qualification 60
quality 28, 54
quantity 28
quarrel 17
quarrel (with) 17
quarter of an hour 105
question 64, 95
quiet(ly) 8, 44, 58, 62
quilt 41
quite 55, 64

R

radiation 54
radio 87
rain 51
rainfall 51
raise 39
range 32
rare(ly) 108
rate 74, 87
rationalize 72
raw 27
razor 35
re- 57
react (to) 24
reaction 24
read 62, 63, 102
realistic(ally) 100
reality 103
really 19, 21
realtor 40
reason 72, 99, 112
reasonable 12, 28, 39
receipt 32, 75
receive 75, 87
receiver 86
recently 108
reception 77, 87
reception desk 83
recess 60
recipe 29
recognize 8
recommend 102
record 87, 97
record player 87
recover 73
recovery 36
recreation 34
rectangular 47
red 32, 73, 94
red figures 73
redecorate 40
redecoration 40
reduce 90
refer (to) 69
reference 69
reform 94
refugee 25, 92
refusal 68
refuse 55-56

125

regards 20
region 45
register (for) 40, 60
registered mail 85
registration 60
registry office 76
regular(ly) 14, 108
regulate 69
regulation 76, 94
reject 18, 24
rejoice 20
related 16
relation 16
relationship 17
relative 16
relax 34, 44
relaxed 57
reliable/-ly 61, 68
religion 7, 58
remainders 32
remember (sb./sth.) 8, 61, 65
remote 16, 47
removal 39
rent 39
rent out 39
rented apartment 38
rented flat 38
repair 28, 40, 67, 81
repeat 11, 60, 66
report 60, 69, 77, 89
report (on) 89
report card 60
represent 70, 100
representation 100
request 12, 20
require 68
requirement 26, 71, 92
research 74
reserve 83
resident 38, 44, 93
residents' registration office 76
responsibility 14, 72
responsible 68, 95
rest 34, 44
restaurant 84
restroom 77
result 74, 97, 110
return 79, 82
return ticket 82
revise 77
rice 27
rich 23, 38, 74
right 64, 70, 80, 104
right across 45
right-wing 94
rights 23
ring 31, 33, 43, 86
ripe 27, 52
rise 50, 73
rival 25
river 45
road 7, 79
road sign 79
roast 29
rock 101
role 103
roll 26
room 38, 40, 77
rotten 27
rough 54
round 9, 54
round-trip 82
round-trip ticket 82
route 47, 78, 81
row 18, 98
row house 38
rubber 54, 57
rubbish 43, 65
ruined 46
rule 61, 94, 96
rule (as a rule) 76
rule (over) 91
ruler 57
run 13, 72, 97
run over 37
rural 46
Russian 63

S

sad 14, 17
sad (about) 21
safe(ly) 25
safety 70, 100
salary 73
sale 32
sales clerk 32
salesman/-woman 67
saloon 84
salt 29
same 8, 71, 113
same time 71
sand 54
sanitary napkin 35
sanitary towel 35
satisfactory 60
Saturday 107
sauce 29
saucepan 29
sausage 26
save 37, 55, 56, 75, 92
savings bank 86
saw 40
saxophone 101
say 12, 62
say goodbye 20
say hello 20
saying 103
scarf 31
schedule 58, 78
schilling 74
school 58
schoolbag 57
schoolboy/girl 60
school report 60
science 59
scissors 35, 57
scold 24, 61
score 97, 110
screen 88
sculpture 99
sea 45
season 31, 49
seat 93, 103
second 33, 105, 110
secret 94
secretary 68
section 62, 86, 102
sector 72
secure 100
security 92, 100
see 11, 20, 84
self-employed person 22
self-study 66
sell 28
semester 59
sender's address 85
senior citizen 22
sense 12, 65
sentence 62
separate 45
separate(ly) 38
separate (from) 19
separated 19
September 49
sequence 66
serious(ly) 56, 58
serve 32
service 72, 84
serviette 30
session 94
set 87
set fire to 48
set meal 29
set up 73
settle 77, 92
seven 108
seventeen 109
seventy 109
several times 108
severe(ly) 15, 50
sew 34, 42
sex 15, 22
sexual relations 15
shade 50

shadow 50
shape 54
shared apartment 38
shared flat 38
sharp 9
shave 35
shaver 35
she 16
sheep 52
sheet 57
shelf 40, 41
shift 70
shilling 74
shine 50
ship 80
shirt 30
shit! 65
shoe 31
shoemaker 67
shop 27, 28, 81
shop assistant 32
shop window 32
shopping 27
shore 45
short 7, 10
short sock 30
short story 102
shoulder 10
shout 11, 18
show 77, 84, 99, 100
shower 34, 41, 51
shuffle 96
shut 43
shy 14
sick 36
sick person 22, 36
side (on the side) 67
side street 81
sidewalk 79
sight 84
sign 21, 40, 47, 70, 79
signature 70, 75
silent 11
silk 54
silver 54
similar 9, 113
simple/-ly 15, 65
since when? 107
sincere(ly) 15
sing 58, 100
singer 100
single 7, 82
single room 83
sister 16
sit 13
sit down 13, 36, 60
site 70, 83
situation 45, 72
six 108
sixteen 109
sixty 109
size 10, 111
skiing 97
skilled worker 71
skin 11
skinny 14
skirt 31
sky 50
sleep 33
sleep together 15
slim 14
slip of paper 66
slippery 50
slow(ly) 66, 77, 111
small 111
small letter 62
smart 32
smell 11, 30
smile 13
smog 55
smoke 37
smooth 54
snow 51
so that 112
soap 35
soccer 97
social(ly) 22, 94

social studies 58
social welfare office 76
socialist 94
society 22, 91
sociology 58
sock 30
socket 43
sofa 41
soft(ly) 31, 46, 54, 62
soldier 22, 67, 92
solid 53
solution 64
solve 64, 72
some 110
somebody 111
something 111
sometimes 108
somewhat 64
somewhere 104
son 16
son-in-law 17
song 100
soon 108
sort out 77
sorry 17
soul 12
sound 62, 88
soup 29
sour 30
south 49
southern 49
souvenir 84
space 39, 45, 51
spacious 42
Spanish 63
spare part 67
sparing(ly) 56
speak 11, 23, 62, 64, 87
speak (to/about) 87
special delivery 85
special field 59
special offer 32
special price 32
specially 102
speech 62
speed 79, 111
spell 63
spelling 62
spend 83
spend (on) 75
spend the night 83
spend time (with) 18, 33, 34
spice 29
spirits 20
sponge 57
spoon 30
sport 34
sports 34, 58
sports field 97
sporty 13
spot 34
spread 72
spring 49
square 47, 54, 79
square meter/metre 111
stable 53
stadium 84
stage 103
stain 34
stairs 39
stamp 85
stand 13
stand up 13
star 51, 101
start 16, 25, 96
starter 29
state 46, 91
station 78, 79
station 87
statistics 73
stay 79, 83, 93
stay up 33
steak 29
steal 75
steep(ly) 46
step 13, 39, 64
stereo system 87

sterile 46
stick 54
still 58, 107, 113
stitch 36
stocking 30
stomach 10, 11
stone 44, 54
stop 51, 78, 79
stop (from) 74
stop (sth.) 96
store 27, 28
storm 51
story 62, 102
stove 41, 53
straight 10, 47
straight away 108
straight on 80
strain oneself 13
strange 9, 19, 93
stranger 80
stream 45
streamline 72
street 7, 79
streetcar 80
strength 14
stress 15, 37
strict(ly) 24, 58
strike 69
stroll 47
strong 9, 30
struggle 69
student 59, 60
studio 88
study 59
stuff 67
stupid 61, 65
subject 58, 59, 66, 100
subject matter 103
substance 53
subtract 110
suburb 44
succeed 30
success 74
such 113
suddenly 106
suffer (from) 37
sufficient 60
sugar 27
suggest 24, 74, 94
suggestion 101
suit 30, 32
suited 71
suitcase 82
summarize 59
summer 49
sun 50
Sunday 107
sunny 50
supermarket 27
supervision 69
supply 72
support 92, 94
supposed to 23
sure(ly) 12, 64, 91
surface 111
surgery 37
surgery hours 37
surname 7
surprise (with) 20
surprised 11
surrounding area 45
suspense 102
sweat 13
sweater 31
sweet 27, 30
swim 44, 52
swimming pool 44
Swiss 64
Swiss (person) 64, 91
Swiss German 63
switch 42, 70
switch off 42, 70
switch on 42, 70
switchboard 87
Switzerland 63, 91
syllable 62
synthetic 54

system 73, 100

T

T-shirt 31
table 41
table tennis 97
tablet 36
taboo 15
take 13, 78, 82, 85, 88, 96
take again 60
take care (of) 34, 35
take into consideration 73
take legal action (against) 95
take off 32, 78
take on 69, 72
take out insurance 82
take part (in sth.) 92
take photos 88
take place 98
take trouble 70
tale 102
talk 11, 20, 59, 62, 66, 87, 101
talk on the phone (to) 86
tall 7
tampon 35
tape recorder 87
tariff 83
task 69
taste 11, 29, 30, 83, 100
tax 76
tax office 76
taxi 80
taxi driver 67
tea 26
teach 61
teacher 61, 67
team 25, 97
technical(ly) 67
technique 100
teenager 22
telefax 90
telegram 85
telephone 86
television 88
tell 62, 87, 102
tell (about) 58, 92
temperature 36, 112
ten 109
tenant 39
tender(ly) 15
tennis 97
tense 37
tent 83
terrace 39
terraced house 38
terrible/-ly 9, 17, 47
test 28, 58, 60, 64
text 62, 90, 102
than 113
thank 20
thanks 20
that 112
that's why 112
the ... 113
the score is ... - ... 97, 110
theater/theatre 84, 103
then 19, 106, 113
there 104
there is sth. wrong (with sb.) 36
there is/are 43
thick 89
thigh 11
thin 9, 14, 89
things 67, 83
think 8, 12, 96, 103
think (about) 12, 58
third 110
thirst 26
thirteen 109
thirty 109
this 107
though 93
thought 12
thousand 109
three 108
throat 9

through 105
throw 96
thunder 51
thunderstorm 51
Thursday 107
ticket 78, 82, 98
ticket office 98
tidy(ly) 68
tidy up 30, 40
tie 31
tight 31
tights 31
time 33, 71, 105, 106, 107
time arranged for interview 69
times 110
timetable 58, 78
tin 28
tip 64, 69, 84
tire 82
tired 13, 36
title 89
to 104, 105
to be precise 112
to the left 80
to the right 80
today 48, 57, 106
toe 11
toilet 41, 77
tolerant 14
tomorrow 106
tool 40, 67
tooth 9
toothbrush 35
toothpaste 35
total 75
touch 11, 54, 100
tourist 84
tourist office 84
tow off 81
towel 34
tower 44
town 7, 44, 45
town hall 44, 76
town map 44, 84
toxic 55
toxic agent 55
toy 96
tractor 53
trade 69, 72, 74
trade union 69
tradition 98
traffic 81
traffic jam 81
traffic light(s) 80
trailer 83
train 78, 80, 97
trainee 71
training 59, 71
tram 80
transfer 86
translate 63
transmission 87
transmit 87
transmitter 87
transport 81, 85
trash 43, 65
travel 78, 111
travel agency 84
travel regulation 82
treat 23, 36
tree 52
trend 73, 100
trial 95
trip 98
trouble 15, 70
trousers 30
truck 80
true 12
trumpet 101
trunk 82
trust 15, 18
truth 12
try 14, 61, 77
try on 32
Tuesday 107
turn 80, 96
turn out well 30

turn round 13
turn up 69
TV film 88
TV set 88
twelve 109
twenty 109
two 108
two hundred and fifty 109
typeface 89
typewriter 90
typical 98
tyre 82

U

ugly 9, 42, 47
umbrella 31
uncle 16
uncomfortable 42
undecided 14
under 105
underclothes 31
underneath 104
underpants 30
undershirt 30
understand 17, 23, 63, 64, 87
understanding 14, 18
unemployed 68
unemployed person 22
unfortunately 21
uniform(ly) 68
union 69
unique 84
universe 51
university 59
unknown 63, 101
unleaded 82
unlock 43
unpack 31, 83
unsatisfactory 60
unstable 17
until 107
up 105
up and down 13
up here 105
up to 104
upbringing 18
upper arm 10
upper class 23
upper part of the body 10
upset 15
up-to-date 48, 104
upwards 105
urban 46
urge 12, 24
urgent(ly) 21, 37, 87
use 26, 29, 56, 67, 68, 90
used to 33
useful 90
usual(ly) 33

V

vacant 86
vacation 79
vacuum 40
vacuum cleaner 40
valid 8, 82
valley 45
valuable 109
value 75
vegetables 27
vegetarian 83
verdict 95
vertical(ly) 104
very good 60
vest 30
vicinity 47
video 88
view 39, 47, 99
viewer 88
village 45, 46
vine 52
vinegar 27
violence 92
visa 76, 82
visit 20, 21, 78, 84, 99

visitor 77, 99
vocabulary 62
vocational school 71
voice 62, 100
volleyball 97
volume 112
vote 94
vote (for/against) 24, 94

W

wage(s) 73
wage agreement 69
waist 10
waiter 67, 84
waitress 67, 84
wake 33, 83
wake up 33
walk 13, 47, 80, 97, 98
walker 47
wall 40
wallpaper 40
want 16, 24
war 92
wardrobe 32, 41
warm 20, 50, 112
warmth 50
warn 24
wash 30, 34, 42
washbasin 41
washing 34
waste 55, 56, 74
waste gas 55
watch 31, 51, 97
Watch out! 70
watch out (for) 70
watch TV 88
water 27, 51
wave 79
way 78, 80
weak(ly) 13, 102
wear 32
wear make-up 35
weather 50
weather report 50
wedding 19
Wednesday 107
week 106
weekend 33, 106
weep 18
weigh 111
weight 10, 111
welcome 20, 76
welfare 18
well 30
well-being 18
well-groomed 13
well-known 63, 101
well-mannered 8
west 49
western 49
wet 50
What's the time? 33
what for? 112
what sort of ...? 55
what time? 107
what with? 113
what? 109
when 33, 107
whenever 107
where 104
where from? 112
which 55
(a) while ago 108
white 32
whole 110
why? 112
wide 9, 31, 44, 111
widowed 7, 19
width 111
wife 16
win 92, 97, 110
wind 51
window 40
wine 27
winter 49
wish 12, 16

wish for sth. 19
with 77, 113
with a partner 97
with each other 23
with that 113
withdraw (from) 75, 86
within 104
without 77, 113
witness 95
woman 7
wonderful(ly) 30, 47, 102
wood 46, 53
wool 54
word 62
word family 62
work 25, 33, 59, 68, 70, 73
work (as) 67
work contract 70
work done by hand 67
work of art 99
work out 63, 75
work together 68
worked up (about) 15
worker 22, 71, 73
works 70
works council 70
workshop 70
world 51, 92
worldwide 72
worry 18
worth 28
worth seeing 84
worthwhile 60
wound 35
write 57, 62
write down 37, 102
writing 62
wrong 36, 61, 64

X

xerox 90

Y

yard 38
year 106
yellow 32
yes 93
yesterday 106
yet 113
young 8, 19
young people 22
Your health! 29
youth 22
youth hostel 83
youthful 13

Z

zebra crossing 79
zero 108, 112
zip code 7, 85
zoo 44

Die häufigsten unregelmäßigen Verben

Verben mit trennbarer Vorsilbe sind hier nicht aufgenommen. Die Formen dieser Verben finden Sie beim jeweiligen einfachen Verb (z. B. aufnehmen → nehmen). Nach dem Infinitiv (links) folgen die Formen für Präsens, Präteritum und Perfekt jeweils in der 3. Person Sg.

beginnen	beginnt, begann, hat begonnen	messen	mißt, maß, hat gemessen
behalten	behält, behielt, hat behalten	mißverstehen	mißversteht, mißverstand, hat mißverstanden
bekommen	bekommt, bekam, hat bekommen	mögen	mag, mochte, hat gemocht
beraten	berät, beriet, hat beraten	müssen	muß, mußte, hat gemußt/müssen
beschließen	beschließt, beschloß, hat beschlossen	nehmen	nimmt, nahm, hat genommen
beschreiben	beschreibt, beschrieb, hat beschrieben	nennen	nennt, nannte, hat genannt
besitzen	besitzt, besaß, hat besessen	raten	rät, riet, hat geraten
besprechen	bespricht, besprach, hat besprochen	riechen	riecht, roch, hat gerochen
bestehen	besteht, bestand, hat bestanden	rufen	ruft, rief, hat gerufen
betragen	beträgt, betrug, hat betragen	schaffen	schafft, schuf/schaffte, hat geschaffen/geschafft
betreffen	betrifft, betraf, hat betroffen	scheiden	scheidet, schied, hat geschieden
betrügen	betrügt, betrog, hat betrogen	scheinen	scheint, schien, hat geschienen
bewerben (sich)	bewirbt sich, bewarb sich, hat sich beworben	schieben	schiebt, schob, hat geschoben
beziehen (sich)	bezieht sich, bezog sich, hat sich bezogen	schlafen	schläft, schlief, hat geschlafen
bieten	bietet, bot, hat geboten	schlagen	schlägt, schlug, hat geschlagen
bitten	bittet, bat, hat gebeten	schließen	schließt, schloß, hat geschlossen
blasen	bläst, blies, hat geblasen	schneiden	schneidet, schnitt, hat geschnitten
bleiben	bleibt, blieb, ist geblieben	schreiben	schreibt, schrieb, hat geschrieben
braten	brät, briet, hat gebraten	schreien	schreit, schrie, hat geschrien
brechen	bricht, brach, hat gebrochen	schweigen	schweigt, schwieg, hat geschwiegen
brennen	brennt, brannte, hat gebrannt	schwimmen	schwimmt, schwamm, hat/ist geschwommen
bringen	bringt, brachte, hat gebracht	sehen	sieht, sah, hat gesehen
denken	denkt, dachte, hat gedacht	sein	ist, war, ist gewesen
dürfen	darf, durfte, hat gedurft/dürfen	senden	sendet, sendete/sandte, hat gesendet/gesandt
empfangen	empfängt, empfing, hat empfangen	singen	singt, sang, hat gesungen
empfehlen	empfiehlt, empfahl, hat empfohlen	sitzen	sitzt, saß, hat gesessen
enthalten	enthält, enthielt, hat enthalten	sollen	soll, sollte, hat gesollt/sollen
entlassen	entläßt, entließ, hat entlassen	sprechen	spricht, sprach, hat gesprochen
entscheiden	entscheidet, entschied, hat entschieden	springen	springt, sprang, ist gesprungen
entschließen (sich)	entschließt sich, entschloß sich, hat sich entschlossen	stehen	steht, stand, hat gestanden
entsprechen	entspricht, entsprach, hat entsprochen	stehlen	stiehlt, stahl, hat gestohlen
entstehen	entsteht, entstand, ist entstanden	steigen	steigt, stieg, ist gestiegen
erfahren	erfährt, erfuhr, hat erfahren	sterben	stirbt, starb, ist gestorben
erfinden	erfindet, erfand, hat erfunden	streiten	streitet, stritt, hat gestritten
erhalten	erhält, erhielt, hat erhalten	tragen	trägt, trug, hat getragen
erkennen	erkennt, erkannte, hat erkannt	treffen	trifft, traf, hat getroffen
erscheinen	erscheint, erschien, ist erschienen	treiben	treibt, trieb, hat getrieben
erschrecken	erschrickt, erschrak, ist erschrocken	treten	tritt, trat, hat getreten
erziehen	erzieht, erzog, hat erzogen	trinken	trinkt, trank, hat getrunken
essen	ißt, aß, hat gegessen	tun	tut, tat, hat getan
fahren	fährt, fuhr, ist/hat gefahren	übernehmen	übernimmt, übernahm, hat übernommen
fallen	fällt, fiel, ist gefallen	überweisen	überweist, überwies, hat überwiesen
fangen	fängt, fing, hat gefangen	unterhalten (sich)	unterhält sich, unterhielt sich, hat sich unterhalten
finden	findet, fand, hat gefunden	unterscheiden	unterscheidet, unterschied, hat unterschieden
fliegen	fliegt, flog, ist geflogen	unterschreiben	unterschreibt, unterschrieb, hat unterschrieben
fließen	fließt, floß, ist geflossen	verbieten	verbietet, verbot, hat verboten
fressen	frißt, fraß, hat gefressen	verbinden	verbindet, verband, hat verbunden
frieren	friert, fror, hat gefroren	verbrennen	verbrennt, verbrannte, hat verbrannt
geben	gibt, gab, hat gegeben	verbringen	verbringt, verbrachte, hat verbracht
geboren werden	wird geboren, wurde geboren, ist geboren worden	vergessen	vergißt, vergaß, hat vergessen
gefallen	gefällt, gefiel, hat gefallen	vergleichen	vergleicht, verglich, hat verglichen
gehen	geht, ging, ist gegangen	verhalten (sich)	verhält sich, verhielt sich, hat sich verhalten
gelingen	gelingt, gelang, ist gelungen	verlassen	verläßt, verließ, hat verlassen
gelten	gilt, galt, hat gegolten	verlieren	verliert, verlor, hat verloren
geschehen	geschieht, geschah, ist geschehen	verschreiben	verschreibt, verschrieb, hat verschrieben
gewinnen	gewinnt, gewann, hat gewonnen	versprechen	verspricht, versprach, hat versprochen
haben	hat, hatte, hat gehabt	verstehen	versteht, verstand, hat verstanden
halten	hält, hielt, hat gehalten	vertreten	vertritt, vertrat, hat vertreten
hängen	hängt, hing/hängte, hat gehangen/gehängt	verzeihen	verzeiht, verzieh, hat verziehen
heben	hebt, hob, hat gehoben	wachsen	wächst, wuchs, ist gewachsen
heißen	heißt, hieß, hat geheißen	waschen	wäscht, wusch, hat gewaschen
helfen	hilft, half, hat geholfen	wenden (sich)	wendet, wendete/wandte sich, hat sich gewendet/gewandt
kennen	kennt, kannte, hat gekannt		
kommen	kommt, kam, ist gekommen	werden	wird, wurde, ist geworden
können	kann, konnte, hat gekonnt/können	werfen	wirft, warf, hat geworfen
lassen	läßt, ließ, hat gelassen	widersprechen	widerspricht, widersprach, hat widersprochen
laufen	läuft, lief, ist gelaufen	wiegen	wiegt, wog, hat gewogen
leiden	leidet, litt, hat gelitten	wissen	weiß, wußte, hat gewußt
leihen	leiht, lieh, hat geliehen	wollen	will, wollte, hat gewollt/wollen
lesen	liest, las, hat gelesen	ziehen	zieht, zog, hat gezogen/ist gezogen
liegen	liegt, lag, hat gelegen	zwingen	zwingt, zwang, hat gezwungen
lügen	lügt, log, hat gelogen		